ÉTUDES SUR L'E MUET

JEANNE VARNEY PLEASANTS
Professeur à Columbia University

ÉTUDES SUR L'E MUET

TIMBRE, DURÉE, INTENSITÉ, HAUTEUR MUSICALE

152 figures, 117 tableaux, 36 planches

Ouvrage publié avec le concours de la Stanwood Cockey Lodge Foundation (Columbia University) et le Centre National de la Recherche Scientifique

PARIS
LIBRAIRIE C. KLINCKSIECK
—
1956

A Sam

In reality we have always discerned not less than four different levels in the study of speech sounds : the physiological, the physical, the psychological and the linguistic proper, all of which we considered as parts of one whole.

Roman Jakobson *(On the Correct Presentation of Phonemic Problems).*

PRÉFACE

D'aucuns s'étonneront de voir paraître une étude de plus de trois cents pages sur les caractéristiques phonétiques et phonologiques de l'*e* muet.

Pendant de nombreuses années de recherche et d'enseignement, nous avons été nous-même particulièrement frappée par la remarquable quantité d'ouvrages qui traitent de l'*e* muet et par le nombre de pages qui lui sont consacrées. D'importants chapitres, de longs articles, voire des monographies se succèdent régulièrement qui ont pour but de renseigner sur l'un ou sur plusieurs attributs de la *muette* : timbre, durée, intensité, maintien, disparition, etc.

Mais ce qui plus encore a retenu notre attention, c'est l'étonnante divergence d'opinions des orthoépistes, phonéticiens, esthéticiens, auxquelles sont venues s'ajouter, ces dernières années, celles des phonologues, sur le timbre et les autres caractéristiques de la voyelle par rapport aux deux voyelles antérieures labialisées connues sous le nom d'*eu* ouvert et d'*eu* fermé. Que ce soit dans des manuels de prononciation, dans des ouvrages de pure recherche, dans des études d'esthétique et de versification, les contradictions abondent d'un auteur à l'autre et, souvent, chez le même auteur. Ce qui pourrait s'expliquer s'il s'agissait de différentes régions, de différentes générations ou si l'auteur indiquait l'existence de plusieurs équivalences dans un milieu donné, à un moment donné[1]. Mais, chose curieuse, la majorité de ces descriptions contradictoires sont supposées représenter *la* prononciation française de *la* bonne société parisienne, et la

(1) Cf. André Martinet, *La prononciation du français contemporain, témoignages recueillis en 1941 dans un camp d'officiers prisonniers*, p. 10 : « ...l'infinie variété des prononciations " correctes " du français » ; Maurice Grammont, *Traité pratique de prononciation française*, p. 1-2 : « Il n'y a pas deux personnes qui prononcent exactement de la même manière dans tous les cas et pour tous les mots. »

plupart des auteurs ne reconnaissent comme caractéristique que celle qu'ils désignent.

Nous nous sommes demandé plus d'une fois sur quoi se sont fondés les différents savants pour définir le timbre de l'*e* muet, sa durée, son intensité, etc.

Il faut le reconnaître, à part l'Abbé Rousselot, Georges Lote, Hubert Pernot et, récemment, André Martinet, la plupart des auteurs négligent de rapporter la source de leur information. Définissent-ils le timbre de l'*e* muet d'après des données livresques ou d'après l'observation de leur propre prononciation ? De celle d'un autre sujet ? De plusieurs sujets ? De combien ? De quelle provenance : milieu social, région ? De quelle génération ? Quel genre d'expériences ont-ils pratiqué ? La plupart ne le disent pas. Quelques-uns, cependant, laissent entendre que c'est leur propre prononciation qu'ils décrivent. Or, plusieurs fois, nous avons eu l'occasion d'entendre, soit directement, soit par l'intermédiaire de disques de phonographe, la prononciation de quelques-uns de ces auteurs : fait troublant, l'écart entre la description théorique et la réalisation du phonème, chez eux, est remarquable. Les uns, provinciaux d'origine, frappés par la prononciation *parisienne* différente de la leur, ont délibérément choisi de décrire les réalisations vocaliques qu'ils attribuent à celle-ci. Mais d'autres s'entendent vraiment prononcer de la façon qu'ils décrivent et non de la façon dont ils articulent.

En outre, les renseignements fournis par les auteurs qui identifient explicitement leurs sujets et décrivent les expériences pratiquées sont insuffisants. Ils ne nous font connaître ni la valeur phonologique ni les différentes réalisations phonétiques de l'*e* muet par rapport à *eu* ouvert et *eu* fermé, chez un certain nombre de sujets représentatifs d'un milieu homogène cultivé contemporain, à Paris.

Ce sont ces raisons qui nous ont incitée, en 1939, à faire des recherches expérimentales sur les différentes réalisations de ces trois voyelles (*e* muet, *eu* ouvert et *eu* fermé) chez un certain nombre de Parisiens de la même génération et chez nous-même et de comparer les résultats obtenus : entre eux et avec l'opinion des savants.

L'enquête que nous avons entreprise et dont les résultats sont consignés dans cet ouvrage est de nature essentiellement phonétique. Elle vise surtout à la description objective des trois sons à l'étude et de leurs différentes réalisations. Mais une enquête phonétique ne peut pas ne pas être partiellement phonologique. Si les exigences d'information des phonéticiens et des orthoépistes vont nécessairement au-delà de celles des phonologues lesquelles s'arrêtent aux « caractéristiques pertinentes » qui « assurent la distinction » entre un phonème donné et les autres phonèmes, elles n'ignorent pas celles-ci. C'est pourquoi il nous a semblé indispensable de procéder, en plus des expériences instrumentales et visuelles, à des expériences auditives et de comparer, chaque fois qu'il serait possible, ce que le sujet croit prononcer (et ce qu'il croit entendre) à ce qu'il prononce réellement.

Pour des expériences de phonétique (atomistes, disait déjà l'Abbé d'Olivet, en 1736), dont la plupart exigent un temps considérable (déplacement et présence de la part des sujets, sans compter le temps consacré par l'expérimentateur au dépouillement, calcul, analyse, etc., de ces expériences), il n'est guère possible de s'adresser à un très grand nombre de sujets. Nous nous sommes limitée à huit personnes, dont six hommes, nés et élevés à Paris, appartenant à peu près à la même génération et au même milieu ; deux femmes, l'une née et élevée à Paris, et nous-même qui, bien que née et élevée en province, enseignions, en 1939, la « prononciation parisienne ! » depuis plus de dix-huit ans[1].

Les expériences ont été faites à l'Université Columbia, au printemps 1939, et continuées à l'Institut de Phonétique de l'Université de Paris, en juin de la même année.

Pour les textes, nous avons écarté toute syllabe ou succession de syllabes artificielles (à part, bien entendu, les monosyllabes contenant *eu* ouvert en position finale) ; nous nous sommes servie, autant que possible, de mots de tous les jours ; pour les textes suivis, de la prose la plus vive, rapide, familière ou tout au moins courante ; pour la poésie, nous avons évité « la tirade ».

Pour notre discussion, il nous a fallu renoncer, bien souvent, à un rapprochement avec les expériences de Rousselot contenues dans « Études de prononciations parisiennes » (1899) où il donne le résultat d'expériences d'ordre physiologique faites à l'aide du palais artificiel. Il présente un nombre imposant de palatogrammes des articulations de quatre sujets différents. Mais, le milieu et l'éducation de deux de ces sujets, quoique Parisiens, les disqualifient pour la comparaison que nous

(1) Cf. Martinet, *Pron. cont.*, p. 25 : « ... les traits purement phonétiques d'un type de prononciation s'"attrapent" beaucoup plus facilement que les traits phonologiques ».

tenterons d'établir entre des personnes d'un milieu relativement homogène[1]. La discussion des expériences faites avec l'un des autres sujets, *D*, ne porte pas sur le timbre de l'*e* muet[2]. Les seuls renseignements qui, au premier abord, sembleraient valables pour notre étude, sont fournis par le sujet *A*. Mais, en dépit des assertions de Rousselot, on se demande jusqu'à quel point la prononciation de ce sujet est caractéristique d'un milieu cultivé ; la remarque qui suit est inquiétante : « j'ai entendu dire à *A* õ s mòk dœ̩ lẅi, on se moque de lui[3] ». L'accent tonique sur l'avant-dernière syllabe n'est-il pas, au contraire, caractéristique (ainsi qu'un certain nombre d'autres articulations du même sujet, cf. *passim*) de la prononciation « peuple » à Paris ?

Pour son ouvrage intitulé *Études sur le vers français. L'alexandrin d'après la phonétique expérimentale* (1911-1913), Lote a fait appel à 18 sujets, grâce auxquels il a accumulé un grand nombre d'expériences. Il donne, pour chaque sujet, les renseignements indispensables : âge, éducation, profession, etc., qui permettent de voir à qui il a eu affaire[4].

Pour les raisons suivantes, ces expériences ne permettent guère une comparaison en tous points équitable avec les nôtres : 1° la génération d'abord : en 1939, le plus jeune de tous les sujets aurait eu 53 ans, le plus âgé, 92 ; 2° le caractère de l'étude elle-même qui est l'analyse de la *déclamation* des vers : le débit sensiblement plus ralenti, le ton plus emphatique que chez nos sujets sont des manifestations assez caractéristiques de la déclamation de l'époque où l'auteur faisait ses enregistrements, 1903 à 1911[5] ; 3° pour la prose, les expériences de Lote portent surtout sur des syllabes ou des mots artificiels. Le seul passage de prose étudié est un paragraphe de prospectus éloigné de la parole vive et rapide ;

(1) Cf. *Études*, p. 31-32 ; 37-38. Quant aux deux autres sujets, ils auraient eu, au moment de nos recherches en 1939, *A*, un peu plus de 80 ans, *D*, environ 65 ans, tandis que nos sujets avaient, à cette époque-là, entre 26 et 40 ans, exception faite pour *F*, âgé de dix-huit ans seulement (cf. *infra*, p. 18).

(2) Cf. *ibid.*, p. 11, 57, 61.

(3) *Ibid.*, p. 19.

(4) *Alexandrin*, I, 16-17.

(5) *Ibid.*, I, 1. Rapprocher des observations pertinentes de Pierre-Aimé Touchard dans « La Comédie-Française et l'évolution de la mise en scène contemporaine », *Almanach du théâtre et du cinéma 1949*, p. 34 : « Mais peu à peu, nous [à la Comédie-Française] avons bien dû nous apercevoir que le réalisme de l'esthétique cinématographique... la diction plus intimiste et naturelle qu'elle imposait à ses comédiens... avaient... transformé les besoins [du] public... Et du même coup, ... certains procédés de diction trop appuyés et trop lents... cessèrent d'être admis par le nouveau public des théâtres. »

4° l'origine provinciale de la majorité des sujets et leurs études poursuivies dans lesdites provinces; 5° de plus, le milieu, d'où « l'instruction tout à fait primaire », d'un des sujets élimine complètement celui-ci; 6° l'inévitable « déformation professionnelle » des deux sujets acteurs de profession.

Mais le milieu et la culture des quinze autres sujets ayant participé à ces expériences étant sensiblement les mêmes que ceux de nos sujets, il nous arrivera plus d'une fois de rapporter les résultats obtenus par Lote et de les comparer aux nôtres ; nous demanderons alors au lecteur de ne pas oublier les considérations ci-dessus. Les rapprochements et comparaisons porteront sur la durée et surtout sur la hauteur musicale que l'auteur traite en grand détail ; son ouvrage est le seul travail savant qui décrive ce dernier phénomène d'après de nombreuses expériences par des sujets divers. Ces expériences représentent, en définitive, à défaut d'intonations purement parisiennes, des intonations françaises de la déclamation des vers par des sujets cultivés, au début du siècle.

Nous utiliserons les renseignements contenus dans la monographie de Pernot, *L'e muet* (1929), mais en nous souvenant qu'ils sont fondés sur la prononciation de l'auteur d'origine et d'éducation bourguignonnes.

Pour les raisons que nous indiquerons plus loin, nous avons dû remettre jusqu'à aujourd'hui la publication de notre ouvrage. Ceci nous a permis plusieurs remaniements. Nous avons enrichi cette étude, une première fois, par la confrontation avec les résultats de l'enquête de Martinet, faite en 1941 dans un camp d'officiers prisonniers, résultats qu'il a publiés dans *La prononciation du français contemporain* (1945). Martinet a interrogé, par écrit, plus de 400 sujets français instruits et appartenant aux différents niveaux de la bourgeoisie représentant « un milieu socialement assez homogène[1] ». Sur ces 400 sujets, 66 sont de la région parisienne proprement dite[2].

Chaque fois qu'il y aura lieu, nous comparerons les résultats

(1) *Pron. cont.*, p. 19. Cf. p. 21 : « ... les prononciations représentées sont celles d'un nombre relativement restreint de Français... Ce sont celles qu'on cherche à imiter, et elles ont, de ce fait, un dynamisme qui manque aux autres variétés ».

(2) *Ibid.*, p. 33. — La région parisienne proprement dite (« qu'on pourrait assez bien définir comme la zone des "Transports en commun" ») est représentée dans cette enquête par 66 sujets qui sont surtout originaires « de la ville de Paris elle-même » (*ibid.*). Les résultats sont les suivants: [ø] : 53 % ; [œ] : 20 % ; diff. : 26 %. (Cf. p. 68).

de nos expériences à ceux de l'enquête de Martinet[1], l'âge[2] et le milieu de ses sujets correspondant, en gros, à ceux des nôtres.

Le délai apporté à la publication de notre livre nous a également permis d'inclure, en 1952, des expériences faites au spectrographe. Quoique les expériences au cylindre enregistreur soient aujourd'hui aussi valables[3] qu'il y a dix ou vingt ans, l'étude du timbre à l'aide des tracés kymographiques était loin d'apporter la certitude et la précision que permet le spectrographe. Les résultats de ces dernières expériences ont confirmé le résultat de celles que nous avions faites en 1939 : à savoir, la révélation d'un timbre spécifique pour l'*e* muet qui s'oppose à celui de l'*eu* ouvert et de l'*eu* fermé.

En outre, les études récentes de phonétique évolutive ou historique, de phonologie, d'esthétique (œuvres de recherche ou de simple vulgarisation), les rééditions « entièrement refondues » d'ouvrages antérieurs à 1939, œuvres contenant toutes les mêmes contradictions que celles dont nous parlions plus haut, nous ont déterminée à faire des recherches complémentaires sur l'évolution de la muette depuis le XVIe siècle jusqu'à nos jours. Ces recherches devaient nous permettre de découvrir si le timbre spécifique attesté par la majorité de nos expériences et par un certain nombre de celles de Martinet était une manifestation de l'affaiblissement articulatoire du parisien observé par Mlle Marguerite Durand dans son étude *Le genre grammatical en français parlé* (1936)[4] ou si, au contraire, ce timbre n'avait jamais cessé d'exister. Nous avons rapporté l'essentiel de ces nouvelles recherches dans la postface de notre livre.

(1) En ce qui concerne le timbre de l'*e* muet, l'enquête de Martinet, essentiellement phonologique, a été faite à l'aide du questionnaire suivant rédigé par l'enquêteur et rempli par l'enquêté : « Dans *bois-le*, ... prononcez-vous le *e* avec le timbre du *eu* de *feu?*... celui de *eu* de *peur?*... ou avec un timbre différent de celui de ces deux voyelles ? » (*Ibid.*, p. 11).

(2) Sur les trois groupes de sujets d'âge différent, les deux groupes : M (moyens) et J (juniores) correspondent aux nôtres. Ceux du groupe M avaient, en 1941, entre 31 et 41 ans et ceux du groupe J, moins de 31 ans et au moins 21 ans. (*Pron. cont.*, p. 33).

(3) Cf. R.-L. Wagner, *Introduction à la linguistique* (1947), p. 29 : « Inventerait-on des appareils enregistreurs beaucoup plus perfectionnés que ceux dont dispose, à l'heure actuelle, les instituts de phonétique, pousserait-on très loin les enquêtes sur les types articulatoires, nos connaissances sur la nature des phonèmes d'une langue et sur leurs modes de transmission n'y gagneraient qu'un accroissement quantitatif de précision... »

(4) P. 285.

A l'origine, les résultats de cette enquête devaient faire l'objet d'un simple article. Nous avons vite reconnu, cependant, qu'une telle recherche aurait d'autant plus de valeur qu'elle serait accompagnée d'un grand nombre de clichés donnant le maximum de preuves et de renseignements. Au fur et à mesure des vicissitudes inévitables qui président au sort de ce genre d'études pour leur publication éventuelle (discussion trop longue et trop technique pour une revue savante, trop brève pour une monographie), nous avons été amenée à incorporer les additions que nous venons de décrire ainsi que de nouveaux tableaux destinés à accumuler les renseignements et les comparaisons. Le tout constitue le livre que nous présentons aujourd'hui sur les caractéristiques articulatoires et acoustiques de l'*e* muet[1].

Cette enquête nous paraît avoir, en 1956, encore autant d'intérêt et de pertinence qu'en 1939. Elle renseigne, sinon d'une façon exhaustive (hélas ! nous en savons toutes les lacunes)[2], du moins d'une façon à la fois synthétique et détaillée, sur les rapports de l'*e* muet et des réalisations de l'archiphonème Œ. « Le problème phonétique qui est le plus intéressant du point de vue théorique », écrivait Martinet en 1945, « et qui, malheureusement, a été jusqu'ici mal dégagé, est celui des rapports des réalisations d'*e* caduc avec la série des voyelles antérieures arrondies[3] ». Elle peut, nous le croyons du moins, intéresser phonologues, esthéticiens, phonéticiens et orthoépistes[4]. Les premiers n'en retiendront que ce qui se rapporte à la fonction différenciative, à l'opposition ; les seconds trouveront des renseignements susceptibles de les aider à préciser leurs jugements ; les phonéticiens qui s'occupent de phonétique évolutive, des rectifications d'observations jusqu'ici non contestées ; les phonéticiens et les

(1) Nous avons en préparation un second livre qui traite de la valeur syllabique et esthétique de l'*e* muet. Il paraîtra dans le courant de l'année, sous le titre suivant : *L'esthétique du vers français du XVIe siècle à nos jours : l'e muet.*

(2) Les expériences terminées, au moment du dépouillement des fiches correspondant aux expériences auditives et visuelles et des inscriptions kymographiques, nous nous sommes rendu compte des nombreuses lacunes de notre travail, sans compter celles causées par l'impossibilité (raisons temporelles et spatiales) de faire participer tous les sujets à toutes les expériences (palais artificiel, ampoule exploratrice de la langue, et, dernièrement, spectrographe). Cependant, tel quel, il contient, nous semble-t-il, suffisamment de renseignements pour justifier sa publication.

(3) *Pron. cont.*, p. 65.

(4) En dépit du fait que l'« analyse du concret est toujours incomplète ». (Jean Hytier, *Les techniques modernes du vers français*, p. 46).

orthoépistes qui sont chargés de cours pratiques de correction d'accents, provinciaux ou étrangers, pourront y puiser des informations nouvelles et utiles.

Qu'il nous soit permis d'exprimer notre gratitude à M. Pierre Fouché, Professeur à la Sorbonne et Directeur de l'Institut de Phonétique qui a bien voulu mettre le laboratoire de phonétique à notre disposition pour nous permettre d'y poursuivre nos expériences. Nous voulons également le remercier, une fois de plus, de son enseignement qui a tant contribué à la formation de notre esprit et de l'intérêt qu'il a manifesté pour nos recherches.

Nous tenons à exprimer notre reconnaissance à Mlle Marguerite Durand, Assistante au Laboratoire de l'Institut de Phonétique de l'Université de Paris. Au mois de juin 1939, en dépit de multiples occupations, elle nous a consacré des journées entières ; elle a bien voulu et nous servir de sujet et se charger de tous les enregistrements de *B*, *C*, *E*, *G* et *H*. De plus, elle a analysé la durée de tous ces enregistrements. Nous lui devons aussi d'utiles et de nombreuses suggestions.

Nous remercions tout particulièrement M. Pierre Delattre, Directeur du Laboratoire de Phonétique de l'Université de Pennsylvanie. C'est grâce à lui que nous avons pu entreprendre et mener à bonne fin les expériences faites à l'aide du spectrographe discutées au chapitre III. M. Delattre a non seulement mis à notre disposition le spectrographe de son laboratoire mais, avec une inépuisable patience, il a fait lui-même tous les enregistrements et nous a facilité les calculs en déterminant le centre des formants pour tous les spectrogrammes. Malgré ses nombreuses occupations, il a accepté de lire notre travail et nous a donné de précieux conseils.

Ce livre n'aurait pu prendre la forme définitive ni l'ampleur que nous avons essayé de lui donner sans l'aide inappréciable de M. André Martinet, Directeur de la Section de Linguistique de l'Université Columbia. Ainsi que nous l'indiquions plus haut, les résultats de l'enquête qu'il a faite en 1941 et qu'il discute dans son livre sur la prononciation du français contemporain nous ont permis d'introduire dans notre étude de nombreuses comparaisons et d'importants développements. Mais là ne s'arrête pas notre dette de reconnaissance : c'est avec un intérêt jamais démenti que M. Martinet a suivi notre travail. Il a bien voulu lire notre manuscrit et nous faire profiter de ses observations.

Notre gratitude va également à nos collègues Jean Hytier et Parker Peckham que n'a pas rebuté la lecture de notre manuscrit. Ils nous ont fait bénéficier de leurs avis et de leurs suggestions.

C'est également avec un sentiment profond de reconnaissance que nous tenons à remercier Helen Bailey, Bernard Varney et Sam Pleasants de l'encouragement qu'ils nous ont donné et de l'intérêt qu'ils ont pris à ce travail.

Monsieur Pierre Donzelot, Directeur Général au Ministère de l'Éducation Nationale, Représentant Permanent des Universités Françaises aux États-Unis, a bien voulu s'intéresser à notre recherche et nous aider de ses encouragements : qu'il trouve ici l'expression de notre profonde gratitude.

Il nous reste à adresser nos remerciements à la Stanwood Cockey Lodge Foundation de Columbia University et au Centre National de la Recherche Scientifique pour les subventions qui ont permis la publication de cet ouvrage.

LISTE DES ABRÉVIATIONS

Ouvrages le plus souvent cités

Alexandrin — Lote (Georges). *Études sur le vers français. L'alexandrin d'après la phonétique expérimentale*, Paris, La phalange, 2e éd. considérablement augmentée, 1913-1914, 3 vol.

E fém. — Rosset (Théodore). « E féminin au xviie siècle », *Mélanges de philologie offerts à F. Brunot... par ses élèves français et étrangers*, Paris, Société nouvelle de librairie et d'édition, 1904, p. 433-450.

Études — Rousselot (Abbé). « Études de prononciations parisiennes », extrait de *La Parole*, no 7, 1899.

Grammairiens — Millet (Adrien). *Les grammairiens et la phonétique ou l'enseignement des sons du français depuis le XVIe siècle jusqu'à nos jours*, Paris, Monnier, 1933.

Histoire — Brunot (Ferdinand). *Histoire de la langue française des origines à 1900*, Paris, Colin, t. I, II, IV, 1905-1922.

Intonation — Coustenoble (Hélène N.) et Armstrong (Lilias E.). *Studies in French Intonation*, Cambridge, Heffer, 1934.

Origines — Rosset (Théodore). *Les origines de la prononciation moderne étudiées au XVIIe siècle*, Paris, Colin, 1911.

Phon. — Gougenheim (Georges). *Éléments de phonologie française. Étude descriptive des sons du français du point de vue fonctionnel*, Strasbourg, Publications de la Faculté des Lettres de l'Université, 1935.

Princ. ROUSSELOT (Abbé). *Principes de phonétique expérimentale*, Paris, Didier, 1924, 2 vol.

Pron. GRAMMONT (Maurice). *Traité pratique de prononciation française*, Paris, Delagrave, 1934.

Pron. cont. MARTINET (André). *La prononciation du français contemporain, témoignages recueillis en 1941 dans un camp d'officiers prisonniers*, Paris, Droz, 1945.

Pron. franç. THUROT (Charles). *De la prononciation française depuis le commencement du XVI*e *siècle, d'après les témoignages des grammairiens*, Paris, Imprimerie Nationale, I, 1881.

Spectrog. DELATTRE (PIERRE). « The Physiological Interpretation of Sound Spectrograms », *Publications of the Modern Language Association of America*, LXVI (September 1951), 864-875.

Traité GRAMMONT (Maurice). *Traité de phonétique*, Paris, Delagrave, 1933.

Triangle DELATTRE (Pierre). « Un triangle acoustique des voyelles orales du français », *The French Review*, XXI (May 1948), 477-484.

Vers GRAMMONT (Maurice). *Le vers français. Ses moyens d'expression. Son harmonie*, Paris, Delagrave, 2e éd., 1947.

REVUES

AL *Acta linguistica.*

BSLP *Bulletin de la Société de linguistique de Paris.*

FM *Le français moderne.*

FR *The French Review.*

JASA *Journal of the Acoustical Society of America.*

MF *Mercure de France.*

Par. *La Parole.*

PMLA *Publications of the Modern Language Association of America.*

RP *Revue de phonétique.*

Rom. *Romania.*
UISP *University of Iowa Studies in Psychology.*
UISPM *University of Iowa Studies in the Psychology of Music.*

CHAPITRE PREMIER

LA QUESTION DE L'E MUET

CHAPITRE PREMIER

LA QUESTION DE L'E MUET

Notes préliminaires. — Opinions contradictoires des auteurs sur le timbre et les autres qualités acoustiques de la voyelle.

Les ouvrages que nous citons dans ce chapitre sont de trois sortes : 1° des études savantes ; 2° des manuels de phonétique destinés à l'enseignement pratique de la prononciation ou des grammaires conçues en vue de l'enseignement secondaire ou supérieur ; 3° des articles de vulgarisation. Les manuels sont tous d'usage courant aujourd'hui ou l'étaient en 1939. Plusieurs ont connu de nombreuses rééditions. Sur les quatre ouvrages d'avant 1900 que nous citons, deux d'entre eux, des manuels, ont été réédités entre les deux guerres[1], un autre, une grammaire, en 1949[2]. Toute étude phonétique, phonologique, littéraire, esthétique ou pseudo-esthétique contemporaine qui traite de l'*e* muet se réfère à l'un ou à plusieurs des manuels ainsi qu'à la plupart des ouvrages appartenant aux deux autres groupes.

Chaque fois que nous l'avons jugé nécessaire, nous avons tenu à citer la description même de l'auteur. Celle-ci renseigne souvent sur la complexité et les nombreux aspects du problème.

(1) Paul Passy, *Les sons du français*, 11e éd., revue et corrigée, 1929 ; Édouard Bourciez, *Précis historique de phonétique française*, 8e éd., revue et corrigée, 1937.

(2) Ferdinand Brunot et Charles Bruneau, *Précis historique de la langue française*, nouvelle éd. entièrement refondue, 1933, et 3e éd., également entièrement refondue, 1949. (La 1re éd., de Brunot, en 1887, ne contient aucune indication sur le timbre de l'*e* muet.)

Phonéticiens, phonologues, grammairiens, prosodistes ne s'accordent ni sur la nature ni sur le timbre de l'*e* muet[1]. Les uns l'apparentent à *eu* fermé. Pour Kristian Nyrop, il « s'articule presque comme [ø], mais avec la bouche un peu plus ouverte et les muscles relâchés[2] ».

L. Foulet transcrit également l'*e* muet par *eu* fermé[3].

Paul Génévrier affirme que « D'une manière générale, on peut dire que le son [ə] dans *je*, *me*, *le*, *que*, etc., est un son atténué de [ø] parce qu'on le trouve souvent dans des monosyllabes proclitiques ou enclitiques, et par conséquent atones, mais qu'un accent tonique ou emphatique doit normalement lui donner le timbre de [ø]. L'orthographe ne doit pas aider à entretenir l'illusion qu'il existe une différence sensible de timbre entre *-eu* et *e*, et à faire adopter une transcription phonétique différente pour *je* ʒə et pour *jeu* ʒø, pour *peu* pø, et pour *penaud* pəno : ; *e* et *-eu* sont aussi fermés l'un que l'autre lorsqu'ils sont toniques, ou même modérément accentués[4]. »

Les résultats de l'enquête phonologique de Martinet lui permettent d'affirmer que, dans l'ensemble, ce sont les prononciations en *eu* fermé qui sont les plus fréquentes. Pour la France non méridionale, « elles représentent 54 % de l'ensemble, celles en *eu* ouvert, 19,6 %, les prononciations différentes 25 %[5] ». Pour la région parisienne proprement dite, elles représentent 53 %[6].

D'autres phonéticiens, au contraire, font de l'*e* muet l'équivalent d'*eu* ouvert. C'est le cas de Rousselot. Pour lui, l'*e* muet est un *eu* ouvert quand il est tonique et un « *oe* moyen dans la phrase[7] ».

Pour Grammont, cela ne fait aucun doute : « *ė* est la voyelle ouverte du mot *peur* ; c'est la voyelle du mot *fleuve* ; c'est la voyelle de la syllabe initiale du mot *jeunesse* dans la prononciation proprement française... ; enfin c'est l'*e* dit muet ; ce

(1) Cf. Martinet, *Pron. cont.*, p. 64 : « Les orthoépistes sont loin de tomber d'accord sur la façon dont on doit prononcer *e* caduc. »

(2) *Manuel phonétique du français parlé*, p. 64.

(3) Cf. « Les formes de l'interrogation », *Rom.*, XLVII (1921), 306.

(4) *Précis de phonétique comparée française et anglaise*, p. 105-106.

(5) *Pron. cont.*, p. 67.

(6) *Ibid.*, p. 68. Tandis que pour la prononciation [ø] la moyenne est identique chez les sujets les plus âgés (41-51 ans) et chez les moyens (31-41) : 50 %, elle devient plus élevée chez les jeunes (21-31 ans) : 56 %. La prononciation en [œ] perd du terrain : 31 %, 22 %, 13 % respectivement. Les prononciations différentes, au contraire, en gagnent : 18 %, 27 %, 30 %. (*Ibid.*).

(7) *Études*, p. 19.

point est capital et on ne saurait trop y insister... L'*e* du mot *je* dans *je n(e) sais pas* se prononce en français exactement comme celui de la première syllabe du mot *jeunesse*... C'est la même voyelle que celle de la dernière syllabe du mot *valeur*, mais plus brève, plus faible et moins tendue[1] ».

Damourette et Pichon confondent également l'*e* muet (qu'ils appellent *e* « instable ») et l'*eu* ouvert, que l'*e* muet soit tonique ou non[2].

L'*e* muet tonique est également un *eu* ouvert pour Théodore Rosset. Dans *Exercices pratiques d'articulation et de diction*, il symbolise le son des deux graphies par un *oe* de grandeur normale. On trouve ce symbole au tableau des sons et graphies[3] pour les exemples *œuf*, *cueille*, *œil*, *veuf*, *changez-le* et, aux exercices pratiques sur la voyelle *œ*[4], pour les mots et expressions *attachez-le*, *elle sait que*, *après ce*, *parce que*, ainsi que pour *seul*, *neuf*, *gueule*, etc[5].

(1) *Vers*, p. 234-235. Cf., du même, *Pron.*, p. 49-50. — Grammont assimile l'*e* muet à *eu* ouvert inaccentué et non à *eu* moyen puisqu'il ne reconnaît pas de voyelles moyennes en français : « Les voyelles ouvertes sont d'autant plus ouvertes qu'elles sont plus longues ; mais, si brèves qu'elles soient, elles ne sont jamais assez peu ouvertes pour devenir des voyelles moyennes, c'est-à-dire intermédiaires entre ouvertes et fermées. » (*Ibid.*, p. 12-13). — En outre, la confusion de timbre amène Grammont à ranger l'*e* muet parmi les voyelles éclatantes, classification pour le moins surprenante. Nous savons bien que, reconnaissant à quel point cela pourrait « surprendre ceux qui ne sont pas rompus aux détails de la phonologie et leur paraître un simple paradoxe » (*Vers*, p. 235), il donne l'explication suivante : « Ce qui fait qu'une voyelle est éclatante n'est pas le plus ou moins d'intensité avec laquelle on la prononce, mais la manière dont on l'articule. » Cependant, cette explication n'est guère convaincante, car il caractérise les voyelles éclatantes comme celles dont l'« emploi s'impose pour l'expression des bruits éclatants (p. 263)... la réclame (p. 265)... les éclats de voix de la colère (p. 266)... l'orgueil (p. 268)... la description d'un objet, d'un personnage ou d'une scène grande, majestueuse, suscitant l'admiration (p. 269) ». Auguste Rochette, disciple de Grammont, va jusqu'à affirmer que les voyelles éclatantes (parmi lesquelles lui aussi range l'*e* muet en l'identifiant à *eu* ouvert : pour lui, l'*eu* de *cœur* et de *peur* est identique à l'*e* de *fais-le*), « expriment les sonorités retentissantes, bruits de guerre, fanfares ; les couleurs chaudes d'écarlate, de sang vermeil ou d'or lumineux ; elles se prêteront... à traduire les sentiments de gloire, de triomphe, d'emphase ». (*L'alexandrin chez Victor Hugo*, p. 459).

(2) *Des mots à la pensée*, I, livre III, *passim*.

(3) P. 14.

(4) *Ibid.*, p. 34-35.

(5) Cf. *ibid.*, p. 104-105, la confusion complète de l'*e* muet et de l'*eu* ouvert dans un passage de Maupassant transcrit par Rosset : « *tandis que l'œil tout rond* » : « tãdikœ lœjturõ ». Cf., du même, *Origines*, p. 127, n. 1 : « *E* (œ) féminin... est... *oe.* » Sur la confusion de [ə] et [œ] en tonique, voir aussi *infra*, p. 10, n. 4.

Pour Brunot[1], ainsi que pour Lote[2], c'est un « *œ* moyen ». Il en va de même pour H. van Daële ; pour lui, l'*e* muet « n'est autre chose... qu'un Œ [ouvert] très bref, à peine entendu ». Cependant pour « le différencier de l'Œ, on l'écrit ə en orthographe phonétique[3] ».

« En français de Paris », écrit Bruneau, « la voyelle neutre intercalaire est une variété de l'*œ ouvert non accentué*[4] ». Vice-versa, Bruneau décrit l'*eu* ouvert inaccentué comme « très voisin de l'*e* dit *muet*[5] ».

Pierre Fouché est du même avis[6].

Pour Marcel Cohen, l'*e* sourd est aussi « pour le timbre un *ö* ouvert toujours bref[7] ».

Nombreux sont les savants qui hésitent entre *eu* fermé, *eu* ouvert, *eu* moyen. D'après Passy, « Si on essaye d'accentuer ou de prolonger (ə), on a quelque peine à ne pas prononcer (œ) ou (ø) ; ainsi on dit *prends-le* (prã'lœ) ou (prã'lø)[8]. »

Bourciez pense que l'*e* muet « est en réalité... un *e̥* sourd, intermédiaire entre *œ̣* et *œ̥*, mais d'une sonorité sensiblement plus faible[9] ».

Léonce Roudet hésite également : « L'allemand possède un son *à peu près*[10] semblable [à *eu* moyen français], *peut-être*[10]

(1) *Histoire,* IV, 190 : « C'est au XVIIe siècle que se fixe la prononciation moderne de *e* féminin (*œ*)... [il a] le son de *œ* moyen ». Cf., cependant, ci-dessous, n. 5.

(2) *Alexandrin,* II, 560.

(3) *Phonétique du français moderne,* p. 11.

(4) *Manuel de phonétique,* p. 96.

(5) *Ibid.*, p. 94. — Dans *Précis de grammaire historique de la langue française,* en collaboration avec Brunot (1933), Bruneau en est cependant moins certain ; on trouve au tableau des signes, p. 3 : « *œ* est l'*œ moyen* (jamais accentué) de crevette. Cet *œ moyen* est notre *e sourd,* dit *e* muet ». Quoique moins catégorique dans l'édition de 1949, la description de la voyelle est sensiblement la même : « *œ* (moyen) : crever » (p. 2). « L'*e sourd* est en quelque sorte *la voyelle neutre* du français » (p. 82).

(6) Cf. « La prononciation actuelle du français », dans *Où en sont les études du français?* Manuel général de linguistique française moderne, publié sous la direction d'Albert Dauzat, p. 21 où Fouché donne comme exemples illustrant l'*eu* ouvert : Eur*o*pe et *bre*bis. Cf., du même, *Phonétique historique du français,* p. 22 : « ... *e* muet... n'est en réalité qu'une voyelle intermédiaire entre [œ̣] et [œ̥], plus proche cependant de [œ̥] que de [œ̣] ». Cf. encore, p. 78 : « Cette voyelle, étant essentiellement inaccentuée, sa prononciation est celle d'un *œ* peu fermé. Cette prononciation reste la même dans le cas relativement rare où " *e* muet " est accentué, c'est-à-dire dans le cas du pronom *le* venant après un impératif. »

(7) *Histoire d'une langue : le français,* p. 204.

(8) *Les sons du français,* p. 85.

(9) *Précis historique de phonétique française,* p. 30.

(10) C'est nous qui soulignons.

un peu plus fermé que dans *Völker*, *Götter*, *öffne*, etc. La voyelle française appelée *e muet* se rattache à celles dont on vient de parler. Lorsqu'elle est accentuée, ce qui n'arrive que très rarement, par exemple dans le pronom *le* placé après un impératif (*tue-le*), elle est *en général*[1] prononcée comme un [œ] moyen. Lorsqu'elle est atone, ce qui est le cas le plus fréquent, si elle est prononcée, elle a un timbre *intermédiaire*[1] entre [œ́] fermé et [œ] moyen[2]. »

Rosset, catégorique, comme on l'a vu, en ce qui concerne l'*e* muet tonique, l'est moins pour l'*e* inaccentué : si, dans *Les origines de la prononciation moderne au XVII*^e^ *siècle*, il ne fait aucune différence entre l'*e* muet tonique et atone, les transcrivant, sans exception, d'un bout à l'autre de l'ouvrage par le même symbole œ, celui-là même dont il se sert pour l'*eu* ouvert[3], il indique, cependant, au tableau de l'alphabet phonétique, un symbole plus petit au moins de moitié, pour l'*e* muet post-tonique : ᴔ[4]. De plus, dans son manuel d'orthoépie, il semble distinguer trois timbres différents d'*e* muets : 1° un timbre pour l'*e* muet tonique qui (comme on l'a vu plus haut) est un *eu* ouvert bref ; 2° un timbre pour l'*e* muet inaccentué qu'il représente, au tableau des sons et des graphies, par un *e* renversé de grandeur normale [ə] et pour lequel il donne comme exemples l'*e* des mots suivants : *venez*, *petit*, *antre*, *sable* ; 3° un troisième timbre, non indiqué au tableau des graphies, qu'il représente, dans les exercices d'application, par un *e* renversé de très petite taille : ₔ. Ce dernier symbole transcrit régulièrement : *a)* l'*e* post-tonique (sã : blₔ, sã : brₔ, etc.) ; *b)* l'*e* épenthétique (arkₔ bute), et, sporadiquement (car il est interchangeable avec le précédent) et capricieusement (puisqu'on ne peut discerner de principe directeur qui détermine le choix de l'un ou de l'autre), l'*e* muet à l'intérieur du mot (grammatical ou phonétique)[5]. Il est vrai qu'on peut se demander si la différence de taille de ces deux derniers symboles : ə et ₔ, n'indiquerait pas un changement d'intensité plutôt qu'un changement de timbre. L'auteur ne le dit pas.

(1) C'est nous qui soulignons.
(2) *Éléments de phonétique générale*, p. 97.
(3) *Origines, passim*.
(4) *Ibid.*, p. 401 : « oè : *peur* ; oə : *heurte* ; oe : *sable* ; oé : *peu* ».
(5) *Exercices...*, p. 34 et *passim*. Cf., du même, *E fém.*, p. 446 : « [*E* muet] va depuis le son *eu*, en syllabe tonique, jusqu'au silence absolu, en syllabe atone, en passant par tous les sons intermédiaires, ne se laissant enfermer dans aucune règle, divers suivant les régions de France, suivant les individus, suivant le ton même du discours. »

Nyrop manifeste la même incertitude en ce qui concerne l'*e* muet tonique : « Quand le pronom *le* [lə] est accentué, il se prononce [lø] ou [lœ][1]. »

Génévrier qui, on se le rappelle, enseigne, dans les premières pages de son manuel[2] que « *e* et *-eu* sont aussi fermés l'un que l'autre lorsqu'ils sont toniques, ou même modérément accentués », assure, dans les dernières pages du même ouvrage, que l'*e* « qu'on peut appeler sourd... correspond à [œ] ou [ø] dans le corps d'un mot, à [ə] en syllabe finale après une sonore, ou après un groupe à liquide...[3] »

Pernot pense que l'*e* muet est loin d'avoir un timbre spécifique : « La nature de cet [ə] tonique varie en France avec les régions. C'est assez souvent un *eu* fermé bref [ø̣]. A Paris, chez certaines gens, une sorte d'[ø] moyen, et chez la plupart une variété d'[œ] ouvert. » Pour *le*, en tonique : « il s'agit d'un [œ] ouvert, de timbre plus grave que celui de *peuple*[4] ».

Si Georges Gougenheim reconnaît une opposition absolue entre le timbre de l'*e* muet et celui de l'*e* fermé intense (puisqu'il établit une corrélation entre eux)[5] et s'il rapproche le timbre de l'*e* instable de celui de l'*eu* ouvert (avec l'exception du pronom positif *le* dont l'*e* est « assez fermé »)[6], il souligne cependant un certain nombre de nuances[7] et ces nuances sont toujours des *variétés*[8] d'*eu* ouvert ou d'*eu* fermé : « Il existe », dit-il, « d'autres sortes de variations extraphonologiques : le mot *élever* se prononce habituellement *élvé* sans *e* instable intérieur ; dans la diction des vers classiques il se prononce *élòevé* ; cette opposition constitue une *variation extraphonologique stylistique.*[9] » Cet *e* prononcé « se présente comme un *òe* chuchoté non intense à la finale..., comme un *òe* non intense (*premier, cher petit*), comme un *oe* assez fermé dans *le* intense après l'impératif positif (*prends-le*), moins

(1) *Op. cit.*, p. 65.

(2) Cf. *supra*, p. 4.

(3) *Op. cit.*, p. 266.

(4) « Les voyelles parisiennes », *RP*, V (1928-1929), 377.

(5) *Phon.*, p. 22.

(6) *Ibid.*, p. 37.

(7) Cf. *ibid.*, p. 2 : « Il est essentiel, dans l'étude phonologique d'une langue, de distinguer l'*opposition*, nettement perçue par tout individu parlant et entendant normalement dans le groupe social envisagé, de la *nuance*, sensible seulement aux appareils enregistreurs ou aux observateurs spécialement attentifs. »

(8) C'est nous qui soulignons.

(9) *Phon.*, p. 14.

fermé dans *ce* intense de la locution *sur ce*, qui se distingue nettement de *sur ceux*[1] ».

Pour Delattre, le timbre de [ə] « n'est pas très fixe. En général il est proche de l'*eu* ouvert... mais il peut varier jusqu'à être aussi fermé que l'*eu* fermé... sans qu'une oreille française s'en offense[2] ».

Cette attitude est caractéristique. Nombreux sont les auteurs qui, après avoir débuté par une affirmation catégorique, deviennent, au cours de leurs ouvrages, de plus en plus hésitants, et traduisent cette incertitude par le vague des descriptions. Il y a là, apparemment, une question délicate qui trouble les uns et les autres.

Il est même des auteurs qui apparentent l'*e* muet à l'*e* ouvert [ɛ]. C'est le cas de la *Grammaire Larousse* et de Passy. Celui-ci écrit : « (ə). C'est le son précédent [ɛ] avec les lèvres légèrement arrondies : notre *e* dans *je* (ʒə), *me* (mə)[3]. » L'auteur de la *Grammaire Larousse* décrit l'*e* muet de la façon suivante : « L'*e muet* est une variété d'*e* ouvert inaccentué de sonorité très faible[4]. » Il ajoute : « Il y a un problème de l'*e* muet, parce que cette lettre, qui a correspondu autrefois à un son nettement prononcé, correspond aujourd'hui à une voyelle de timbre indécis... »

Martinet résume d'une façon très claire l'essentiel de la situation : « Ces différentes opinions se ramènent, en fait, aux possibilités suivantes : 1° *e* caduc se prononce comme [œ] ouvert (Grammont et, en partie, Gougenheim) ; 2° *e* caduc ne se confond pas tout à fait dans ses réalisations avec celles de l'archiphonème Œ, ceci, sans doute, du fait de l'absence d'arrondissement des lèvres dans le cas de *e*, le degré d'ouverture étant sensiblement le même que pour [œ] ouvert (Bruneau), ou un peu moins considérable (Martinon). Il existe une troisième possibilité que M. Gougenheim suggère pour l'*e* de *prends-le*, qui est la confusion avec [œ] fermé[5]. »

(1) *Ibid.*, p. 37. Cf. la remarque de Martinet au sujet de Gougenheim (*Pron. cont.*, p. 69) : « La prononciation indiquée par M. Gougenheim comporte trois variétés de timbre dont les deux extrêmes sont pratiquement *eu* fermé et *eu* ouvert. »

(2) *Principes de phonétique française à l'usage des étudiants anglo-américains*, p. 23. Cf. du même, *Advanced Training in French Pronunciation*, p. 45 : « [ə] has approximately the same vowel color as *open eu*... of *jeune, sœur* ».

(3) *Les sons du français*, p. 85. C'est ici que, hésitant, Passy continue par la description citée plus haut qui fait de l'*e* muet l'équivalent de *eu* ouvert ou de *eu* fermé. (Cf. *supra*, p. 6).

(4) *Grammaire Larousse du XXe siècle*, p. 34.

(5) *Pron. cont.*, p. 65.

La question du timbre de l'*e* muet soulève la question de labialisation : la muette est-elle une voyelle labialisée ou non ? On retrouve ici les mêmes divergences d'opinion. Pour les uns, les lèvres sont plus ou moins projetées (Rousselot, Passy, Grammont, Fouché, etc.)[1] ; pour d'autres, il y a « absence d'arrondissement ». « Pour bien des Français, » remarque Martinet, « ... les réalisations d'*e* caduc appartiennent à [la série des voyelles antérieures arrondies]. Pour d'autres... *e* caduc se réalise comme la voyelle neutre notée [ə] qui n'est, par conséquent, ni antérieure, ni arrondie[2]. »

L'*e* muet, cette voyelle mystérieuse, au timbre multiple, vague, fuyant, indécis, est aussi considéré comme une voyelle de nature essentiellement faible et brève. Dans les citations qui précèdent, on a pu remarquer quelques réflexions à ce sujet. En voici d'autres: Philippe Martinon écrit: « L'*e* dit *muet* est alors [en tonique] ouvert et bref, moins ouvert, mais aussi bref que *eu* dans *œuf*. » D'après lui, comme d'après la plupart des auteurs, la voyelle est toujours brève[3]. Pareillement, Gougenheim affirme que l'*e* muet est moins intense et plus bref que l'*eu* ouvert[4].

En outre, certains savants pensent que la muette ne peut pas recevoir l'accent tonique ou, comme on a eu l'occasion de le voir dans les pages ci-dessus, limitent cette possibilité au seul pronom *le*, post-posé à l'impératif[5]. Grammont admet que dans certains cas très rares, l'*e* muet de la conjonction *que* « c'est-à-dire par définition même inaccentué, et qui

(1) Cf. Daniel Jones, *An Outline of English Phonetics*, p. 92 : « ... the French... ('*e* mute')... has rounded lips ».

(2) *Pron. cont.*, p. 65.

(3) *Comment on prononce le français*, p. 150.

(4) *Phon.*, p. 37. — Il est remarquable que parmi les auteurs qui confondent [ə] et [œ] en tonique, il en est plus d'un qui affirme, au chapitre sur la voyelle *eu*, qu'en syllabe tonique ouverte, *eu* final n'est jamais ouvert, ou, ce qui revient au même, que *eu* final est toujours fermé. Cf. entre autres, Martinon, *op. cit.*, p. 90 et 151. D'autre part, Passy, *op. cit.*, p. 158, est explicite, il fait une exception pour l'*e* muet : « "Voyelle œ-ø." La voyelle a le son (ø) : 1° Toujours à la fin d'un mot : *jeu* (ʒø), *cieux* (sjø), *queue* (kø) ; — excepté... dans *le* accentué qui se prononce (lœ) ou (lø). » Seul Martinet souligne l'impossibilité d'un *e*, muet tonique ayant le timbre *eu* ouvert : « En syllabe tonique, *e* caduc n'apparaît qu'à la finale absolue d'où [œ] ouvert est exclu. » (*Pron. cont.*, p. 66).

(5) Cf. Grammont, *Pron.*, p. 116. Il ajoute : « Sa voyelle est [alors] aussi solide que n'importe quelle autre voyelle accentuée. On dit : *Mangeons-le tout de suite. Fais-le entrer*, comme : *Mangeons-la tout de suite, fais-la* entrer. » Cf. Martinon, *op. cit.*, p. 150.

dans une prononciation sans effet disparaîtrait à cette place », peut porter un accent d'insistance[1]. Mais en dehors de ces deux cas, Grammont et nombre de savants avec lui ne reconnaissent pas d'*e* accentué.

On rencontre des remarques analogues en ce qui concerne la hauteur musicale[2], que ce soit en syllabe tonique ou à l'atone. Lote reconnaît bien que pour le pronom *le*, en tonique, dans la partie montante de la phrase la « voix s'élève obligatoirement[3] » ; mais il affirme qu'en position post-tonique, s'il y a suspension de sens, partout « l'*e* muet marque une dépression musicale ; en règle générale et presque absolue, il ne peut supporter l'accent d'acuité[4] ».

En plus des hésitations, des contradictions, des limitations que nous venons d'observer, il existe un autre élément de désaccord et d'incertitude : le choix de l'épithète qui décrit le mieux la voyelle. L'appellation diffère selon les auteurs. S'il est vrai que la plupart d'entre eux la nomment *e* muet, beaucoup le font à contre-cœur[5] ; d'autres s'y refusent. Grammont est explicite : « On l'appelle d'ordinaire *e* muet, mais cette qualification ne convient qu'aux cas où il ne se prononce pas. Il est nommé ici *caduc*, c'est-à-dire susceptible

(1) Après avoir indiqué les différents mots qui sont affectés par l'accent d'insistance dans la phrase exclamative : « *En*core de la morue ! Voilà *huit* jours que nous ne mangeons *que d*(e) la morue ; c'est *dé*goûtant ! » Grammont remarque : « Ici... l'*e* caduc... prend un violent accent d'insistance. » (*Pron.*, p. 144-145). — Cf. Lote, *Alexandrin*, I, 170, ainsi que II, 561 : « [*e* muet] peut... être [accentué] dans le pronom personnel *le* et dans le *que* conjonctif ou relatif ». Seul, Pernot fait exception : « Les [ə] toniques ne sont pas rares en vers, et on les trouve aussi en prose toutes les fois que *lorsque, parce que, quoique, que* sont prononcés isolément ou suivis d'une pause dans la phrase. » (« Les voyelles parisiennes », *RP*, V—1928-1929—376).

(2) Mais moins nombreuses, car peu de grammairiens, phonologues, prosodistes et même phonéticiens s'occupent de hauteur musicale. D'autre part, il est évident, pour qui a réfléchi à la question, que les voyelles « ne se distinguent pas, dans les limites ordinaires de la voix, par une hauteur musicale propre à chacune d'elles. L'*a* peut en effet, aussi bien que l'*i*, être émis sur le la^3, et n'importe quelle partition d'opéra suffirait à le prouver. Il est non moins évident que dans la parole courante les articulations isolées prononcées successivement peuvent être attaquées selon des tons variables... » (Lote, *Alexandrin*, I, 151).

(3) *Ibid.*, I, 170.

(4) *Ibid.*, I, 165.

(5) Cf. : « Je remarque, et il me semble que ce serait à rappeler, que beaucoup de grammairiens, etc. emploient volontiers la formule "l'e *dit* muet", qui comporte réserve et prudence et ne compromet pas. » (Observation que nous a faite Jean Hytier).

de tomber[1]. » Rosset, et de nombreux grammairiens avec lui, tiennent à le qualifier d'*e* féminin : « C'est le nom que donne Thurot, après beaucoup de grammairiens anciens, à la voyelle qu'on appelle de nos jours souvent *é muet*. *E* [*œ*] féminin paraît meilleur parce qu'une voyelle *muette* n'est pas une voyelle et parce que la voyelle dont il s'agit est non pas *e*, mais *oe*. Le mot *féminin* n'indique pas sa nature, mais il indique une des fonctions historiques de cette voyelle, marquer le féminin[2]. »

Comme on l'a vu plus haut, Damourette et Pichon, et, après eux, Gougenheim, Delattre, etc., l'appellent « instable ».

Le Père Mourgues, en 1684, indiquait déjà un certain nombre d'épithètes descriptives : « cette sorte d'*e*... est nommé indifferemment *Féminin*, *muet*, *obscur*, ou *François*, parce que cette maniere de couler imperceptiblement sur cette voyelle, est tout-à-fait singuliere à notre Langue[3]. »

Quelques-unes des raisons de la difficulté qu'éprouvent les uns et les autres à trouver une épithète dont la convenance soit parfaite sont indiquées par Pernot : « M. Grammont a substitué le terme d'*e caduc* à celui d'*e muet* par lequel on désigne ordinairement cette voyelle. L'appellation d'*e muet* ne convient strictement en effet qu'aux cas où l'[ə] n'est pas prononcé. Mais d'autre part l'expression *e caduc* a l'inconvénient de faire revivre une idée contre laquelle se sont élevés les linguistes : celle des voyelles ou consonnes qui *tombent*. En outre cet adjectif, employé généralement dans le sens de " qui est près de sa chute ", s'applique mal à des phénomènes de disparition totale ou de solide maintien, comme *elle* et *premier*[4]. »

Ces opinions contradictoires posent donc des problèmes multiples :

1° Timbre.

a) L'*e* muet se confond-il toujours avec l'une quelconque des voyelles mentionnées ci-dessus : *eu* fermé, *eu* moyen, *eu* ouvert[5] ; son articulation est-elle la même[6] ?

(1) *Pron.*, p. 105.
(2) *Origines*, p. 127. Sur la signification de *féminin*, cf. *infra*, p. 249.
(3) *Traité de poësie françoise*, p. 34-35.
(4) *L'e muet*, p. 4.
(5) Cf. *supra*, p. VII, la remarque de Martinet.
(6) Cf. Grammont, *Traité*, p. 86 : « Les nuances de timbre étant déterminées à la fois par le point d'articulation et le degré d'aperture, les voyelles se rangent au point de vue du timbre dans le même ordre qu'au point de vue de l'articulation et de l'aperture. »

b) Ou bien l'*e* muet est-il une voyelle plus changeante que les autres, susceptible non seulement de devenir moyenne, mais aussi de prendre tour à tour, suivant la position qu'elle occupe et son entourage, un timbre différent, bref, une sorte de voyelle « caméléon »[1] ?

c) Ou l'*e* muet a-t-il un timbre propre, et, dans l'affirmative, quelle est, parmi les diverses appellations qu'on lui connaît, celle qui le décrit le plus exactement et lui convient le mieux ?

2° Durée. Intensité. Hauteur musicale.

a) L'*e* muet est-il bref et faible de nature ?

b) Comporte-t-il des variations de durée, d'intensité, de hauteur musicale et dans quelles limites ?

c) L'*e* muet, de même que toute autre voyelle, est-il susceptible de porter l'accent tonique en tant qu'*e* muet ?

d) La syllabe où il se trouve, peut-elle recevoir l'accent d'insistance ?

Bref, l'*e* muet est-il une voyelle ayant une entité indépendante des autres, et, suivant la position qu'elle occupe, les changements de durée, d'intensité et de hauteur musicale qu'elle subit, cette voyelle est-elle capable de conserver son identité ?

En un mot, l'*e* muet emprunte-t-il successivement le timbre d'autres voyelles ou l'*e* muet a-t-il un son *sui generis?*

(1) Cf. Kenneth Pike, *Phonetics*, p. 78 : « A sound is the same sound wherever it occurs — but for the phonetician... it may become a chameleon and change its color... at different points in the same language ».

CHAPITRE II

MÉTHODE DE RECHERCHE

CHAPITRE II

MÉTHODE DE RECHERCHE

Sujets. — Textes. — Appareils.

Afin de pouvoir répondre aux questions précédentes, des expériences ont été faites, des textes choisis, des appareils utilisés.

SUJETS[1]

A (père: né dans la Charente-Inférieure, élevé jusqu'à l'âge de 15 ans à Rochefort et Paris ; par la suite, a beaucoup voyagé en France et à l'étranger ; mère: née et élevée à Paris), 30 ans, agrégé, docteur ès lettres, professeur et homme de lettres. Études[2] : lycée Montaigne, lycée Buffon, lycée Condorcet, Faculté des Lettres, Sorbonne.

B (père : né et élevé à Paris ; mère : née et élevée dans la Charente), 27 ans, avocat. Études : collège Stanislas, Faculté de Droit, Paris.

C (parents : nés et élevés à Paris), 27 ans, avocat. Études : lycée Pasteur, Faculté de Droit, Paris.

D (parents : nés et élevés à Paris), 26 ans, docteur en médecine. Études : lycée Saint-Louis, Faculté de Médecine, Paris.

(1) Nous rappelons que c'est surtout la prononciation parisienne que nous avons voulu étudier (cf. *supra*, p. II). — Nous rappelons également que les expériences que nous discutons au cours de notre ouvrage datent de 1939 et que nous indiquons l'âge des sujets à cette époque.

(2) De 8 à 10 ans, *A* a suivi les cours du lycée d'Angoulême.

E (parents : nés et élevés à Paris), 26 ans, docteur en médecine. Études : lycée Henri IV, Faculté de Médecine, Paris.

F (père : né et élevé à Paris ; mère : née et élevée jusqu'à 16 ans dans la Nièvre, puis à Paris), 18 ans, élève du lycée Janson-de-Sailly jusqu'à sa seizième année ; élève du lycée français de New-York depuis dix-huit mois. *F* ne semble pas avoir modifié sa prononciation.

G (père : Bourguignon, décédé avant la naissance de G ; mère : née à Bordeaux, fixée à Paris dès l'âge de 2 ans, élevée à Paris ou dans la région parisienne, chez les Ursulines), docteur ès lettres, assistante au Laboratoire de Phonétique, Institut de Phonétique, Université de Paris. Études : pensions à Versailles jusqu'à 18 ans, lycée, à Paris, Faculté des Lettres, Sorbonne.

H (père : né et élevé dans l'Isère ; mère : née et élevée en Haute-Savoie), docteur de l'université de Paris, professeur. Études : pensions, à Grenoble et à Nancy, Université de Californie, Université de Grenoble et Sorbonne.

TEXTES

Ils se divisent en cinq groupes principaux :

1. Voyelles isolées[1]. [ə], [œ], [ø]

2. Monosyllabes [ə], [œ], [ø], dans des syllabes de même constitution :

*qu*e	*cu*e*ille*[2]	*qu*eue
*n*e	*n*eu*f*	*n*œu*d*
*d*e	*d'*œu*f*	*d*eu*x*
*c*e	*s*eu*il*	*c*eu*x*

(1) Il convient de souligner ce que peut avoir d'artificiel la prononciation des voyelles isolées, surtout celle de l'*eu* ouvert. Cependant, en dehors de toute expérimentation phonétique, il arrive plus d'une fois qu'un Français ait à isoler une voyelle d'un mot. De plus, ainsi que nous l'avons vu au chapitre précédent, un certain nombre de Français font un *eu* ouvert de l'*e* muet : d'où, nécessairement, pour eux du moins, un *eu* ouvert final.

(2) *Eu* ouvert final n'existant pas, en principe du moins (cf. *supra*, n. 1), à Paris, nous avons dû choisir pour cette voyelle des monosyllabes où elle se trouve en syllabe fermée. La comparaison est alors délicate à faire, car, ainsi que l'indique A. Grégoire (*Variation de durées de la syllabe française suivant sa place dans les groupements phonétiques, passim*), la voyelle en syllabe fermée est plus brève qu'en syllabe ouverte ; d'autre part, devant certaines consonnes à l'influence allongeante, les voyelles vont jusqu'à doubler et même tripler leur durée.

3. Phrases indépendantes. Les mêmes voyelles que ci-dessus, dans de courtes phrases ou expressions, composées, le plus souvent, à l'aide de mots courants où ces différents sons se retrouvent tour à tour, et dans le même entourage phonétique, en syllabe tonique ou en syllabe atone (à l'initiale ou à l'intérieur du mot) :

Tandis que	*Parce que tu penses*	*Que penses-tu*
Le son pe	*Trente petits chiens*	*Petit tas*
Tu les cueilles	*Accueille tes sœurs*	*Cueille tes roses*
L'étrange peuple	*Ce peuple étrange*	*Peuple étrange*
Faire la queue	*La queue du chien*	*Queue de morue*
Parle peu	*C'est peu poli*	*Peu poli*

Prenez-leur ceux que je ne veux pas
Je ne veux pas de leur âne
Sur ce tableau
Sur ceux-là même
Sur leur esprit

Pour les expériences auditives et visuelles :

sur ce/sur ceux et *sur cela même/sur ceux-là même*
ce que vous dites /ceux que vous dites
comme je dis/comme jeudi
de tristes personnages/deux tristes personnages
je ne vaux rien/jeune vaurien
apporte le rôt/apporte leur eau
le rôt/leur eau et *pour le rôt/pour leur eau*

4. Textes suivis.

Prose. Deux passages, l'un, fabriqué de toutes pièces : Texte A ; l'autre, de Voltaire : Texte B.

Texte A

— *Veux-tu me lire un passage de...* ?
— *De...* ?
— *De... Brieux.*
— *Pourquoi?*
— *Parce que.*
— *Tu ne veux pas me dire pourquoi* ?
— *Non! J'aimerais mieux que tu lises d'abord. Veux-tu? Et tout de suite, pendant que nous sommes seuls.*
— *Je veux bien, mais à la condition que, tout à*

l'heure, à ton tour, tu subisses une épreuve du même genre, et que, d'auditeur, tu deviennes lecteur.

— *C'est ça. Tiens, prends le livre. Prends-le. Prends-le et ouvre-le à la page neuf.*

TEXTE B

Leur fureur était si aveugle, que, voyant passer un jeune seigneur de la maison de Soltikoff, qu'ils aimaient, et qui n'était point sur la liste des proscrits, quelques-uns d'[entre] eux ayant pris ce jeune homme pour Jean Naraskin qu'ils cherchaient, ils le tuèrent sur-le-champ. Ce qui découvre bien les mœurs de ces temps-là, c'est qu'ayant reconnu leur erreur, ils portèrent le corps du jeune Soltikoff à son père pour l'enterrer; et le père malheureux, loin d'oser se plaindre, leur donna des récompenses pour lui avoir rapporté le corps sanglant de son fils.

(VOLTAIRE, *Œuvres*, XXV).

POÉSIE. Quelques strophes prises dans cinq poèmes où les voyelles à l'étude se rencontrent soit en syllabe tonique, soit en syllabe atone :

LE DORMEUR DU VAL

Un soldat jeune, bouche ouverte, tête nue
Et la nuque baignant dans le frais cresson bleu,
Dort ; il est étendu dans l'herbe, sous la nue,
Pâle dans son lit vert où la lumière pleut.

Les pieds dans les glaïeuls, il dort. Souriant comme
Sourirait un enfant malade, il fait un somme.
Nature, berce-le chaudement: il a froid!

(Arthur RIMBAUD, *Œuvres*).

ODELETTE

Ceux qui passent l'ont entendu
Au fond du soir, en leurs pensées,
Dans le silence et dans le vent,
Clair ou perdu,
Proche ou lointain...
Ceux qui passent en leurs pensées
En écoutant, au fond d'eux-mêmes,
L'entendront encore et l'entendent
Toujours qui chante.

Il m'a suffi
De ce petit roseau cueilli
A la fontaine où vint l'Amour
Mirer, un jour,
Sa face grave
Et qui pleurait,
Pour faire pleurer ceux qui passent
Et trembler l'herbe et frémir l'eau ;
Et j'ai, du souffle d'un roseau
Fait chanter toute la forêt.

(Henri DE RÉGNIER,
Les jeux rustiques et divins).

ÉPILOGUE

Ce que je veux de toi, c'est ta jeune colère
Qui te montait au front,
C'est le sang qui roulait en toi sa pourpre claire,
Lorsque d'un vain talon,

Tu frappais à durs coups, frénétique et penchée,
Le sol sec et ardent,
Comme pour qu'en jaillît quelque source cachée
Que tu savais dedans ;

C'est cela que je veux de toi, car je veux boire
A pleine bouche, un jour,
L'eau souterraine encore à ta fontaine, ô gloire,
Que ce sera mon tour !

Et, si le temps ingrat m'accorde pour salaire
L'opprobre meurtrier,
Je veux m'asseoir du moins à l'ombre que peut faire
La branche du laurier.

(Henri DE RÉGNIER,
La cité des eaux).

RENOUVEAU

Puis je tombe énervé de parfums d'arbres, las,
Et creusant de ma face une fosse à mon rêve,
Mordant la terre chaude où poussent les lilas,

(MALLARMÉ, *Poésies*).

ART POÉTIQUE

C'est des beaux yeux derrière des voiles,
C'est le grand jour tremblant de midi,
C'est, par un ciel d'automne attiédi,
Le bleu fouillis des claires étoiles !

(Verlaine, *Jadis et naguère*)[1].

5. En outre, pour les expériences sur le timbre faites récemment à l'aide du spectrographe, nous avons enregistré les sons et les expressions suivants :

a) VOYELLES ISOLÉES. [a], [ɛ], [œ], [ø], [ə]

b) VOYELLES EN POSITION IDENTIQUE ET DANS LE MÊME ENTOURAGE CONSONANTIQUE.

Jeanneton	*larron*
gêne beaucoup	*leur eau*
jeune vaurien	*leurrer*
jeûne demain	*l'erreur*
je ne vaux rien	*le rôt*

c) OPPOSITION. [ø]/[ə].

deux tristes personnages/de tristes personnages
comme jeudi/comme je dis

d) OPPOSITION. [œ]/[ə].

comme jeunesse/comme je ne sais

Comme on le voit, nos expériences ont surtout porté sur des textes lus et sur la diction poétique. Cependant un certain nombre d'expériences ont également porté sur des textes parlés.

APPAREILS

Nous avons utilisé les appareils suivants :

1. PALAIS ARTIFICIEL (articulation).

2. CYLINDRE ENREGISTREUR, AMPOULE EXPLORATRICE DE

(1) Les résultats des expériences étant sensiblement les mêmes, nous ne discuterons ni RENOUVEAU ni ART POÉTIQUE, excepté pour ce qui concerne l'*e* épenthétique. Les renseignements fournis par les autres poèmes nous ont semblé suffisants.

LA LANGUE (articulation), EMBOUCHURE, OLIVES NASALES (durée, intensité, hauteur musicale).

3. SPECTROGRAPHE (timbre).

De plus, pour étudier le timbre, de nombreuses expériences auditives ont été faites qui seront expliquées plus loin.

Pour l'articulation, outre les expériences faites à l'aide du palais artificiel et de l'ampoule exploratrice de la langue, des expériences visuelles ont été multipliées.

Sur le cylindre enregistreur, la voyelle isolée, répétée de cinq à huit fois par le même sujet sur le même tour de cylindre, a été articulée à intervalles suffisants pour lui assurer son caractère de phonème isolé.

Chaque monosyllabe a été répété de quatre à sept fois sur le même tour de cylindre, à un débit normal et à intervalles réguliers.

Les phrases indépendantes ont été enregistrées de trois à cinq fois, à intervalles suffisamment longs pour conserver à la première syllabe de la phrase la qualité de syllabe initiale.

La constance relative des résultats[1] chez chaque sujet, en ce qui concerne la voyelle isolée, les monosyllabes et les phrases indépendantes, permet de ne donner que trois chiffres pour la durée et un seulement pour l'intensité et la hauteur musicale respectivement.

Les textes suivis, prose et poésie, ont été enregistrés une seule fois.

A part les enregistrements spectrographiques, les expériences ont toutes été faites en 1939, les premières, celles de *A*, *D*, *F*, à Columbia University (janvier-mars), les secondes, celles de *B*, *C*, *E*, *G*, *H*, à l'Institut de Phonétique de l'Université de Paris (juin).

Les sons et les expressions enregistrés au spectrographe ont été dits par *H*, à quelques minutes d'intervalle, au cours d'une séance d'un après-midi, au laboratoire de phonétique de l'Université de Pennsylvanie, en juin 1952.

Les expériences ont porté sur plus de 20 *e* muets toniques et sur plus de 100 *e* muets atones ; sur plus de 20 *eu* fermés toniques, plus de 20 *eu* fermés atones ; sur une vingtaine d'*eu* ouverts toniques, une vingtaine d'*eu* ouverts atones.

(1) A de rares exceptions près que nous indiquerons en leur lieu.

CHAPITRE III

TIMBRE : ANALYSE PHYSIQUE

CHAPITRE III

TIMBRE : ANALYSE PHYSIQUE

Expériences auditives[1]. —
Expériences instrumentales : spectrographe.

EXPÉRIENCES AUDITIVES

Pour les expériences auditives, nous avons procédé à deux séries d'expériences[2] :

A) Le sujet devait entendre le locuteur[3], puis, décrire ou définir les sons qu'il entendait ou croyait entendre.

B) Dans d'autres séances, le sujet devait d'abord indiquer ce qu'il croyait prononcer, puis, locuteur à son tour, il devait articuler les trois voyelles [ə], [œ], [ø] (isolées, dans des monosyllabes, etc.)[4], pendant que nous l'écoutions et saisissions le timbre des voyelles à l'étude. Enfin, lorsqu'il y avait lieu, il devait répondre aux questions indiquées plus loin.

Nous présentons ci-dessous les questions dans l'ordre méthodique que nous avions préalablement établi. Cependant,

(1) Cf. Roman Jakobson, « On the Correct Presentation of Phonemic Problems. » *S*, V (November 1951), 331 : « ... the acoustic stimulus carries the whole information in the message from the sender to the receiver ».

(2) Il va de soi que pour la plupart de ces expériences, celles qui traitent de la graphie et de la terminologie, nous n'avons interrogé ou fait interroger ni *G*, ni *H*, toutes deux phonéticiennes, donc rompues à la terminologie et à l'orthoépie.

(3) Soit nous, soit un des sujets, soit une tierce personne de naissance et d'éducation parisiennes. Quoique les expériences instrumentales ne soient pas les mêmes, la constance relative des résultats de celles-ci portent à croire que pour les expériences auditives, la prononciation du locuteur n'a pas sensiblement changé. Aussi renvoyons-nous parfois aux différents tableaux et figures qui renseignent sur la durée et l'intensité mécanique des voyelles.

(4) Cf. *supra*, p. 18, n. 1.

afin d'obtenir des réponses aussi spontanées que possible, ces questions ont été posées à chacun des sujets dans un ordre différent, à l'apparence fantaisiste et capricieuse, souvent à brûle-pourpoint, entre des expériences d'un tout autre caractère ou au cours d'une conversation fort éloignée des problèmes qui nous préoccupaient.

EXPÉRIENCE A

Question A 1.

On a prononcé d'abord les sons isolés [ə], [ø], [œ]. Puis, nous avons posé au sujet les questions suivantes :

a) Entendez-vous toujours la même voyelle ?

b) Comment épelez-vous la première ? la deuxième ? la troisième ?

c) Comment appelez-vous la première ? la deuxième ? la troisième ?

d) Les voyelles sont-elles toutes aussi longues ? aussi intenses ?

Réponse A 1.

a) Les sujets ont bien tous entendu trois voyelles différentes, mais ils ont presque tous manifesté une certaine hésitation avant de répondre ; deux sujets, *B* et *F*, ont hésité beaucoup plus longtemps ; ils nous ont demandé de répéter les trois sons plusieurs fois. Ils ont alors reconnu trois voyelles différentes.

b) Pour l'épellation, après hésitations plus ou moins longues, nous avons enregistré les réponses suivantes :

[ə] : « e », « é (c'est-à-dire la cinquième lettre de l'alphabet)[1] ».
[ø] : « eu », « œu », « œud ».
[œ] : « eu », « œu ».

c) Pour l'appellation, nous avons également noté des hésitations, les sujets nous demandant de répéter le ou les sons. Deux sujets, *A*, *B*, ont qualifié [ə] d'« *e* muet » ; les autres ont répondu par les expressions suivantes : « le *e* de l'alphabet, la plupart des gens disent *é* et ça me choque », « *eu* simple »,

(1) Cf. à l'opinion de Rousselot, *Études*, p. 19 : « L'*e* muet français (j'entends celui qui sonne) est un *œ* fermé dans l'épellation... »

« *e* normal », « plus sec que les deux autres », « par définition, voyelle simple », « certainement pas *deux*, plutôt l'*e* de *de* », « plus bref », « plus sourd ».

Pour les deux autres voyelles, aucun sujet n'a employé les adjectifs « ouvert », « fermé » (sauf une fois pour ce dernier mais accompagné d'autres adjectifs tellement fantaisistes que la valeur objective du terme en était fortement diminuée), n'ayant tous, d'ailleurs, qu'une faible notion de la terminologie phonétique[1]. Des expressions éminemment empiriques ont servi de réponse.

Voici un échantillon des descriptions plus ou moins pittoresques qui ont servi à qualifier, décrire, définir, épeler [ø] et [œ] :

[ø] : « son composé, parce que beaucoup plus plein et possédant un volume qui n'existe pas chez les autres », « c'est long et ça traîne », « c'est un son mélangé parce que je vois deux voyelles », « *eu* composé », « *eu* long », « pas pur », « plus fabriqué [que [ə]] », « pluriel d'*œuf* », « plus plein et plus sérieux », « long, traînant, plus fermé, plus bâtard », « *eu* plus bas [que [ə]] », « bref, parce qu'il y a plus de lettres et que ça fait image », « je le vois écrit "*œu*", "*œud*", "*eu*" ».

[œ] : « je ne sais pas », « *eu* aigu », « ça ne paraît pas pur », « plus aigu et plus sec », « strident », « *eu* composé », « *eu* ».

d) Pour tous, [ø] est la voyelle la plus longue et la plus intense. Pour [ə] et [œ] les avis sont partagés à proportions à peu près égales : [ə], plus long pour *A*, *B*, *F* ; [ə], plus intense pour *B*, *E*, *F*[2].

Question A 2.

On a prononcé ensuite quatre groupes de monosyllabes pour lesquels seule la voyelle différait : *que*, *queue*, [kœ] ; *ne*, *nœud*, [nœ] ; *de*, *deux*, [dœ] ; *ce*, *ceux*, [sœ]. Puis, nous avons posé les questions ci-après à tous les sujets :

a) Entendez-vous chaque fois le même son ?

(1) Ce qui n'est pas pour nous surprendre quand on sait l'insuffisance de la partie soi-disant phonétique de la plupart des grammaires (et des plus récentes), seule source d'information des étudiants au lycée et à l'université, à moins, bien entendu, que ceux-ci ne se spécialisent en phonétique. Cf. R. L. Wagner, *Introduction à la linguistique française*, p. 8.

(2) Cf. *infra*, tableau X, p. 80, chez *H* (locutrice principale pour les expériences auditives), la durée mécanique relative des voyelles : [ə] est aussi long que [ø], légèrement plus long que [œ] ; tableau XIII, p. 81, l'intensité mécanique relative des mêmes voyelles : [ə] est légèrement plus intense que les deux voyelles antérieures.

b) Comment épelez-vous : *que*, *queue*, [kœ] ? etc.

c) Comment appelez-vous la voyelle de *que*, de *queue*, de [kœ] ? etc.

d) Les voyelles sont-elles toutes aussi longues ? aussi intenses ?

Réponse A 2.

a) Pour les monosyllabes, les sujets ont tous entendu trois voyelles distinctes. Il n'y a presque pas eu d'hésitation, excepté chez *B* et *D* qui, au début, semblaient confondre les monosyllabes contenant [ə] et [œ].

b) et *c)* En ce qui concerne l'*e* muet et l'*eu* fermé, contrairement à ce qui s'est manifesté pour les voyelles isolées, les sujets n'ont pas eu beaucoup de difficulté à qualifier la voyelle ni à l'épeler (avec la même restriction que précédemment : le mot « fermé » n'est pas employé). Mais pour ce qui est de l'*eu* ouvert, plusieurs sujets (*A*, *B*, *D*, *E*) ont demandé au locuteur de répéter plusieurs fois les monosyllabes contenant cette voyelle avant de pouvoir l'épeler et la qualifier ; ceci, très vraisemblablement, parce que le mot ne pouvait faire image ne correspondant à aucun mot réel, à aucune notion de sens. Après avoir entendu le monosyllabe plusieurs fois, ils ont épelé la voyelle : « *eu* », « *œu* », et l'ont appelée : « *eu* bref ».

d) La majorité des sujets (*A*, *B*, *C*, *E*, *F*) ont trouvé que l'*e* muet semblait moins long et moins intense que les deux autres voyelles. Un seul sujet, *D*, l'a trouvé aussi long et aussi intense que [ø] et plus long et plus intense que [œ][1].

Question A 3.

Nous avons ensuite prononcé de courtes phrases ou expressions présentant une possibilité de corrélation ou d'opposition (en dépit du fait que certains couples ne sont pas dans des conditions phonologiques identiques)[2] : *sur ce* et *sur ceux* d'une part, et, d'autre part, *sur cela même* et *sur ceux-là même* ; ce *que vous dites* et ceux *que vous dites* ; *comme je dis* et *comme jeudi* ; de *tristes personnages* et deux *tristes personnages* ; *je ne vaux rien* et *jeune vaurien* ; *apporte le rôt* et *apporte leur eau* ; *le rôt* et leur *eau* ; *pour le rôt* et *pour leur*

(1) Cf. *infra*, tableau XIV, p. 83, *D*.
(2) Cf. Martinet, *Pron. cont.*, p. 66, n. 1.

eau. De plus, nous leur avons demandé de nous dire s'ils entendaient une différence de timbre pour la voyelle de la première syllabe des deux expressions suivantes : *je ne sais* et *jeunesse*.

Nous avons posé les questions qui suivent :

a) Entendez-vous chaque fois la même expression ?

b) Que signifie la première expression ? la seconde ?

c) Pour *je ne sais* et *jeunesse:* entendez-vous la même voyelle dans la première syllabe de chaque expression ?

Réponse A 3.

a) et *b)* Dans des groupes tels que *sur ce* et *sur ceux*, *sur cela même* et *sur ceux-là même*, *ce que vous dites* et *ceux que vous dites*, *je ne vaux rien* et *jeune vaurien*, les sujets n'ont pas eu d'hésitation à reconnaître une différence de signification d'où une différence de timbre, de durée[1] et de graphie, à part deux sujets, *A* et *B*, qui n'ont pas distingué entre *je ne vaux rien* et *jeune vaurien*, et deux sujets également, *B* et *E*, qui n'ont pas entendu de différence entre *le rôt* et *leur eau*[2]. Pour la plupart des sujets, *A*, *B*, *D*, *E*, *F*, les expressions : *apporte leur eau*, *pour le rôt*, *pour leur eau* « ne signifient rien, absolument rien ». Ils « sentent » une différence de son dans la plupart des cas, mais ne reconnaissent pas de sens, ce qui se comprend, ces expressions étant loin d'être d'usage courant. Un sujet, *B*, après avoir écouté la question : « *pour le rôt*, *pour leur eau:* entendez-vous chaque fois la même expression ? » a d'abord marmotté une sorte de « *o-o-o* ? » cadencé et interrogatif, puis a ajouté, selon le même rythme, « *bor-de-reau* ? »

c) Deux sujets, *B* et *E*, ont demandé deux fois au locuteur de répéter avant de pouvoir répondre. Ils ont alors dit entendre deux sons légèrement différents. Les autres ont reconnu une différence de timbre dès le début.

Question A 4.

Pour les textes suivis, on s'est contenté de les lire naturellement d'abord, ensuite de les relire au même *tempo*, en remplaçant les *e* muets par des *eu* fermés ou ouverts (peu et très

(1) Nous n'avons pas questionné les sujets sur la durée pour cette expérience (*A* 3) ; c'est d'eux-mêmes qu'ils ont proposé la brièveté de [ə] comme distinguant cette voyelle de [ø] et de [œ]. — Cf. *H*, fig. 4, p. 44 : *je ne vaux rien*/*jeune vaurien*

(2) Cf. *infra*, *H*, *le rôt* et *leur eau*, p. 45-46. Cf. également, *H*, *de tristes personnages* et *deux tristes personnages*, *comme je dis* et *comme jeudi*, p. 47 et 50.

fermés, peu ou très ouverts). Nous nous proposions de demander au sujet d'indiquer la lecture qui lui semblait la plus correcte. Mais la réaction immédiate de celui-ci, chaque fois qu'il y avait substitution d'un timbre à un autre, aussi atténué qu'il fût : sourire amusé, étonné, moqueur, franc éclat de rire suivi de réflexions que nous indiquons ci-dessous, nous a dispensée de formuler des questions méthodiques.

Réponse A. 4.

Lorsque le lecteur remplaçait les *e* muets par des *eu* légèrement fermés ou très fermés, l'impression générale des auditeurs était celle d'une diction artificielle. « Comédie-Française, pose, préciosité », furent les commentaires laconiques mais significatifs les plus fréquents. Lorsque, au contraire, ces *e* muets étaient remplacés par *eu* ouvert, soit par nous, soit par un autre locuteur, l'impression ressentie par les différentes personnes qui assistaient à l'expérience, se traduisait par des expressions plaisantes, il est vrai, mais non moins significatives, telles que « état nauséeux », ou « chloroformé » (nous citons). Quelques observateurs dirent avoir l'impression d'entendre parler « quelqu'un d'efféminé ».

EXPÉRIENCE B

Question B 1.

La question était posée par écrit de la façon suivante :

a) Prononcez-vous l'*e* de *ne* comme la voyelle de *nœud* ou comme celle de *neuf?* ou autrement ?

b) Prononcez-vous l'*e* de *de* comme la voyelle du mot *deux* ou comme celle du mot d'*œuf?* ou autrement ?

c) Prononcez-vous l'*e* de *ce* comme la voyelle du mot *ceux* ou comme celle du mot *seul?* ou autrement ?

Réponse B 1.

a) b) et *c)* Les sujets ont répondu négativement : « Je ne crois pas », « Ni comme l'*eu* de *nœud*, ni comme l'*eu* de *neuf* », « Ni comme l'une ni comme l'autre » ; ou affirmativement : « Autrement », « Différemment » ; *D* a répondu : « Presque comme *neuf* ».

Question B 1'.

On a posé les questions de la façon suivante :

a) (Par écrit.) Prononcez la voyelle qui se trouve dans le mot *de*, dans le mot *deux*, dans le mot *deuil.* (Même procédé pour les autres monosyllabes).

b) Prononcez-vous la même voyelle dans les trois cas ?

c) Comment appelez-vous la première voyelle ? la deuxième ? la troisième ?

d) Prononcez-vous ces voyelles avec la même durée ? la même intensité ?

Réponse B 1'.

a) Les sujets ont presque tous éprouvé une certaine difficulté, pendant quelques secondes au moins, avant de pouvoir isoler chacune des voyelles. Cette difficulté n'est pas particulière à ces trois sons. On la retrouve pour les familles de voyelles qui ont deux ou trois timbres différents, que ce soit [a] et [*a*], [ɔ] et [o], [ɛ] et [ə][1]. Après un certain nombre d'essais, ils y sont cependant tous parvenus. L'hésitation des uns et des autres et les différentes réalisations phonétiques essayées avant d'arriver au timbre satisfaisant pour chacun d'eux, sembleraient démontrer qu'il y a une certaine parenté entre ces trois sons.

b) Ils ont tous reconnu trois voyelles différentes.

c) Pour l'appellation de la voyelle, nous avons relevé pour le son *lu* et *dit*, plus d'exactitude, ou plutôt moins de fantaisie que pour le son *entendu* dans l'expérience *A*. Ce qui s'explique, d'ailleurs, par le fait que le sujet avait *vu* la graphie dans le mot qui lui avait été soumis. Pour la première voyelle, « *e* » et « *e* muet » ont été régulièrement donnés comme réponse ; [ø] et [œ] s'appellent, pour la majorité des sujets : « *eu* ».

d) Trois sujets, *B*, *C*, *E*, pensent qu'ils prononcent les voyelles avec la même durée et la même intensité. Pour *D*, [ə] est plus bref et moins intense ; pour *A* et *F* [œ] est plus bref et moins intense que les deux autres[2].

Question B 2.

Pour la deuxième série d'expériences (les monosyllabes contenant *eu* ouvert étant nécessairement artificiels, puisqu'il n'existe pas d'*eu* ouverts en syllabe tonique ouverte, à Paris, et qu'aucun des sujets auxquels nous nous sommes adressée ne connaissait l'alphabet phonétique), il a fallu, comme pour les sons isolés, indiquer chaque fois dans le texte mis entre

(1) Cf. Rousselot, *Princ.*, II, 656.

(2) Cf. *infra*, p. 79-81, les expériences instrumentales.

les mains du sujet, un mot analogue dans lequel se trouvait la même voyelle. La liste des monosyllabes se présentait ainsi : *ne*, *nœud*, *neu* comme dans le mot *neuf* ; *de*, *deux*, *deu* comme dans le mot *d'œuf* ; *ce*, *ceux*, *seu* comme dans le mot *seul*.

Les questions suivantes ont été posées :

a) Prononcez-vous chaque fois la même voyelle ?

b) Comment appelez-vous la première de ces voyelles ? la deuxième ? la troisième ?

c) Quelle est celle qui vous semble la plus longue ? la plus intense ?

Réponse B 2.

a) Les sujets n'ont éprouvé aucune difficulté à articuler les deux premiers monosyllabes de chaque série ; mais pour le troisième, contenant l'*eu* ouvert, nous avons constaté chez la plupart une certaine hésitation, et nous avons assisté à plusieurs essais jusqu'à ce que le sujet se sentît satisfait. A ce moment-là, la voyelle était nettement ouverte, le timbre sensiblement différent des deux autres.

b) Les sujets n'ont pas semblé avoir de difficulté à qualifier les voyelles, probablement parce qu'ils avaient la graphie sous les yeux : [ə] était bien «*e* muet» ou «*e*»; [ø] et [œ] : «eu».

c) Les réponses sont pratiquement les mêmes que pour les voyelles isolées.[1]

Question B 3.

Nous avons ensuite demandé au sujet de prononcer en couple les phrases et expressions de la question *A* 3, c'est-à-dire les expressions présentant une possibilité de corrélation ou d'opposition.

On a posé la question suivante :

Prononcez-vous la même voyelle dans *ce* et dans *ceux* ? etc.

Réponse B 3.

Les sujets ont reconnu prononcer des voyelles différentes.

Nous avons noté chez tous les sujets un changement de timbre, si minime qu'il fût, pour les voyelles à l'étude. La différence sémantique est indéniablement perçue par la différence phonétique de la voyelle ; de la voyelle tonique

(1) Cf. *supra*, p. 33 ; *infra*, p. 82-84, les expériences instrumentales.

pour les deux premiers exemples [ə] et [ø] respectivement ; de la voyelle atone pour les autres exemples : [ə] et [ø], [ə] et [œ]. La différence semble être autant une différence de timbre que de durée.

Les résultats de cette expérience corroborent, mais avec une sérieuse modification, l'opinion de Gougenheim sur l'existence, non d'une corrélation ainsi qu'il l'appelle, mais d'une opposition entre la voyelle [ə] et la voyelle [ø] : « la corrélation *e* instable prononcé ∞ *oé* dans des constructions comme *de tristes personnages* ∞ *deux tristes personnages* ; *j'ignore ce que vous dites* ∞ *j'ignore ceux que vous dites* ; *comme je dis* ∞ *comme jeudi*[1] ».

Question B 4.

Finalement, les sujets ont lu les textes suivis, prose et poésie. Nous leur avons demandé, en outre, de prolonger aussi longtemps que possible l'*e* tonique de certaines expressions tirées de ces textes.

a) Pendant leur lecture, nous avons pris des notes sur le timbre des voyelles.

b) Dans les expressions indiquées, nous avons observé si le sujet pouvait prolonger la voyelle sans la changer.

Réponse B 4.

a) Dans la lecture, nous avons relevé une différence constante entre les trois voyelles à l'exception de *A* et surtout de *G* et pour le pronom *le* seulement, ce qui a provoqué un sursaut d'étonnement chez un autre sujet, *E*, qui assistait à l'expérience. *A* prononce *le* avec un *eu* assez fermé, *G* le ferme à tel point que pour elle il n'existe pas de différence entre *le* et *leu* (comme *leu* dans « à la queue leu leu »).

Deux sujets sur huit prononcent donc un *eu* fermé dans le pronom tonique *le*, les six autres un *e* muet distinct également de *eu* ouvert, un *e* que l'on peut qualifier de neutre[2].

(1) *Phon.*, p. 22. De plus, comme on l'a vu plus haut, nos expériences montrent que l'*e* muet ne correspond pas à la description du timbre donnée par Gougenheim qui assimile, on s'en souvient (cf. *supra*, p. 8) l'*e* instable à des variétés d'*eu* ouvert, excepté l'*e* du pronom tonique *le*. — Plusieurs des sujets ont prononcé *sur cela même* : [syrslamɛm] et *ce que vous dites* : [skəvudit]. Nous avons dû leur demander d'articuler « toutes les voyelles ». Ils ont alors rétabli l'*e* muet sans en faire un *eu* fermé ou ouvert.

(2) Cf. Martinet, *Pron. cont.*, p. 205, n. 1 : « Sans doute, parmi ceux qui ne donnent pas au *e* de *bois-le*, le timbre du *eu* de *feu*, en est-il certains qui prononcent une voyelle neutre, ni arrondie, ni réellement antérieure. »

b) Dans les expressions ci-après tirées des textes suivis : *de*, *parce que*, *et que*, *prends-le*, *ouvre-le* (TEXTE A) ; *berce-le* (LE DORMEUR DU VAL) ; *lorsque* (ÉPILOGUE), en dépit d'une hésitation rapide chez quelques-uns, les sujets, contrairement à ce qu'affirme Passy[1], n'ont pas eu de difficulté à prolonger la durée de l'*e* muet sans en changer le timbre.

Pour les voyelles isolées, dans des monosyllabes, dans de courtes phrases, de même que dans les textes suivis, nous avons demandé plusieurs fois à brûle-pourpoint au sujet de prolonger la voyelle. Les résultats ont été les mêmes.

A la fin de l'expérience *B*, nous avons demandé au sujet de définir l'impression auditive que produisait l'*e* muet par rapport aux deux autres voyelles. Les réponses ont été les suivantes : « pas aussi clair », « pas aussi net », « moins net », « moins clair », « plus assourdi », « plus naturel », « plus bref », « plus étranglé », « plus sourd ». Tout en différant légèrement dans le détail de certaines réponses recueillies au préalable[2], dans l'ensemble, ces réponses représentent d'une façon assez juste la moyenne des impressions.

Ces deux expériences, *A* et *B*, semblent confirmer l'observation de Martinet sur « l'influence de l'orthographe sur la prononciation [qui] a, en français, une extension si considérable, [et qui] est si sournoise, qu'il y aurait peut-être une certaine outrecuidance à écarter définitivement des réponses que l'on soupçonne d'avoir été faussées par trop de considération pour la norme écrite, mais qui pourraient bien, au moins dans certains cas, *refléter des prononciations réellement influencées*[3] par l'orthographe[4] ». Nos expériences pourraient indiquer que, en dépit du rendement « presque nul » de l'opposition ə/ø et ə/œ, la distinction entre [ə] et les deux autres timbres se maintient depuis des siècles en dépit d'appels divers, à cause, entre autres raisons, de l'influence de l'ortho-

(1) Cf. *supra*, p. 6. On peut se demander pourquoi Passy pense, d'une part, que si on essaie de prolonger l'*e* muet « on a quelque peine à ne pas prononcer (œ) ou (ø) », et, d'autre part, lorsqu'il qualifie ce même [ə] d'*e* neutre, il ne craint pas de remarquer que : « Quand nous ouvrons la bouche sans intention bien marquée [par exemple quand nous sommes embarrassés pour répondre], c'est (ə) que nous prononçons. » (*Op. cit.*, p. 86). Il est certain que dans ce cas-là, la voyelle est bien souvent prolongée.

(2) Cf. *supra*, p. 28-29 (expérience *A*1).

(3) C'est nous qui soulignons.

(4) *Pron. cont.*, p. 17.

graphe[1]. Le mot *écrit* joue incontestablement un rôle conservateur et pourrait empêcher, en partie, la confusion des réalisations phonétiques des voyelles. Car, la distinction existe autant, sinon davantage, dans la réalisation phonétique du son que dans l'idée du timbre que s'en fait le sujet.

Les résultats des expériences auditives semblent pouvoir se ramener à ceci : dans les sons isolés, dans les monosyllabes, dans les expressions indépendantes, dans les textes suivis, aucun sujet n'a entendu ni prononcé *eu* ouvert ou *eu* fermé pour l'*e* muet, à l'exception de *A* et *G* pour le pronom *le* en tonique. En tonique et à l'atone, *e* muet semble donc n'être ni *eu* fermé ni *eu* ouvert, ni une modification de ces voyelles ; il paraît garder son timbre propre dont le caractère essentiel serait un léger assourdissement. Il est certain que, même en tonique, même quand il est long et spécialement intense, *e* muet ne produit sur l'oreille ni l'impression d'une voyelle *claire*, ni l'impression d'une voyelle *éclatante*[2]. En ce qui concerne la durée et l'intensité relatives des voyelles, il semble bien que la majorité pense entendre, chez *H* ou chez les autres locuteurs, l'*eu* fermé plus long et plus intense que les deux autres voyelles, et, dans les monosyllabes et les expressions, l'*e* muet plus bref et plus faible que les deux antérieures. Par contre, quand il s'agit de leur propre prononciation, les avis sont partagés et, parfois, semblent contredire la réalité.

EXPÉRIENCES INSTRUMENTALES. SPECTROGRAPHE[3].

Le spectrographe permet d'enregistrer « la décomposition acoustique des ondes vocaliques qui permet de distinguer visuellement une voyelle d'une autre avec grande facilité[4] ».

(1) Cf. *infra*, p. 264.

(2) Cf. *supra*, p. 5, n. 1.

(3) Les ouvrages indispensables à consulter pour ce qui concerne le spectrographe sont les suivants : Potter, Kopp, and Green, *Visible Speech*, New York, Van Nostrand, 1947 ; Martin Joos, *Acoustic Phonetics*, Linguistic Society of America, Baltimore, April-June 1948 ; et surtout, soit pour les indications sur la manière d'analyser les spectrogrammes, soit sur leur signification, Delattre, « Un triangle acoustique des voyelles orales du français », *FR*, XXI, May 1948 ; du même, pour un exposé d'une lucidité remarquable sur l'interprétation physiologique des spectrogrammes, « Physiological Interpretation of Sound Spectrograms, » *PMLA*, LXVI, September 1951.

(4) Delattre, *Triangle*, p. 477.

On peut enfin trouver le *timbre* des voyelles d'une façon précise. Celles-ci se présentent chacune avec sa physionomie particulière en nous révélant « les fréquences (nombre de vibrations à la seconde) de certaines résonances des voyelles : les fréquences des deux résonances les plus basses[1] ». L'enregistrement visible de ces deux résonances, les formants 1 et 2, se voient « sous la forme de larges bandes horizontales : « Ce sont les bandes les plus nettes et les plus rapprochées de la base », le formant 1 qui repose, pour ainsi dire, sur cette base, et le formant 2 qui varie « considérablement de hauteur[2] ».

Les spectrogrammes que nous reproduisons sont à filtrage large de 300 cycles. Ce filtrage fait mieux ressortir les formants que celui de 45 mais il montre moins bien le détail des harmoniques[3].

Les sons à l'étude, voyelles isolées et voyelles contenues dans de courtes expressions, ont été prononcés par *H* et enregistrés par Pierre Delattre.

Avant d'être effacé, une fois le spectrogramme tourné, l'enregistrement sur la bande magnétique du spectrogramme a été également enregistré sur une bande de magnétophone courant[4]. On peut ainsi *entendre* ce qui a été prononcé pendant qu'on *regarde* le son.

Dans les pages qui suivent nous présentons et discutons sept groupes d'enregistrements. Avant la discussion de l'expérience en question, afin de faciliter la lecture de celle-ci, nous plaçons les figures se rapportant aux expériences. On pourra se reporter aux unes et aux autres afin de les comparer entre elles.

A LA TONIQUE

Voyelles isolées

Le timbre des voyelles isolées, enregistrées dans la même séance à quelques minutes d'intervalle, ayant légèrement changé, nous donnons ci-après les deux groupes de spectrogrammes qui indiquent les variations de timbre pour chaque voyelle (fig. 1 et 2).

(1) *Ibid.*, p. 478.
(2) *Ibid.*
(3) Cf., *ibid.*, p. 479, n. 5.
(4) Malheureusement, deux expériences n'ont pas été enregistrées sur le magnétophone.

a.

b.

c.

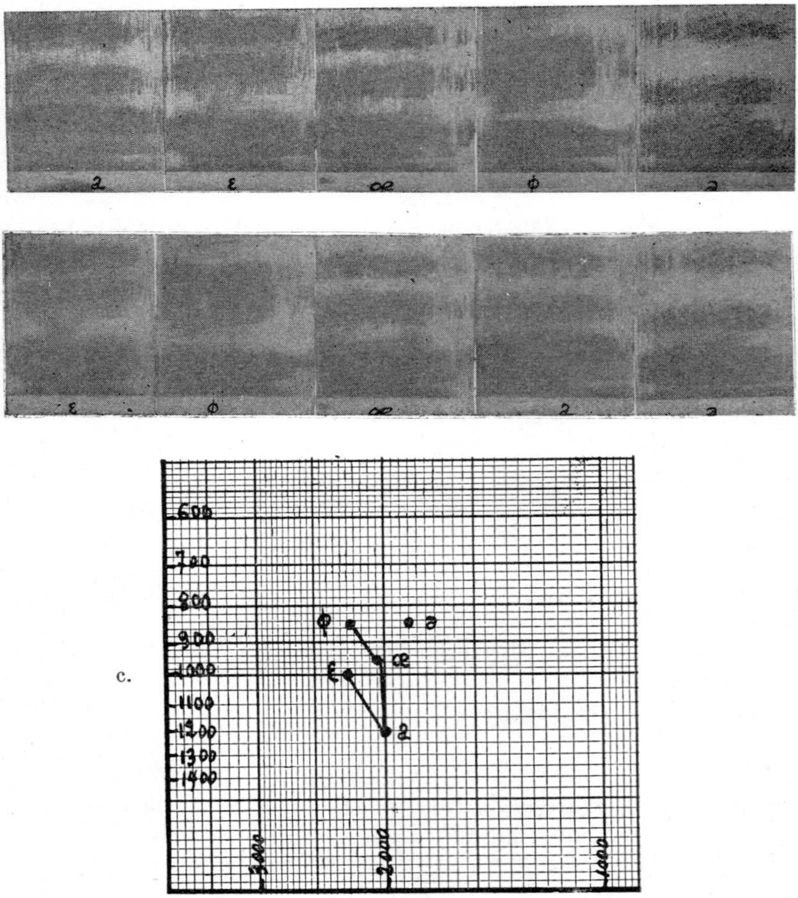

Fig. 1 *H*.

[a], [ɛ], [œ], [ø], [ə]. Groupe 1

a. *F1*, ordre d'ouverture buccale. b. *F2*, ordre de longueur de la cavité de résonance buccale. c. Rapport acoustique des voyelles.

On trouvera ci-dessous les chiffres du premier formant, *F1*, des voyelles isolées suivantes : les deux antérieures ouvertes non labialisées, [a] et [ɛ], les deux antérieures arrondies, [ø] et [œ], et l'*e* muet. Nous avons placé celles-ci dans l'ordre décroissant d'ouverture buccale : « *il existe une relation directe et constante entre la hauteur du premier formant et l'ouverture buccale*[1] ». Les spectrogrammes des mêmes voyelles sont présentés dans le même ordre (fig. 1a).

(1) Cf. *Triangle*, p. 482.

F1 :	[a] :	1200
	[ɛ] :	1000
	[œ]:	950
	[ø] :	850
	[ə] :	850

Ce sont donc [ø] et [ə] qui sont les voyelles les plus basses, partant les plus fermées (fermeture buccale) du groupe.

Les chiffres du second formant, *F2*, des mêmes voyelles sont indiqués ci-après. Les voyelles sont placées dans l'ordre de la longueur de la cavité de résonance buccale : « *il existe une relation constante et inverse entre la hauteur du formant 2 et la longueur de la cavité de résonance buccale*[1] ». (Cf. fig. 1b).

F2 :	[ɛ] :	2250
	[ø] :	2200
	[œ]:	2050
	[a] :	2000
	[ə] :	1850

C'est pour [ə] que la fréquence du *F2* est la plus basse.

La longueur de la cavité de résonance la plus considérable est celle de [ə] ; la plus courte, celle de [ɛ]. Pour le premier son, comme les lèvres étaient inactives, le point d'articulation de la langue semble donc réellement central.

Il reste maintenant à porter les fréquences des deux formants sur du papier logarithmique[2]. La fréquence du premier formant (celui qui donne l'ordre des fermetures : rapprochement de la langue et du palais), est portée verticalement[3]. La fréquence va en augmentant de haut en bas.

La fréquence du second formant (celui qui donne l'ordre des longueurs de la cavité antérieure du point d'articulation — le plus haut — aux lèvres) est portée horizontalement[4] sur le papier logarithmique. La fréquence va en augmentant (fig. 1c).

(1) Cf. *ibid.*, p. 483.

(2) *Ibid.*, p. 479 : « Il est nécessaire de reporter les fréquences sur une échelle logarithmique afin que des longueurs égales sur le triangle correspondent à des intervalles acoustiques égaux pour l'oreille. » Voir aussi la n. 6 au bas de la page.

(3) *Ibid.*, p. 482 : « dans le sens vertical... *il existe une relation constante et directe entre la fréquence et l'ouverture buccale* : plus la langue s'écarte du palais, plus les fréquences s'élèvent ».

(4) *Ibid.*, p. 482-483 : « dans le sens horizontal... *il existe une relation constante et inverse entre la fréquence et la longueur de la cavité buccale* : à mesure que la fréquence augmente, la longueur de la cavité buccale diminue ; et inversement, à mesure que la fréquence diminue, la longueur de la cavité buccale augmente ».

Voici la formule acoustique (ou « définition acoustique ») des cinq voyelles, d'après les enregistrements ci-dessus :

[a] :	1200-2000
[ɛ] :	1000-2250
[œ]:	950-2050
[ø] :	850-2200
[ə] :	850-1850

a.

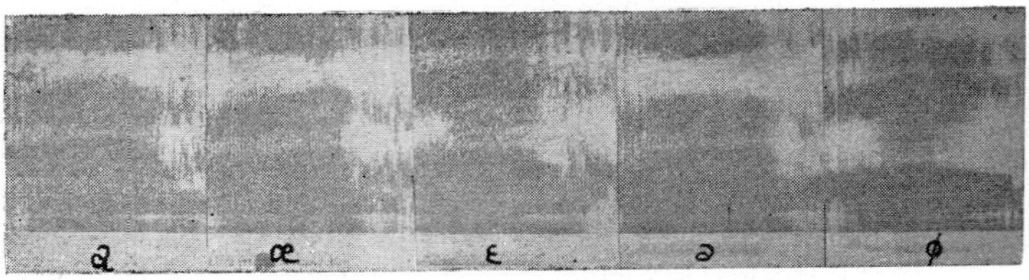

b.

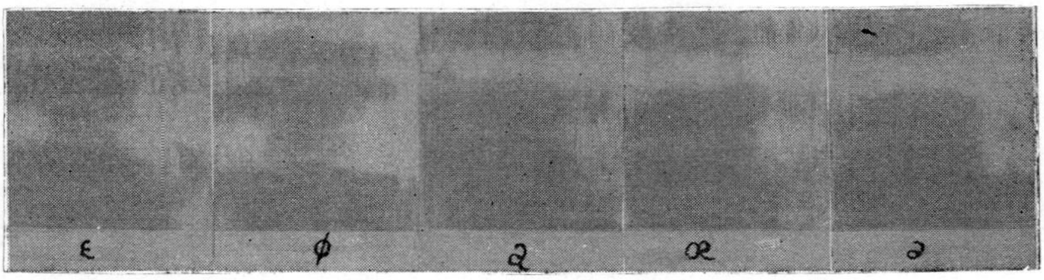

c.

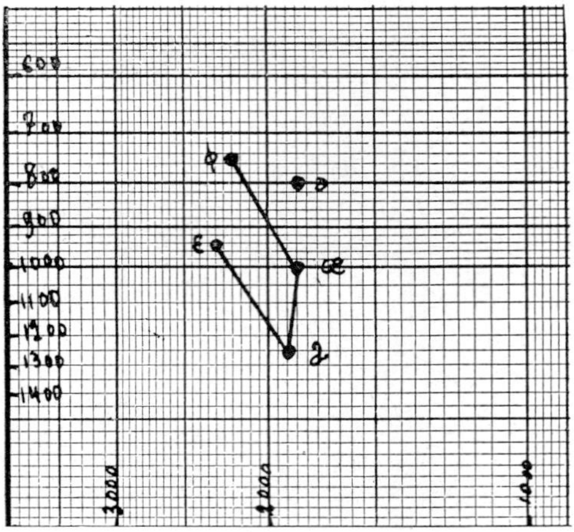

Fig. 2 *H*.

[a], [œ], [ɛ], [ə], [ø]. Groupe 2.

a. *F1*, ordre d'ouverture buccale. b. *F2*, ordre de longueur de la cavité de résonance buccale. c. Rapport acoustique des voyelles.

On trouvera ci-dessous les fréquences des voyelles du groupe 2. Pour faciliter la comparaison nous avons placé en face de celles-ci les fréquences des voyelles correspondantes du groupe 1.

F1, ordre d'ouverture buccale (cf. fig. 2a) :

Groupe 2	*Groupe 1*
[a] : 1250	[a] : 1200
[œ]: 1000	[ɛ] : 1000
[ɛ] : 950	[œ]: 950
[ə] : 800	[ø] : 850
[ø] : 750	[ə] : 850

C'est [ø], cette fois-ci, qui est la plus basse (et la plus fermée). La fermeture buccale est un peu moins prononcée pour [ə]. (Cf. fig. 2a, 2c).

F2, ordre de la longueur de la cavité de résonance buccale (fig. 2b) :

Groupe 2	*Groupe 1*
[ɛ] : 2300	[ɛ] : 2250
[ø] : 2200	[ø] : 2200
[a] : 1900	[œ]: 2050
[œ]: 1850	[a] : 2000
[ə] : 1850	[ə] : 1850

Comme dans les expériences du groupe 1, c'est [ə] qui est la voyelle la plus basse ; c'est pour [ə], également, que la longueur de la cavité buccale est la plus considérable.

Voici notre seconde formule acoustique pour les cinq voyelles :

Groupe 2	*Groupe 1*
[a] : 1250-1900	[a] : 1200-2000
[œ]: 1000-1850	[ɛ] : 1000-2250
[ɛ] : 950-2300	[œ]: 950-2050
[ə] : 800-1850	[ø] : 850-2200
[ø] : 750-2200	[ə] : 850-1850

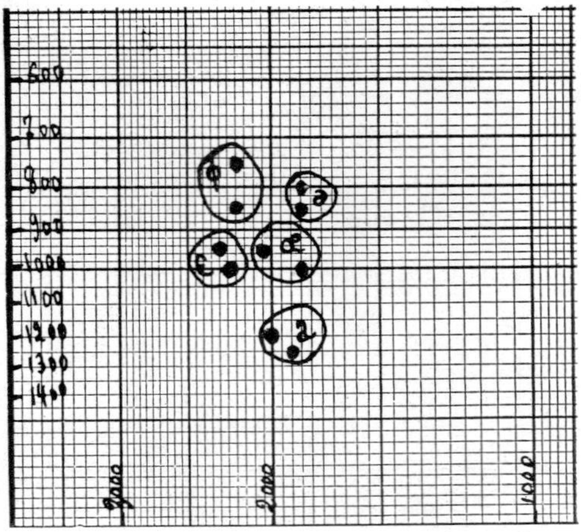

Fig. 3 *H.*

Groupes 1 et 2.

Variantes des formules acoustiques des cinq voyelles.

La figure 3 groupe les deux variantes des définitions numériques, et par conséquent de la fermeture buccale et de la longueur de la cavité de résonance buccale, des cinq voyelles. On remarquera que nulle n'empiète sur l'autre. Ainsi que l'annonçait Delattre dans son article sur un triangle acoustique des voyelles, il semble bien que l'on puisse *mesurer objectivement* le timbre des voyelles et le *définir numériquement*[1], sans rigidité absolue toutefois, ainsi que le révèlent les « définitions numériques » des cinq voyelles prononcées par nous, plusieurs fois, dans une même séance d'enregistrements.

A L'ATONE

Voyelles en position identique et dans le même entourage consonantique

Dans les figures qui suivent (4, 5, 6, 7 et 8), à côté de la voyelle à l'atone dans un mot ou dans un groupe de mots, nous avons reporté, sur l'échelle logarithmique, la voyelle isolée. On pourra ainsi voir d'emblée les modifications acoustiques d'une voyelle donnée selon la position et l'entourage de celle-ci.

(1) *Triangle,* p. 477.

a.

b.

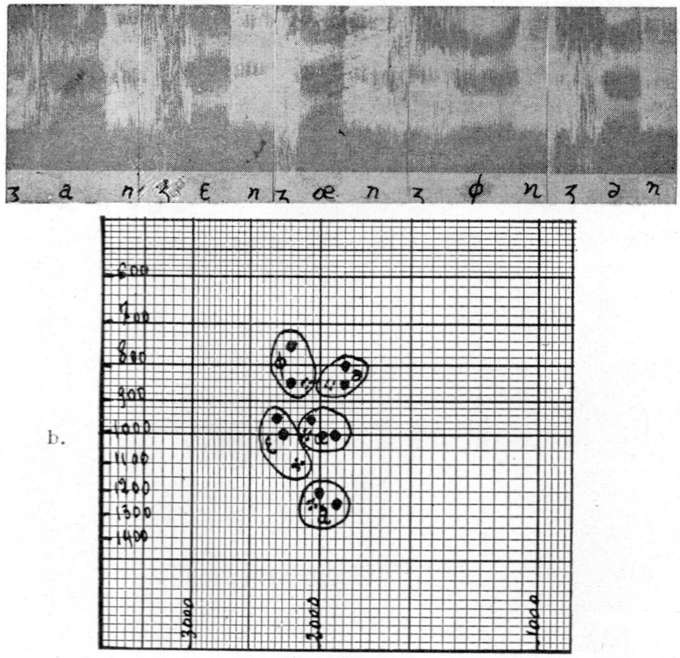

Fig. 4 *H*.

[a], [ɛ], [œ], [ø], [ə] : *Jeanneton, gêne beaucoup jeune vaurien, jeûne demain, je ne vaux rien.*

a. *F1*, ouverture buccale et *F2*, longueur de la cavité de résonance buccale. *b.* Rapport acoustique des voyelles.

(• = voyelles isolées ; •:• = voyelles dans le mot).

Comparons maintenant les changements qui interviennent lorsque la voyelle n'est plus isolée. Nous avons enregistré cinq mots ou groupes de mots ayant une signification et contenant chacun une des cinq voyelles dans le même entourage consonantique [ʒ] et [n] : *Jeanneton*, *gêne beaucoup*, *jeune vaurien*, *jeûne demain*, *je ne vaux rien* (cf. fig. 4)[1].

Voici le rapport acoustique des voyelles au début du groupe phonétique, donc voyelles non toniques[2]. Pour faciliter la comparaison avec le timbre des voyelles isolées (il est de toute évidence que celles-ci sont toniques), nous répétons les chiffres de ces dernières en face de ceux des autres voyelles.

(1) Dans l'état actuel des appareils, l'enregistrement de spectrogrammes continus ne pouvant durer que deux secondes et demie à peine, on doit se limiter à des groupes de sens fort courts.

(2) Il est probable cependant que l'accent secondaire qui frappe souvent la syllabe initiale de groupe est plus marqué sur les verbes que sur les autres mots.

				Voyelles isolées
Jeanneton	[a] :	1250-2050	[a] :	1200-2000 et 1250-1900
gêne beaucoup	[ɛ] :	1100-2150	[ɛ] :	1000-2250 et 950-2300
jeune vaurien[1]	[œ]:	1000-2100	[œ]:	950-2050 et 1000-1900
jeûne demain[1]	[ø] :	850-2100	[ø] :	850-2200 et 750-2200
je ne vaux rien	[ə] :	850-1950	[ə] :	850-1850 et 800-1850

Sur le papier logarithmique, le timbre de la voyelle isolée est indiqué par un point et la voyelle dans le groupe à l'aide d'un cercle en pointillé.

On remarque de légères variations pour l'un et l'autre formants, mais ces variations de fréquence ne changent pas l'essentiel du rapport acoustique des différentes voyelles (cf. fig. 4b).

a.

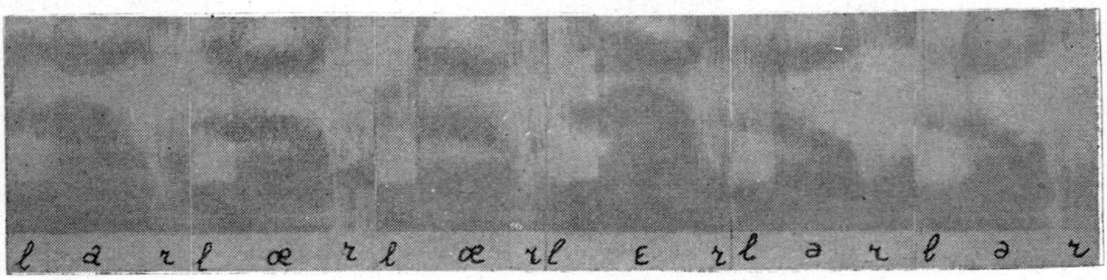

b.

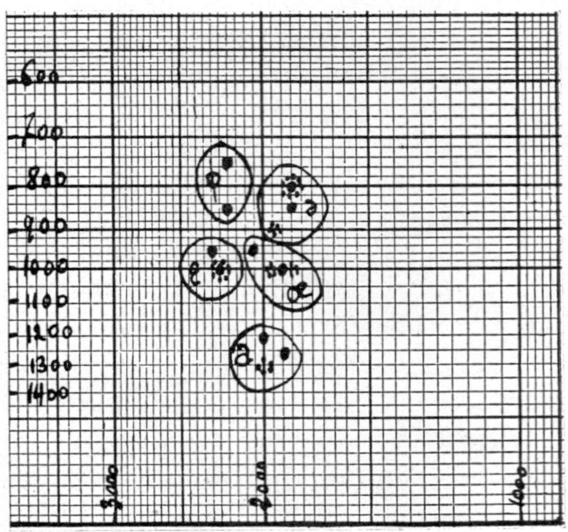

Fig. 5 *H*.

[a], [œ], [ɛ], [ə] : *larron, leur eau, leurrer, l'erreur, le rôt, le rôt.*

a. *F1*, ouverture buccale et *F2*, longueur de la cavité de résonance buccale. b. Rapport acoustique des voyelles.

(• = voyelles isolées ; ⁖ = voyelles dans le mot).

(1) Remarquer la corrélation : jeune/jeûne : 1000-2100/850-2100 respectivement (cf. Gougenheim, *Phon.*, p. 22).

Considérons un autre groupe d'expressions où quatre des voyelles se trouvent également en position identique (initiale) et dans le même entourage consonantique [l] et [r] : *larron*, *leur eau*, *leurrer*[1], *l'erreur*, *le rôt*[2] (deux fois) (cf. fig. 5). Il n'a pas été possible de trouver les cinq voyelles en syllabe initiale dans le même entourage consonantique, soit dans un seul mot (comme *larron* et *leurrer*) ou dans deux mots dont le premier soit de caractère essentiellement atone (cf. *leur eau*, *l'erreur*, *le rôt*). Nous n'avons donc pas d'exemple d'*eu* fermé dans cette expérience.

Rapport acoustique des voyelles :

			Voyelles isolées	
larron	[a] :	1300-2000	[a] :	1200-2000 et 1250-1900
leur eau	[œ]:	1000-1950	[ɛ] :	1000-2250 et 950-2300
leurrer[1]	[?] :	1000-1850	[œ]:	950-2050 et 1000-1900
l'erreur	[ɛ] :	1000-2250	[ø] :	850-2200 et 750-2200
le rôt	[ə] :	900-1950	[ə] :	850-1850 et 800-1850
	[ə] :	800-1850		

De même que dans le groupe des expressions précédentes, les variations de fréquence entre les voyelles isolées et les voyelles dans un groupe de sens n'altèrent pas sensiblement les *zones* acoustiques des voyelles. Elles restent encore facilement discernables.

L'*eu* ouvert de *leur eau* se distingue très nettement de *le rôt* comme timbre, non seulement par sa définition numérique mais aussi par la durée qui est bien supérieure à celle de l'*e* de *le rôt* (cf. fig. 5) dont le *F2* se dégrade très rapidement. Au magnétophone, pour l'expérience correspondante à celle qui a été enregistrée au spectrographe, aussi bien que pour les expériences auditives pour les deux mêmes mots, il n'y a pas eu confusion de timbre, partant de signification. Ainsi que l'indiquent Martinet, Mlle Durand, Martinon, etc., la

(1) Le timbre de la première voyelle du mot *leurrer* est intéressant : il ne participe pas de l'*eu* fermé, car celui-ci n'a pas dépassé 900 pour le *F1*, ni n'est descendu plus bas que 2100 pour le *F2* (cf. tableau I, p. 53). Il semblerait participer légèrement de l'*e* muet pour lequel nous avons relevé 1850 trois fois pour le *F2*, mais dans chaque cas, le *F1* ne dépassait pas 850 (cf. *ibid.*). Mais il se rapproche bien davantage de l'*eu* ouvert pour lequel on trouve trois fois 1000 pour le *F1*, quoique le *F2* ne soit pas descendu plus bas que 1900. La ligne de démarcation semble peu nette. (Cf. Martinet, *Pron. cont.*, p. 65).

(2) Tandis que les autres expressions n'ont été enregistrées qu'une fois, *le rôt* l'a été deux fois : une fois avec *leur eau*, une autre fois avec *leurrer*.

coupe syllabique joue également : « Il en va de même [que pour *je ne* et *jeune* où les conditions phonologiques ne sont pas identiques] de l'opposition *le rôt*/*leur eau*... Ce dernier exemple est intéressant en ce qu'il montre bien l'influence des frontières de mot : [r] peut exercer son pouvoir allongeant dans *leur eau*, mais non dans *le rôt*[1]. » Non seulement la différence de timbre et de durée s'entend sans aucune difficulté, mais elle se voit aussi clairement (cf. fig. 5).

a. b.

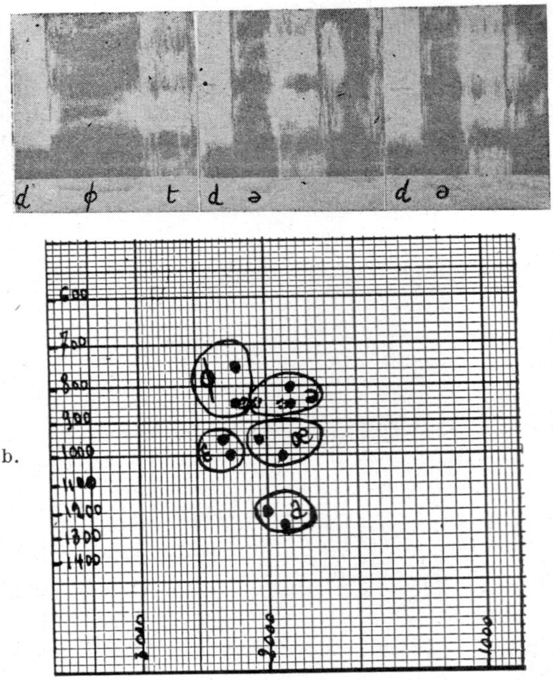

Fig. 6 *H*.

[ø]/[ə] : *deux tristes personnages*/de *tristes personnages*

a. *F1*, ouverture buccale et *F2*, longueur de la cavité de résonance buccale. b. Rapport acoustique des voyelles.
[• = voyelles isolées ; ⁘ = voyelles dans le mot).

(1) Martinet, *Pron. cont.*, p. 66. Cf. Passy, *Les sons du français*, p. 85 : « Mais comparez, pour sentir la différence, *je leur dis* (ʒlœrdi) et *je le redis* (ʒlərdi)... » Il est vrai que Passy parle du timbre, dans ce passage, mais la coupe syllabique ne joue-t-elle pas également ? Cf. *supra*, p. 30, les expériences auditives, et, p. 281, le tableau CXV (appendice II), dans lequel on verra que les faits, du moins du point de vue articulation mécanique, sont plus complexes qu'il n'y paraît.

Il reste à analyser deux paires d'expressions offrant, d'après certains auteurs, dont Gougenheim, une possibilité de corrélation proprement dite.

Voici la première : *deux tristes personnages*/de *tristes personnages*[1] (cf. fig. 6).

Rapport acoustique des voyelles :

		Voyelles isolées
deux tristes...	[ø] : 850-2150	[œ] : 950-2050 et 1000-1900
de tristes...	[ə] : 850-2100	[ø] : 850-2200 et 750-2200
de tristes...	[ə] : 850-1900	[ə] : 850-1850 et 800-1850

Ainsi que le révèlent les spectrogrammes avec une extrême rigueur, l'un des enregistrements de : *de tristes personnages* et celui de : *deux tristes personnages* sont presque identiques [ø] : 850-2150 et [ə] : 850-2100. De plus, la définition numérique du timbre de [ə] est la même que celle de *eu* fermé de *jeûne demain* (cf. fig. 6b). La différence de timbre *perçue*, ou du moins que nous croyons percevoir, viendrait-elle de la différence du point d'articulation ? Car si la formule acoustique est pour ainsi dire la même, il y a, du point de vue articulatoire, une différence de zone d'articulation du moment que nous projetons les lèvres, et de façon bien marquée pour [ø] et que nous les gardons à l'état d'indifférence (ou presque) pour [ə]. Logiquement, la zone d'articulation doit être plus en arrière pour [ə] que pour [ø] : la longueur de la cavité de résonance buccale étant presque identique dans les deux cas pour une fermeture buccale absolument semblable. Quoique identique, dans certains cas, la longueur de la cavité de résonance qui produit un timbre de telle ou telle formule numérique ne correspond pas nécessairement, du point de vue physiologique, au même point d'articulation ni au même degré de labialisation. Dans l'article, intitulé « Physiological Interpretation of Sound Spectrograms », Delattre explique que l'emploi du terme « cavity lengthening » « permits to include [into one statement] two physiological movements (tongue-backing and lip-rounding...[2] »). Dans « Un triangle acoustique... », discutant la presque identité du *F2* de /ɛ/ et /y/ dans sa prononciation, il observe qu'une

(1) Cf. Gougenheim, *Phon.*, p. 22.
(2) *Spectrog.*, p. 871.

« des révélations du triangle, c'est le fait que /ɛ/ et /y/ ont sensiblement la même fréquence » de *F2* : « ce qui indiquerait une même longueur de cavité buccale. Cela se comprend facilement, d'ailleurs, une fois qu'on l'a constaté. En effet, ce que /y/ perd par avancement de la langue, il le regagne par arrondissement des lèvres[1] ». En un mot, la différence d'*impression auditive*, quand on en reconnaît une, pour une même formule acoustique, peut-elle venir du *point exact* d'articulation de la langue et/ou de la *forme* du résonateur buccal ? « Two vowels might sound different and yet have the same two formants », affirme Martin Joos[2].

D'autre part, les deux spectrogrammes de : *de tristes personnages* contiennent une voyelle de brévité extrême (cf. fig. 6a), tandis que la voyelle de *deux*, dans *deux tristes personnages* est beaucoup plus longue. Serait-ce la brévité vocalique qui concourrait à communiquer le timbre sourd à la muette ? Cependant nous verrons plus loin, au chapitre sur la durée, que l'*e* muet est bien souvent aussi long que l'*eu* fermé ou ouvert et que, cependant, il frappe l'oreille par un timbre différent.

Ou bien entrerait-il, dans la perception du timbre (réelle ou ce que croit en être la réalisation le sujet qui prononce), une part d'« idée préconçue », relevant de la graphie qui nous est familière[3] ? Serait-ce une partie de la conscience linguistique ?

Ou les trois facteurs se conjugueraient-ils ?

Nous ne prétendons pas résoudre la question, mais nous nous réservons le droit, comme jadis l'Abbé d'Olivet, d'élever « des doutes qu'un plus habile résoudra[4] ».

(1) P. 483. Cf. Grammont, *Traité*, p. 88 : « Chaque voyelle a ses résonateurs propres, et chaque modification de ces résonateurs, si minime soit-elle, donne naissance à une nuance de timbre différente... » Jean Tarneaud, *Traité pratique de phonologie et de phoniatrie*, p. 76 : « La *couleur* du son parvenant à l'auditeur est déterminée par la position de tous les organes mobiles de la phonation, et il se prouve que la *moindre modification* de situation du larynx et de l'un des organes sus-laryngés entraîne une variation de timbre. »

(2) *Acoustic Phonetics*, p. 61. Cf. *ibid.* : « ... the process of correctly identifying heard vowel colors doubtless in some way involves articulation. A person who is listening to the sound of a language that he can speak is not restricted to merely acoustic evidence for the interpretation of what he hears, but can and probably does profit from every thing he « knows », including of course his own way of articulating the same phones. And this articulatory contribution to the understanding of speech is conceivably of great importance ».

(3) Cf. Cohen, « Récitation et chant », *FM*, XVIII (juillet 1950), 193, le sentiment analogue.

(4) *Traité de la prosodie françoise*, p. 38.

a.

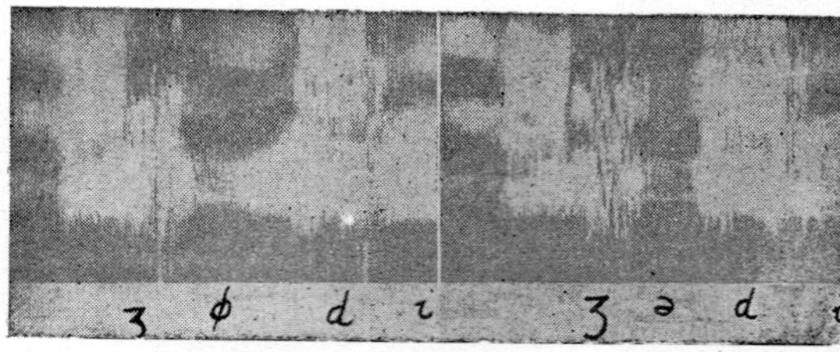

b.

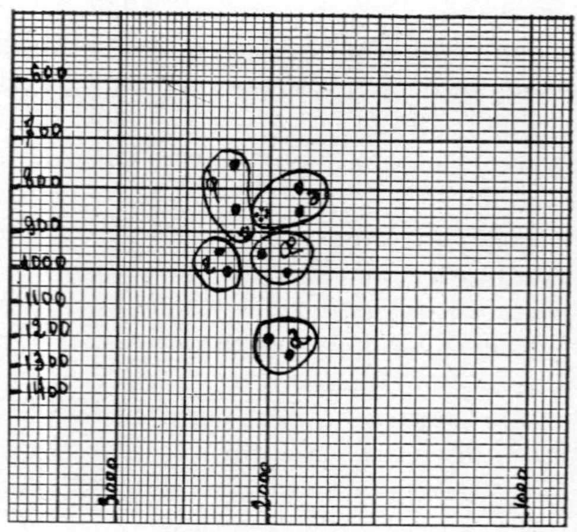

Fig. 7 *H.*

[ø], [ə] : *Comme jeudi/comme je dis*

a. *F1,* ouverture buccale et *F2,* longueur de la cavité de résonance buccale. b. Rapport acoustique des voyelles.

(• = voyelles isolées ; ⁘ = voyelles dans le mot).

Rapport acoustique des voyelles :

		Voyelles isolées
		[œ] : 950-2050 et 1000-1900
comme jeudi	[ø] : 900-2150	[ø] : 850-2200 et 750-2200
comme je dis	[ə] : 850-2050	[ə] : 850-1850 et 850-1850

Tout en étant fort rapprochées, les formules acoustiques respectent encore les zones acoustiques (et articulatoires).

Comme pour *deux tristes personnages* et *de tristes personnages*, on remarque pour *comme jeudi* et *comme je dis* une différence de durée frappante entre [ø] et [ə] (cf. fig. 7a).

a.

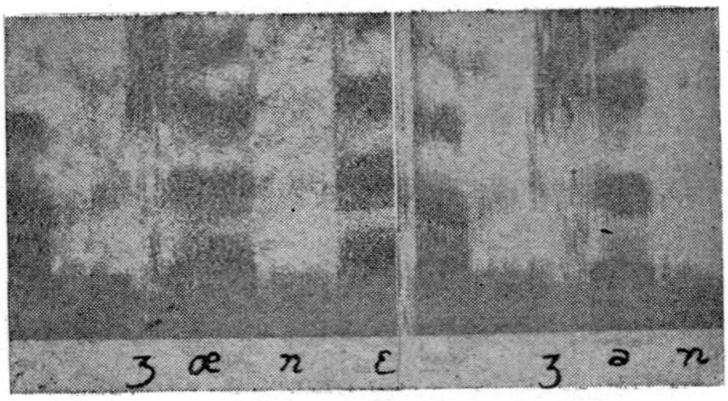

b.

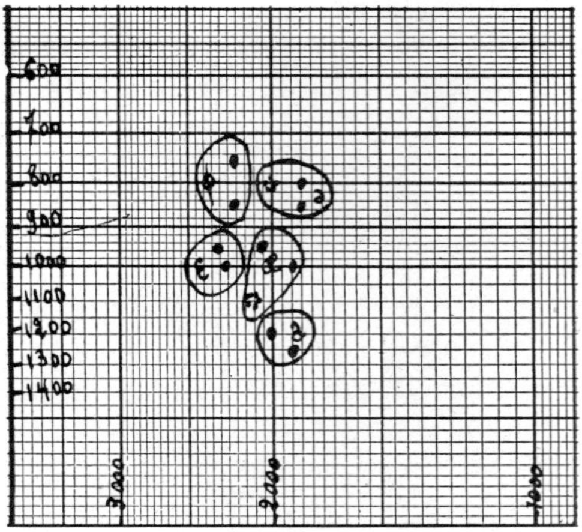

Fig. 8 *H.*

[œ], [ə] : *comme jeunesse/comme je ne sais*

a. *F1*, ouverture buccale et *F2*, longueur de la cavité de résonance buccale. b. Rapport acoustique des voyelles.

(• = voyelles isolées ; •:• = voyelles dans le mot).

Rapport acoustique des voyelles :

		Voyelles isolées
		[œ]: 950-2050 et 1000-1900
comme jeunesse	[œ]: 1100-2100	[ø] : 850-2200 et 750-2200
comme je ne sais	[ə] : 800-2000	[ə] : 850-1850 et 800-1850

Les spectrogrammes du groupe : *comme jeunesse* et *comme je ne sais*, offrant la possibilité d'une opposition [œ]/[ə], sont éloquents (fig. 8a).

Nous sommes donc en présence de deux timbres bien distincts. On se rappelle que Grammont avait affirmé que l'« *e* du mot *je* dans *je n(e) sais pas* se prononce en français exactement comme celui de la première syllabe du mot *jeunesse*[1] ».

Ici encore, la durée est beaucoup moins considérable pour la muette (cf. fig. 8a).

Avant de terminer cette discussion nous voudrions souligner le rapprochement sensible de la formule acoustique de l'*eu* ouvert de *jeunesse* et de l'*e* ouvert de *gêne beaucoup* :

jeunesse	[œ]	: 1100-2100
gêne beaucoup	[ɛ]	: 1100-2150

Nous réitérons les observations que nous venons de faire pour *de* et *deux* à la définition presque identique et produisant cependant une impression auditive différente.

FIGURES ET TABLEAUX SYNOPTIQUES

Nous avons ajouté à nos expériences les formules acoustiques des trois voyelles [ə], [œ], [ø], de Mlle Coustenoble citées par Sir Richard Paget dans *Human Speech*[2]. Quoique la méthode d'enregistrement diffère[3], les résultats sont analogues : on obtient pour chaque voyelle, les deux premiers formants.

(1) *Supra*, p. 4-5.
(2) P. 90-93.
(3) Cf. *ibid.*, p. 85. Ces expériences ont été faites un peu avant 1930. Cf. également, Heffner, *General Phonetics*, p. 81, 83.

a	*larron*	1350-2000
	Jeanneton	1250-2050
	a	1250-1900
	a	1200-2000
ɛ	*gêne*	1100-2150
	ɛ	1000-2250
	l'erreur	1000-2250
	ɛ	950-2300
œ	*jeunesse*	1100-2100
	jeune	1000-2100
	leur eau	1000-1950
	œ	1000-1900
	œ	950-2050
ø	*jeudi*	900-2150
	ø	850-2200
	deux	850-2150
	jeûne	850-2100
	ø	750-2200
ə	*le rôt*	900-1950
	de tristes...	850-2100
	comme je dis	850-2050
	je ne vaux rien	850-1950
	de tristes...	850-1900
	ə	850-1850
	comme je ne sais	800-2000
	le rôt	800-1850
	ə	800-1850

TABLEAU I

H. [a], [ɛ], [œ], [ø], [ə], en tonique et à l'atone
Formules acoustiques (variantes) des cinq voyelles à l'étude et leur rapport, chez *H.*

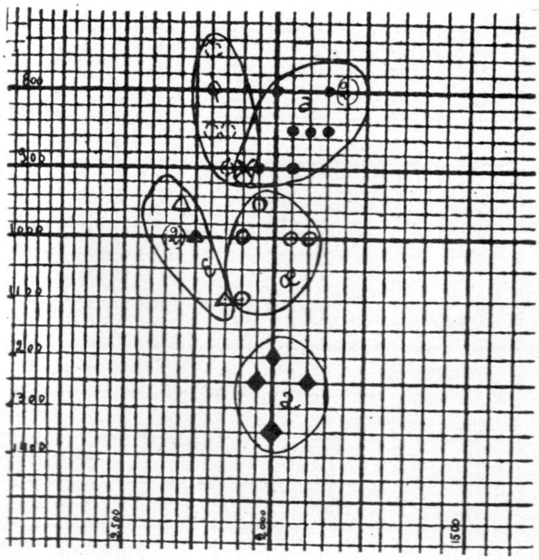

Fig. 9 *H.*

Rapport acoustique des voyelles dans tous les groupes étudiés au spectrographe, en tonique et à l'atone, chez *H.*

[a] : ◆ ; [ɛ] : △ ; [œ] : o ; [ø] : ⁖ ; [e] : • ; [ø] et [ə] : × (*jeûne* et *de tristes...* (1re expérience) dont la définition numérique coïncide).

	a.		b.		c.	
F1	œ	1010	œ	925	œ	608
	ø	840	ə	825	ə	430
	ə	839	ø	800	ø	430
F2	ø	2160	ø	2200	ø	2169
	œ	2010	œ	1975	ə	2048
	ə	1944	ə	1850	œ	1932

TABLEAU II

a. Moyenne de l'ensemble des expériences, *H.*
b. Moyenne des voyelles isolées, *H.*
c. Voyelles isolées, Mlle Coustenoble[1].

(1) Cité par R.-M. S. Heffner, *General Phonetics*, p. 83.

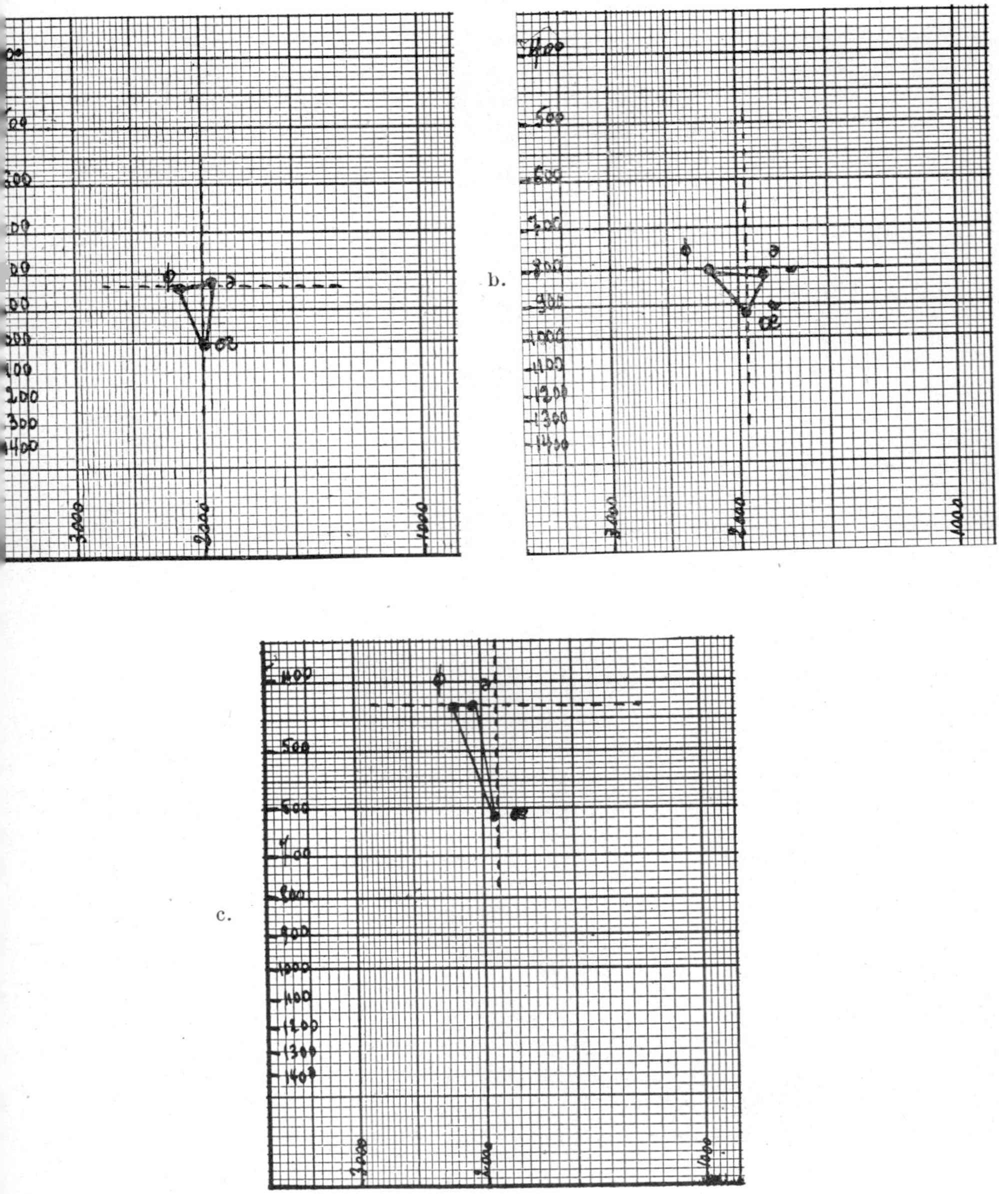

Fig. 10.

a. Moyenne de l'ensemble des expériences, *H.*
b. Moyenne des voyelles isolées, *H.*
c. Voyelles isolées, Mlle Coustenoble.

Pour servir partiellement de résumé à ce chapitre sur les spectrogrammes, on trouvera ci-dessus les tableaux I et II et les figures 9 et 10. Ils montreront, synoptiquement tous les quatre, que, d'une façon générale, pour un sujet donné, les formules acoustiques du timbre d'une voyelle donnée (tonique ou atone) ne se confondent pas avec celles d'une autre voyelle. Dans certains cas, il peut y avoir un rapprochement insidieux (cf. *gêne beaucoup* : 1100-2150 et *jeunesse* : 1100-2100 ; *deux tristes personnages* : 850-2150 et *de tristes personnages* : 850-2050 ; *jeûne demain* : 850-2100 et *comme je dis* : 850-2050), mais ce n'est qu'un rapprochement et non un recouvrement.

Les fréquences du *F1*, chez Mlle C. peuvent, au premier abord, déconcerter le lecteur ; mais si on replace ces trois voyelles dans l'ensemble du système vocalique du sujet, on se rend compte que, chez Mlle C., les fréquences du *F1* sont beaucoup plus basses que chez *H* pour toutes les voyelles et que, par conséquent, le degré de fermeture est aussi plus considérable.

De même que chez *H*, l'[ə] de Mlle C. s'apparente beaucoup plus à [ø] qu'à [œ] ; à tel point qu'il semblerait presque se confondre avec lui. Paget indique que l'[ə] de Mlle C., celui de la voyelle de *le*, représente « 'ultra refined' or 'précieux' pronunciation[1] ». Et cependant, quoique « ultra-refined » et « précieux », cet [ə] ne se confond pas véritablement avec l'antérieure fermée : le *F2* est différent (121 vd. d'écart) et le *F1* se maintient à 430 pour [ə] mais évolue entre 430 et 456 pour [ø].

Voyelles isolées

F1 : chez *H*, la muette est un peu moins grave que *eu* fermé et plus grave que *eu* ouvert ; chez Mlle C., il est aussi grave que *eu* fermé et plus grave que *eu* ouvert. *F2* : chez *H*, un peu plus grave que *eu* ouvert et bien plus grave que *eu* fermé ; chez Mlle C., il est moins grave que *eu* ouvert et aussi grave que *eu* fermé.

(1) *Human Speech*, p. 91 ; 92, n. 2.

Ensemble des expériences

F1 : la muette a à peu près la même fréquence que *eu* fermé, fréquence inférieure à celle de *eu* ouvert. *F2* : la muette est légèrement plus grave que *eu* ouvert et beaucoup plus que *eu* fermé.

Le composite de tous les *e* étudiés place *e* muet un peu en arrière et au-dessous du point de rencontre de *F1* pour *eu* fermé et de *F2* pour *eu* ouvert, mais, articulatoirement, on l'a vu, il est plus postérieur que ce point-là.

Il resterait à déterminer le rôle que peuvent jouer dans la constitution du timbre : 1° la durée, 2° le point exact d'articulation et, 3° la *forme* de la cavité de résonance buccale.

Pour ce qui concerne les deux derniers facteurs, il semble que ce ne soit guère possible du point de vue purement acoustique[1] et du point de vue articulatoire, beaucoup reste encore à faire[2].

Les renseignements obtenus par les spectrogrammes recoupent remarquablement ceux qui nous ont été communiqués par les expériences auditives sur le timbre : en tonique ou à l'atone, *e* muet n'est, à une ou deux exceptions près, et encore avec bien des réserves, ni *eu* fermé, ni *eu* ouvert, ni une modification de ces voyelles. Il garde constamment son timbre propre. Le caractère essentiel de la formule acoustique de [ə] révèle deux points importants : le *F1* correspond à une fermeture assez prononcée du canal buccal (fermeture aussi constante que pour *eu* fermé, cf. tableau I et fig. 9 et 10) ; le *F2* indique que la longueur de la cavité buccale est bien supérieure à l'idée que l'on s'en fait généralement. Nous avons affaire à une voyelle encore centrale[3].

Cet *e* muet se rapprocherait donc beaucoup plus qu'on ne le croit des formules acoustiques de l'*e* muet anglais de Sir Paget et de Miss Somerville indiquées dans *Human*

(1) Cf. Delattre, *Spectrog.*, *passim*, et la remarque de Joos qu'il cite à deux reprises : « the speech cavities are ' mathematically unmanageable ' ».

(2) Cf. *id.*, *Triangle*, p. 478, n. 2, la discussion sur les résultats contradictoires et décevants des radiographies.

(3) Cf. la définition et la description des voyelles centrales dans Heffner, *op. cit.*, p. 95, 107-108 ; Jones, *An Outline...*, p. 38, 63 et *passim*. — Les savants français contemporains ne reconnaissent pas l'existence de voyelles centrales en français aujourd'hui. Cf. Fouché, *Phonétique historique du français. Introduction*, p. 79.

Speech[1] et de celui décrit par Jones dans *An Outline of English Phonetics*[2] : « ... ə : is a central vowel ; in other words the central part of the tongue is raised in order to make it. The tongue is raised to about mid-way between the 'half-close' and 'half-open' positions, or perhaps *a shade higher than this*[3] ».

Nos expériences tendraient également à confirmer la classification de Heffner : « The central unrounded unstressed schwa vowel [ə] is the sound of the unstressed vowel of English *tuba*, *sofa*..., of standard German *alle*, *beliebt*... or of French « e » in *besoin*, *debout*, *leçon*[4] ».

Nous avons dit « se rapprocherait » des descriptions et définitions numériques indiquées ci-dessus, car il est vrai que l'[ə] de nos expériences se place juste à la limite qui sépare les voyelles antérieures des voyelles centrales[5].

Ces expériences, ainsi que les expériences auditives qui précèdent, nous permettent d'examiner de nouveau le problème du timbre de la muette formulé par Martinet que nous citions au début de notre ouvrage[6]. Nous pouvons, dès à présent, répondre négativement à deux des possibilités sur les trois qu'il indique comme représentant l'opinion des uns et des autres : 1° [ə] ne se prononce pas comme *eu* ouvert, 2° *e* muet tout en se rapprochant de l'*eu* fermé ne se confond pas avec lui ; s'ils ont parfois tous deux la même fréquence pour le *F1*[7], le *F2* est différent ; du point de vue articulatoire, s'ils ont tous deux le même degré de fermeture, la zone d'articulation de [ə] est, apparemment, beaucoup plus en arrière.

Quant à la troisième possibilité, nous la rappelons : « *e* caduc ne se confond pas tout à fait dans ses réalisations avec celles de l'archiphonème Œ, ceci, sans doute, du fait de l'absence d'arrondissement des lèvres dans le cas de *e*, le degré d'ouverture étant sensiblement le même que pour [œ] ouvert (Bruneau), ou un peu moins considérable

(1) P. 86-87.

(2) P. 86.

(3) C'est nous qui soulignons.

(4) *Op. cit.*, p. 108.

(5) Cf. H. N. Coustenoble, *La phonétique du provençal moderne*, p. 17 : l'auteur place l'[ə] « instable français » sur la frontière même, du côté antérieur ; elle lui donne comme degré d'aperture, la position intermédiaire entre mi-ouverte et mi-fermée. Il est intéressant de comparer cet [ə] à celui qu'a prononcé Mlle C. dans l'article tonique *le* (cf. *supra*, p. 54-56).

(6) *Supra*, p. 9.

(7) Cf. Paget, *op. cit.*, p. 45.

(Martinon) ». Cette description est celle qui correspondrait le mieux à nos expériences, du moins dans sa première partie. Nous pouvons affirmer que, en effet, *e* muet ne se confond pas avec l'archiphonème Œ, sauf dans un ou deux cas. Il ne se confond pas avec les réalisations de l'archiphonème Œ pour deux raisons : la première, qu'indique Martinet, est, dans la plupart des cas (de 75 à 80 % dans nos expériences visuelles[1]), l'absence d'arrondissement des lèvres ; la seconde, sa zone d'articulation. Les expressions : *deux tristes personnages* et *de tristes personnages*, dans nos expériences au spectrographe, les expressions : *sur ce*, *sur ceux*, *sur cela même*, *sur ceux-là même*, pour nos sujets, dans les expériences auditives[2], ne représenteraient donc pas une corrélation contrairement à ce qu'affirme Gougenheim[3] mais une opposition phonologique binaire[4]. *E* muet serait donc une voyelle hors couple[5] qui s'oppose à l'archiphonème Œ[6] de la façon suivante : 1° si l'on fait abstraction de la moyenne de labialisation relevée dans les expériences décrites au chapitre IV : [ə] est une voyelle centrale non arrondie/voyelle palatale arrondie ou 2° si, au contraire, on reconnaît cette tendance à la labialisation comme caractéristique : [ə] est une voyelle centrale arrondie/voyelle palatale arrondie[7].

(1) *Infra*, p. 65-69.

(2) *Supra*, p. 30-31.

(3) *Phon.*, p. 22.

(4) Gougenheim décrit un certain nombre d'oppositions binaires, mais ni lui, ni d'autres phonologues ne mentionnent celle-ci pour le français actuel, à part Martinet et encore avec bien des réserves (cf. note 5, ci-dessous).

(5) *Phon.*, p. 15. Cf. Martinet, *Pron. cont.*, p. 214 : « Le système des voyelles finales présente, pour les voyelles de moyenne aperture, une opposition générale de deux timbres. Il est vrai que, pour Œ, l'opposition est douteuse, car, dans *bois-le* sur quoi on se fonde, si 56 % des sujets ont déclaré prononcer autre chose que *eu* fermé, on ne sait pas exactement ce que prononcent 43 % d'entre eux qui ont déclaré avoir une prononciation différente aussi bien de *eu* ouvert que de *eu* fermé. Sans doute peut-il s'agir d'un timbre antérieur arrondi susceptible de s'opposer à *eu* fermé par son degré d'ouverture sans être cependant aussi ouvert que le *eu* de *peur* qui, lui, est influencé par son contact avec [r]. Mais il se peut aussi qu'il s'agisse d'une voyelle neutre centrale non-arrondie « hors système ».

(6) Dont les réalisations phonétiques sont [œ] et [ø], chacune plus ou moins fermée ou plus ou moins ouverte et plus ou moins labiale selon la syllabe dans laquelle elle se réalise.

(7) Jakobson et John Lotz (« Notes on the French Phonemic Pattern », *W*, V — August 1949 — 155) appellent l'*e* muet « a zero-phoneme » et l'opposent « to all other French phonemes by the absence of any distinctive features and of any constant sound characteristic ». Au début de leur étude (p. 150), les deux auteurs remarquent que certains orthoépistes (dont Grammont) distinguent

Les expériences sur le timbre faites à l'aide du spectrographe sont, nous le reconnaissons, bien modestes puisqu'elles ne portent que sur les articulations d'un seul sujet et sur un petit nombre d'exemples. Elles sont loin d'étudier la prononciation de la voyelle « dans toutes les conditions phonétiques notoires qu'elle rencontre au cours de la chaîne parlée...[1] ». Cependant, en dépit de leurs limitations, nous pensons qu'elles fournissent de précieux renseignements pour l'enquête que nous avons entreprise sur les qualités physiques de l'*e* muet. Elles semblent recouper la plupart des diverses expériences qui ont été faites pour cette étude. Par leur confrontation avec les expériences auditives et visuelles, elles apportent, dans la majorité des cas, la confirmation objective de simples impressions acoustiques : la *couleur* du son *e* muet, telle qu'elle parvient à l'auditeur, est distincte de celle des autres voyelles et ne se confond avec nulle autre.

36 phonèmes parmi lesquels l'*e* muet ; ils ajoutent : « Some of these distinctions tend to be confined to the most discreet and careful speech styles and are entirely omitted by a part of Standard French speakers. » L'une de ces tendances est de « minimize the distinctive role of the 'zero-phoneme' ».

(1) Delattre, *Triangle*, p. 484.

CHAPITRE IV

TIMBRE : ANALYSE PHYSIOLOGIQUE (ARTICULATION)

CHAPITRE IV

TIMBRE : ANALYSE PHYSIOLOGIQUE (ARTICULATION)[1]

Expériences visuelles. — Expériences instrumentales : palais artificiel ; cylindre enregistreur.

EXPÉRIENCES VISUELLES

Pour les expériences visuelles, nous avons également procédé à deux séries d'expériences, à savoir :

A) Pour déterminer le degré relatif de l'élévation de la langue, du point d'articulation de la voyelle, de l'écartement des mâchoires, nous avons fait prononcer plusieurs fois, à chaque sujet, les trois voyelles isolées, les monosyllabes, quelques expressions corrélatives et une partie des textes de prose et de poésie. Nous n'avons pu obtenir de renseignements assez précis que pour la voyelle accentuée ; ayant tenu à ce que le débit, chez chacun, fût celui qui semblait le plus naturel au locuteur (sans déclamation ni apprêt, donc assez rapide), il était difficile, même en tonique, de *voir* l'articulation linguale, du moins pour *eu* fermé et *e* muet.

B) Pour obtenir des renseignements sur la présence ou l'absence de labialisation pour l'articulation de l'*e* muet, nous avons fait prononcer (10 fois) à chaque sujet examiné :

a) Les voyelles isolées.

b) Les voyelles dans deux groupes de monosyllabes.

(1) Cf. Rousselot, *Princ.*, I, 315 : « *L'analyse physiologique n'est pas seulement légitime, elle est nécessaire* ». N. S. Troubetzkoy, *Principes de phonologie*, p. 10.

c) Les voyelles dans des groupes présentant une possibilité de corrélation et dont nous nous étions déjà servie pour les expériences auditives[1].

d) Les voyelles dans les textes de prose. Pour ces derniers textes, nous avons noté le jeu des lèvres pour les mots suivants : *De...?* (TEXTE A), *que* (TEXTE B), pour *e* muet tonique ; *deviennes* (TEXTE A), *quelques-uns* (TEXTE B), pour *e* muet atone ; *neuf* (TEXTE A), *aveugle* (TEXTE B), pour *eu* ouvert tonique ; *leur*, dans *leur fureur*, *jeune*, dans *jeune homme* (TEXTE B), pour *eu* ouvert atone ; *Brieux* (TEXTE A), *malheureux* (TEXTE B), pour *eu* fermé à la tonique ; *veux*, dans *tu ne veux pas* (TEXTE A), *malheureux* (TEXTE B), pour *eu* fermé atone.

EXPÉRIENCE A

Position de la langue. Écartement des mâchoires.

Les expériences visuelles ont permis de constater une différence, aussi minime qu'elle soit, entre l'articulation des trois voyelles à la tonique, les mouvements organiques correspondant à des timbres différents : côtés de la langue relevés pour *eu* fermé, un peu moins pour *eu* ouvert (les mâchoires sont, en général, mais pas toujours, écartées pour cette dernière voyelle), presque complètement aplatis pour *e* muet (le point d'articulation étant plus postérieur pour cette dernière voyelle que pour les deux autres) et les mâchoires souvent aussi rapprochées que pour la voyelle fermée[2]. A l'atone, la différence articulatoire est moins nette ; nous avons hésité plus d'une fois, soit nous, soit d'autres expérimentateurs, à nous prononcer : nous avons dû faire répéter plusieurs fois le même mot. Dans la majorité des cas, nous n'avons pu nous prononcer ; mais parfois nous avons pu discerner une différence articulatoire linguale. Pour l'écartement des mâchoires, le même sujet peut, pour le même mot, les écarter ou les rapprocher sans pour cela affecter le timbre de la voyelle qui semble conserver sa *couleur*.

(1) Cf. *supra*, p. 30-31.
(2) Cf. *supra*, les expériences faites à l'aide du spectrographe, p. 37-60.

EXPÉRIENCE B

Jeu des lèvres.

	ə	œ	ø
B	— 40 %	— 100 %	+ 100 %
C	— 40 %	100 %	100 %
D	— 20 %	— 100 %	+ 100 %
E	0	— 100 %	100 %
F	— 40 %	— 100 %	100 %
H	0	— 80 %	+ 100 %

TABLEAU III

[ə], [œ], [ø] toniques. — VOYELLES ISOLÉES.
Labialisation pour [ə] : moyenne, 23 %.

	ne	ce	neuf	seuil	nœud	ceux
B	0	— 10 %	— 70 %	— 80 %	+ 100 %	+ 100 %
C	— 10 %	— 10 %	— 40 %	— 90 %	100 %	100 %
D	— 30 %	— 20 %	— 80 %	— 10 %	+ 100 %	+ 100 %
E	0	— 10 %	—100 %	—100 %	100 %	70 %
F	20 %	— 30 %	— 70 %	— 90 %	+ 100 %	100 %
H	0	0	—100 %	— 80 %	+ 100 %	+ 100 %

TABLEAU IV

[ə], [œ], [ø] toniques. — MONOSYLLABES.
Labialisation pour [ə] : moyenne, *ne*, 10 %, *ce*, 13 %.

	sur ce	sur ceux
B	— 20 %	+ 100 %
C	. — 10 %	— 100 %
D	0	— 100 %
E	20 %	100 %
F	— 30 %	100 %
H	0	— 100

TABLEAU V

[ə], [ø] toniques. — *Sur ce/sur ceux.*
Labialisation pour [ə] : moyenne, 13 %.

	De...	que	neuf	aveugle	Brieux	malheureux
B	— 30 %	— 20 %	— 60 %	— 50 %	+ 100 %	— 90 %
C	— 20 %	— 30 %	100 %	— 90 %	100 %	+ 100 %
D	— 30 %	— 20 %	90 %	80 %	+ 100 %	— 80 %
E	— 10 %	— 20 %	100 %	100 %	100 %	+ 70 %
F	— 40 %	— 40 %	— 70 %	— 60 %	100 %	— 100 %
H	— 20 %	— 20 %	— 100 %	— 90 %	+ 100 %	+ 100 %

TABLEAU VI

[ə], [œ], [ø] toniques. — TEXTES A et B.
Labialisation pour [ə] : moyenne, 25 %.

	sur cela même	sur ceux-là même
B[1]	— 10 %	— 100 %
C	— 20 %	— 100 %
D[1]	— 10 %	— 80 %
E[1]	0	+ 100 %
F	0	— 100 %
H[1]	0	100 %

TABLEAU VII

[ə], [ø] atones. — *Sur cela même/sur ceux-là même.*
Labialisation pour [ə] : moyenne, 7 %.

	apporte le rôt	apporte leur eau
B	— 10 %	— 0
C	— 20 %	— 50 %
D	0	100 %
E	— 20 %	— 90 %
F	— 20 %	— 60 %
H	0	— 70 %

TABLEAU VIII

[ə], [œ] atones. — *Apporte le rôt/apporte leur eau.*
Labialisation pour [ə] : moyenne, 12 %.

(1) **Ont prononcé** [syrslamɛm] **:** *B* 2 fois, *D* 3 fois, *E* 4 fois, *H* 4 fois.

	deviennes	quelques-uns	leur (fureur)	jeune (homme)	tu ne veux pas	malheureux
B[1]	— 10 %	— 20 %	— 60 %	100 %	— 60 %	—100 %
C	— 10 %	— 20 %	— 80 %	100 %	—100 %	—100 %
D[1]	0 %	10 %	— 80 %	100 %	—100 %	—100 %
E[1]	— 20 %	0	—100 %	100 %	100 %	80 %
F	— 30 %	20 %	—100 %	100 %	— 80 %	— 70 %
H[1]	0	0	— 70 %	100 %	100 %	—100 %

Tableau IX

[ə], [œ], [ø] atones. — Textes A et B.
Labialisation pour [ə] : moyenne, *deviennes* : 11 % ; *quelques-uns* : 11 %.

Dans les tableaux, pour rendre compte du degré relatif de l'avancement des lèvres, nous avons fait précéder le chiffre qui représente la moyenne de la labialisation par le signe + pour indiquer que celle-ci est assez accentuée, par le signe — pour indiquer qu'elle est à peine esquissée. L'absence de signe veut dire que la projection labiale était assez facilement discernable quoique peu accentuée.

Pour l'*e* muet, les lèvres sont souvent inactives ; ni projetées, ni rétractées, elles sont à l'état purement neutre, « au repos ». Certains sujets articulent la voyelle avec les lèvres à l'état de repos absolu, même en tonique (cf. tableau III, *E* et *H* ; tableau IV, *B*, *F*, *H* ; tableau V, *D*, *H*). Il arrive aussi que, pour le même groupe de mots, le même sujet accompagne l'articulation de l'*e* muet d'une très légère articulation labiale, presque imperceptible, dans un certain nombre d'expériences, et, par contre, n'esquisse pas le moindre mouvement dans les autres.

Pour l'*e* muet atone de : *sur cela même* et *deviennes*, certains sujets n'ont pas prononcé la muette dans quelques expériences (cf. tableaux VII, IX), et cependant quand, dans les autres expériences, ils l'ont articulée, ils ont quelquefois projeté les lèvres, légèrement c'est un fait, mais enfin de façon discernable.

Par ailleurs, pour *eu* ouvert et pour *eu* fermé, quoique

(1) Ont prononcé [dvjɛn] : *B* 4 fois, *D* 2 fois, *E* 2 fois, *H* 1 fois. A rapprocher des expériences faites au cylindre enregistreur, tableau L, p. 116.

présente la plupart du temps, la labialisation n'est pas d'une constance absolue, même à la tonique. En outre, quand elle est présente, elle n'est pas nécessairement énergique.

La moyenne de labialisation porte sur les 10 expériences de chaque sujet qu'ils aient prononcé la muette ou non.

La labialisation de la muette tonique apparaît 23 % pour la voyelle isolée, 13 % pour les monosyllabes et une courte expression, 25 % pour les textes suivis. A l'atone, elle varie de 7 à 12 %. Dans la plupart des cas, elle est peu marquée, souvent difficile à percevoir. Dans ces conditions, on ne peut guère affirmer que [ə] appartienne franchement à la série des voyelles labialisées. Il semble qu'on ne discerne qu'une tendance.

EXPÉRIENCES INSTRUMENTALES

Palais artificiel[1].

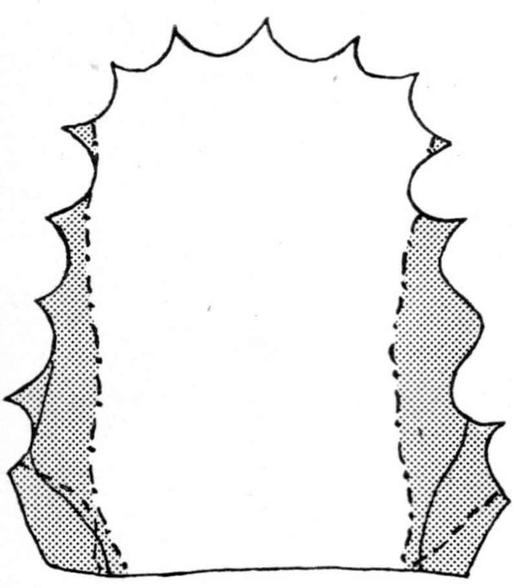

Fig. 11 *H*.

A la tonique.

[ə] - - - [(p)ə]
[œ] —— [(p) œ : (v)]
[ø] -·-·- [(p) ø]

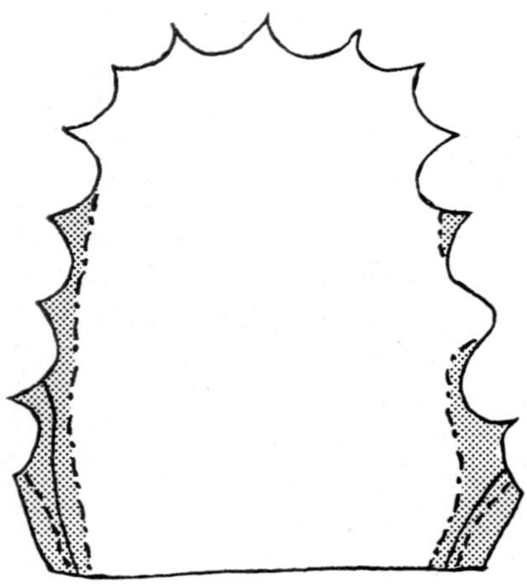

Fig. 12 *H*.

A l'atone.

[ə] - - - [(p)ə]
[œ] —— [(p) œ (v)]
[ø] -·-·- [(p) ø]

(1) La question de temps étant intervenue, seules *G* et *H* ont pu participer à ces expériences.

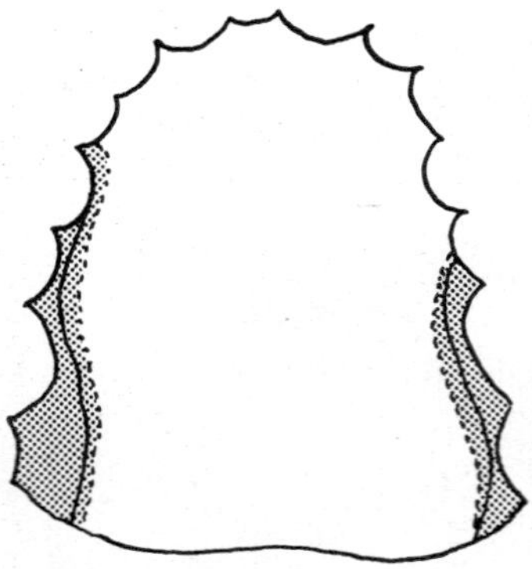

Fig. 13 *G.*

A la tonique.

[ø] —— [(b) ø]
[ø] - - - [(b) ø]
[œ] et [ə] : pas d'empreinte

Les palatogrammes ci-dessus (fig. 11, 12, 13) corroborent les expériences visuelles et montrent d'une façon positive que l'élévation de la langue et le lieu d'articulation sont différents pour les trois voyelles ; la différence entre *eu* fermé et *e* muet se constate aisément. L'écart des mâchoires étant sensiblement le même pour les deux voyelles, il semble évident que l'élévation de la partie antérieure de la langue pour la voyelle fermée est très marquée tandis que pour la muette elle est fort modeste, le contact se faisant jusqu'aux canines pour *eu* fermé tonique, jusqu'aux premières molaires pour *eu* fermé atone, et ne s'établissant, pour l'*e* muet tonique ou atone, que dans la région postérieure de la quatrième molaire.

Quant à la différence articulatoire entre *eu* ouvert et *e* muet (*H*), si elle est moins évidente à l'étude des palatogrammes, elle est cependant réelle car pour la voyelle ouverte, l'écart des mâchoires étant prononcé, le contact de la langue et du palais indique une plus grande élévation de la langue que pour la muette.

Si les palatogrammes de *G* sont négatifs en ce qui concerne *e* muet et *eu* ouvert (aucun contact ne s'est établi entre la langue et le palais artificiel), ils révèlent du moins que *e* muet ne se confond pas avec *eu* fermé (fig. 13).

Cylindre enregistreur. Ampoule exploratrice de la langue.

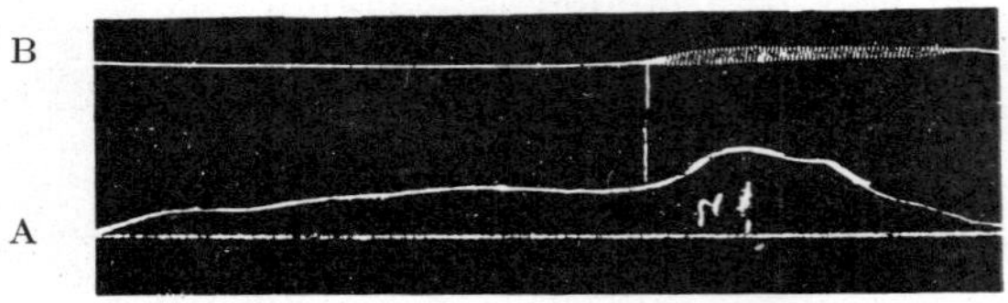

Fig. 14 *G.*

B = embouchure
A = ampoule
[ə]

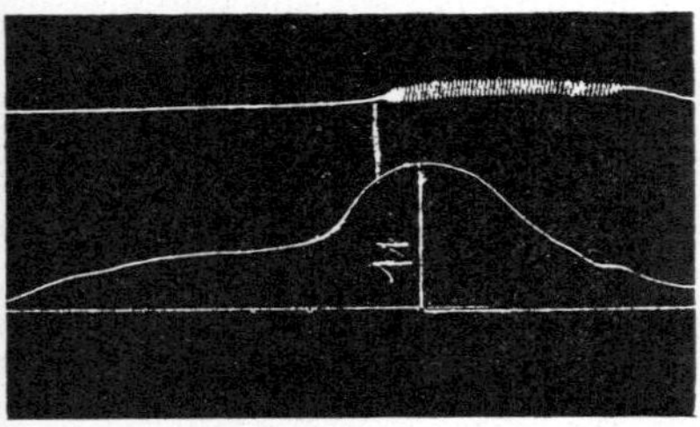

Fig. 15 *G.*

[œ]

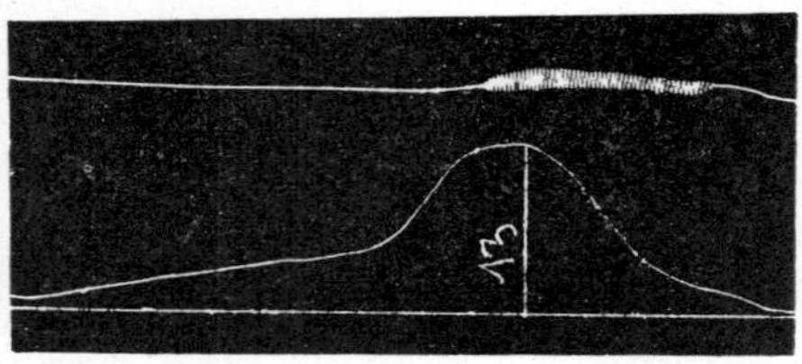

Fig. 16 *G.*

[ø]

Les tracés de *G*, obtenus sur le cylindre enregistreur, à l'aide de l'ampoule exploratrice de la langue, semblent corroborer les palatogrammes de *H* (fig. 11-12) : les trois voyelles ont toutes trois une articulation différente. L'élévation la plus prononcée est de 13 millimètres pour *eu* fermé, de 11 millimètres pour *eu* ouvert, de 6 millimètres seulement pour *e* muet (fig. 14-16). Les trois tracés montrent le degré relatif d'élévation de la langue, mais non au même point d'articulation. — Pour que les expériences à l'aide de l'ampoule soient valables, il va sans dire que l'on ne doit pas changer l'écartement des mâchoires. Il y a donc des mouvements compensatoires[1].

Pour *H*, la moyenne du déplacement de la langue est la suivante :

[ə] : 6 mm. 3
[œ]: 10 mm. 7
[ø] : 14 mm. 1

(1) Pour l'explication des expériences à l'aide de l'ampoule exploratrice de la langue, cf. Rousselot, *Princ.*, II, 664-674. Cf. surtout, fig. 444, p. 664.

Les expériences instrumentales montrent que chez *G* et *H* les organes phonateurs occupent ou prennent des positions différentes et non interchangeables pour chacune des trois voyelles.

Les expériences auditives, visuelles et instrumentales sur le timbre et l'articulation apportent des renseignements assez précis sur les « rapports des réalisations d'*e* caduc avec la série des voyelles antérieures arrondies » que souhaitait Martinet, ainsi que nous l'indiquions plus haut[1]. Après avoir groupé en deux catégories, très tranchées, la description des réalisations d'*e* muet selon les auteurs (d'un côté, l'*e* muet faisant partie de la série des voyelles antérieures labialisées, et de l'autre, l'*e* muet restant la voyelle neutre par excellence, notée [ə], ni antérieure, ni arrondie), Martinet explique, et fort justement, qu'en pratique « la distinction entre les deux catégories de réalisations est moins nette que l'exposé qui précède pourrait le laisser croire. En effet, pour un degré d'ouverture correspondant à [œ] ouvert, l'articulation labiale dite arrondissement est beaucoup moins éloignée de la position d'indifférence que dans le cas d'une voyelle aussi fermée que [ü]. D'autre part, les voyelles de la série antérieure arrondie ne sont jamais articulées aussi en avant que celles de la série non arrondie. Cela a peu d'importance pour une voyelle très fermée, comme [ü], parce que, dans ce cas, la distance est très grande entre la zone d'articulation de [ü] et celle de [u]. Mais au fur et à mesure qu'on tend vers le degré maximum d'ouverture, les distances qui séparent les zones articulatoires se rétrécissent, et les antérieures arrondies, qui ne sont pas tout à fait des antérieures, tendent à s'articuler de plus en plus près de la région moyenne qui est celle de [ə][2]. »

Martinet conclut : « Il en résulte qu'un [œ] ouvert et un [ə] d'assez grand degré d'ouverture ne sont pas acoustiquement très différents, et, qu'en fait, beaucoup de Français les distinguent mal, lorsqu'ils ne les confondent pas tout à fait[3]. »

Cependant, nous serions encline à changer l'expression « en fait » par « en théorie », car nos expériences ont démontré que, chez nos sujets du moins, il n'existe pas de confusion

(1) *Supra*, p. VII.

(2) *Pron. cont.*, p. 65. Oui, mais il ne faut pas oublier, ainsi que l'indiquent les expériences, que les mâchoires sont beaucoup plus rapprochées pour l'*e* muet que pour l'*eu* ouvert.

(3) *Pron. cont.*, p. 65.

quant à la pratique : aucun ne prononce l'*e* muet comme un *eu* fermé (avec l'exception, chez deux sujets, de *e* dans le pronom *le* tonique) ou comme un *eu* ouvert, et vice versa. De plus, ils réagissent immédiatement, et même violemment, si l'on substitue l'une de ces voyelles à [ə] dans des groupes de mots à valeur sémantique. Mais la confusion commence : 1° chez nos sujets, lorsqu'il s'agit de classer ou de qualifier le son en question ; 2° chez un certain nombre de savants, lorsqu'il s'agit de faire entrer dans un cadre rigide, une voyelle qui garde encore des caractéristiques de voyelle centrale avec mâchoires très rapprochées mais avec, déjà, une légère tendance à la labialisation.

CHAPITRE V

DURÉE ET INTENSITÉ : À LA TONIQUE ET SOUS L'ACCENT D'INSISTANCE

CHAPITRE V

DURÉE ET INTENSITÉ : À LA TONIQUE ET SOUS L'ACCENT D'INSISTANCE

Expériences instrumentales : cylindre enregistreur

La durée et l'intensité seront traitées ensemble (ch. V-VII), la hauteur musicale, à part (ch. IX-X). Cependant, dans les figures et les tableaux qui suivent, nous indiquerons cette dernière chaque fois qu'il y aura lieu, mais sans la discuter; elle sera indiquée par le nombre de vibrations à la seconde.

La délimitation de la durée vocalique ne présente pas de difficulté, comme on le sait, lorsque les consonnes qui entourent la voyelle à l'étude sont des sourdes ou des plosives sonores. Il en va tout autrement, bien souvent, lorsque ce sont des continues sonores qui accompagnent celle-ci : il est difficile parfois, pour ne pas dire impossible, de déterminer d'une façon absolument précise le point exact où commence et finit la voyelle.

Dans nos expériences, on trouvera un certain nombre d'exemples où la voyelle se trouve ainsi placée. Dans la plupart des cas, cependant, la frontière est encore assez visible. Par contre, dans quelques graphiques, la délimitation pourra sembler impossible à pratiquer et celle que nous avons adoptée, arbitraire. Les uns pourraient être tentés de faire commencer la voyelle un peu plus tôt que nous ne l'avons fait, d'autres, au contraire, un peu plus tard. La proportion d'exemples douteux étant minime, la différence de la durée en question, relativement faible, il nous a paru que ces exemples pouvaient garder pour l'étude que nous avons entreprise une valeur relative et nous n'avons pas jugé nécessaire de les rejeter. Libre au lecteur de les dédaigner[1].

Les mesures (figures et tableaux) sont indiquées en centièmes de seconde.

Pour étudier l'intensité, nous n'avons pas jugé utile d'employer les méthodes préconisées par Rousselot[2], ou par Roudet[3], ni celle qu'a utilisée Grammont et qu'il décrit dans le *Traité de phonétique*[4], ni les méthodes plus récentes et plus sûres telles que la phonophotographie, etc.[5].

Ce que nous avons voulu faire, c'est rechercher l'intensité relative et non l'intensité absolue. Les timbres étudiés étant voisins les uns des autres, nous avons trouvé suffisant de comparer, chez un sujet donné, l'intensité relative de ces différentes voyelles d'après l'amplitude des vibrations, lorsque ces voyelles avaient été dites à une hauteur musicale à peu près correspondante. Pour un sujet donné, la même membrane a été employée. Les comparaisons portent sur les mots et les phrases enregistrés le même jour, pendant la même session. Pour établir le chiffre de l'intensité, nous avons mesuré les vibrations les plus profondes de chaque voyelle d'un sommet à l'autre. Les mesures sont données en millimètres.

D'après ce qui précède, il va de soi que les tableaux sur l'intensité ne se rapportent chacun qu'à un seul sujet. Nous avons essayé d'en présenter un assez grand nombre.

Nous avons également multiplié les tableaux sur la durée. La méthode de présentation diffère : pour la durée, outre la comparaison des exemples étudiés chez un même sujet, les tableaux permettent la comparaison d'un sujet à l'autre.

Nous avons estimé suffisant, le plus souvent, d'exprimer la durée et la hauteur musicale en chiffres ronds, sans nous

(1) Les expériences au cylindre ont été faites avec embouchure et olives nasales. Lorsque la ligne du nez était très rapprochée de celle de la bouche, nous l'avons fait reproduire sur les clichés; lorsque, au contraire, l'écart était assez marqué, pour des raisons d'ordre pratique, nous n'avons pas hésité à la faire supprimer.

(2) *Princ.*, II, 1014-1087.

(3) « Méthode expérimentale pour l'étude de l'accent », *Par.*, I (1899), 321-344.

(4) P. 119-123.

(5) Cf. Joseph Tiffin, « Phonophotograph Apparatus », *UISPM*, I (1931), 118-133 ; du même, « Applications of Pitch and Intensity Measurements of Connected Speech », *JASA*, V (1934), 225-234 ; Milton Cowan, *Pitch and Intensity Characteristics of Stage Speech*, p. 85-90. Il ne faut pas oublier que nos expériences datent de 1939.

embarrasser des millièmes de seconde ou des fractions de vibrations.

Nous nous sommes servie des abréviations suivantes : d. = durée, i. = intensité, h. = hauteur musicale, cs. = centièmes de seconde.

A LA TONIQUE

PROSE

Voyelle isolée

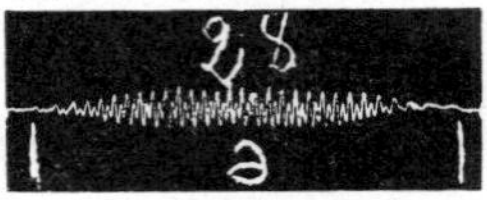

Fig. 17 *C.*

	d.	28
[ə]	h.	114
	i.	3

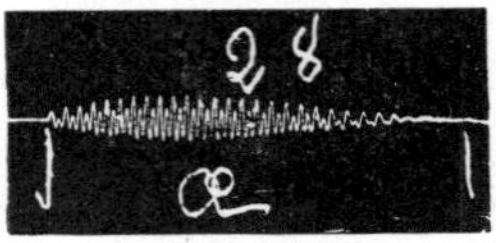

Fig. 18 *C.*

	d.	28
[œ]	h.	109
	i.	3

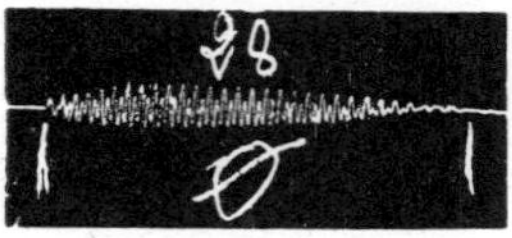

Fig. 19 *C.*

	d.	28
[ø]	h.	114
	i.	3

	A			B			C			D			E			F			G			H			Moyenne
ə	22	22	23	20	22	25	25	28	29	23	24	24	22	24	25	25	22	22	25	24	27	31	31	30	24,7
œ	26	24	24	20	28	24	28	28	26	19	20	23	18	21	22	21	26	25	22	22	20	29	28	29	23,6
ø	29	30	31	28	23	27	28	31	24	24	23	24	18	19	21	22	27	28	29,5	35	30	30	31	30	26,7

TABLEAU X

[ə], [œ], [ø]. — VOYELLES ISOLÉES.

Durée.

	Durée	Hauteur	Intensité
ə	22	101	1,2
œ	26	100	1,1
ø	29	100	1,1

TABLEAU XI

A. [ə], [œ], [ø]. — VOYELLES ISOLÉES.

Intensité.

	Durée	Hauteur	Intensité
ə	22	110	3
œ	18	118	2,9
ø	18	114	3

TABLEAU XII

E. [ə], [œ], [ø]. — VOYELLES ISOLÉES.

Intensité.

	Durée	Hauteur	Intensité
ə	31	210	3,9
œ	29	210	3,8
ø	30	210	3,8

TABLEAU XIII

H. [ə], [œ], [ø]. — VOYELLES ISOLÉES.
Intensité.

En tant que voyelle isolée, *e* muet peut être aussi long et, mécaniquement, aussi intense que *eu* ouvert et *eu* fermé, ainsi que le témoignent les figures 17, 18 et 19 et les tableaux X-XIII. Il est tonique de toute évidence.

Chez *D*, *E*, *G*, *H*, la durée de *e* muet est supérieure à celle de *eu* ouvert. Chez *E*, *eu* fermé est sensiblement moins long que *e* muet (tableau X). La moyenne de la durée pour la muette dépasse de 1,1 cs. celle de *eu* ouvert. En général, cependant, c'est l'*eu* fermé qui est la plus longue des trois voyelles: comparer la moyenne de chacune d'elles: [ə]: 24,7 ; [œ] : 23, 6 ; [ø]: 26, 7 ; ce qui corrobore la plupart des expériences auditives quant à la durée supérieure de [ø], mais non pas toutes les expériences. Chez certains sujets, au contraire, l'impression auditive est différente de la réalité objective: on a vu plus haut[1] que *E* pense prononcer *e* muet avec la même durée que pour les deux autres voyelles ; en fait, l'articulation mécanique de la muette, chez lui, est toujours plus longue que pour les deux autres voyelles. Il en est de même pour *D* qui croit prononcer un [ə] moins long que [œ] et [ø] et chez qui, cependant, l'*e* muet a constamment une durée supérieure à celle de [œ] et égale à celle de [ø]. Pour *F*, qui s'entend prononcer un [œ] plus bref que [ə], la durée articulatoire mécanique est l'inverse: six fois sur sept, l'*eu* ouvert, chez lui, a été plus long que l'*e* muet[2].

E muet est, mécaniquement, plus intense que *eu* ouvert chez *A*, *B*, *C*, *E*, *H* (cf. tableaux XI-XIII : *A*, *E*, *H*), mais moins intense chez *D*, *F* et *G*. L'intensité égale ou dépasse légèrement celle de l'*eu* fermé. Et cependant, *A* et *F*, chez qui l'*e* muet est un peu plus intense que [œ] et [ø], *entendent* la muette comme plus faible[3].

(1) Cf. *supra*, p. 33.
(2) Cf. *ibid.*
(3) Cf. *ibid.*

MONOSYLLABES

Fig. 20 *E.*

ne

	d.	22
[ə]	h.	118
	i.	1,8

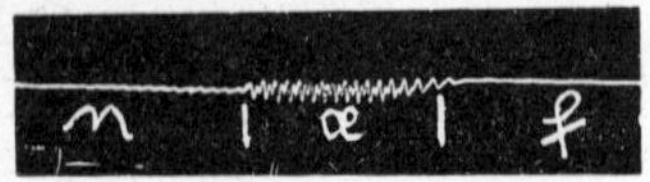

Fig. 21 *E.*

neuf

	d.	13
[œ]	h.	122
	i.	1,7

Fig. 22 *E.*

nœud

	d.	23
[ø]	h.	108
	i.	1,5

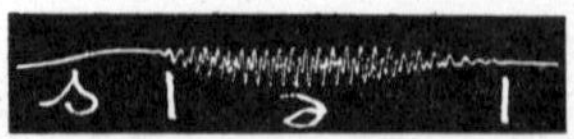

Fig. 23 *E.*

ce

	d.	22
[ə]	h.	109
	i.	2,6

Fig. 24 *E.*

seuil

	d.	19
[œ]	h.	105
	i.	2,2

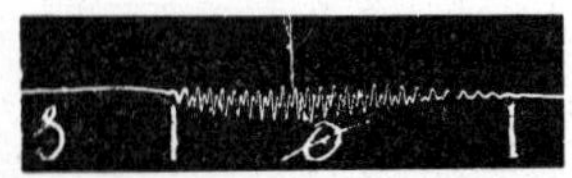

Fig. 25 *E.*

ceux

	d.	22
[ø]	h.	109
	i.	2,2

	A			B			C			D			E			F			G			H			Moyenne
que	17	19	20	22	21	22	17	18	21	22	24	22	22	23	24	24	28	26	18	18	19	25	23	26	21,7
cueille	20	20	20	19	20	18	40	41	37	29	31	29	30	27	27	18	16	18	36	38	39	25	25	25	27
queue	28	30	25	24	25	24	23	25	27	26	24	26	24	26	25	24	22	22	21	22	27	26	24	26	24,8
ne	26	27	26	22	21	19	27	27	27	18	17	21	19	24	22	20	18	18	16	14	15	21	18	18	20,8
neuf	17	12	17	17	20	18	19	19	19	14	12	14	13	12	13	14	13	14	16	19	18	16	18	18	15,9
nœud	23	24	25	24	23	26	25	25	26	20	19	23	19	23	23	18	20	20	21	20	21	20	22	22	22,1
de	26	24	23	22	19	18	27	28	28	22	22	22	22	25	20	19	20	20	17	20	24	25	23	21	22,3
d'œuf[1]	22	24	23	17	16	19	39	39	42	13	14	13	15	13	14	16	20	20	31	27	28	18	19	18	21,6
deux	28	27	30	22	27	20	32	29	26	20	24	21	20	21	22	20	21	20	27	23	22	26	29	27	24,3
ce	18	16	18	18	19	20	17	17	19	17	19	20	18	18	22	16	18	18	16	16	16	22	21	21	18,3
seuil[2]	18	18	18	16	15	19	36	37	36	29	28	31	16	17	19	18	19	16	33	37	35	24	21	21	24
ceux	24	20	22	23	21	24	28	26	21	17	23	21	17	22	20.5	18	20	21	24	25	25	23	24	25	22,2

Tableau XIV

[ə], [œ], [ø]. — Monosyllabes.

Durée.

(1) *A, B, C, F, G* ont prononcé *deuil* au lieu de *d'œuf*.
(2) *C, D, G* font de [j] final, une consonne allongeante.

	Durée	Hauteur	Intensité
ne	26	130	2,6
neuf	17	132	1,8
nœud	23	129	2,1

TABLEAU XV

A. [ə], [œ], [ø]. — MONOSYLLABES.

Intensité.

	Durée	Hauteur	Intensité
ne	27	115	2,1
neuf	19	116	1,8
nœud	25	114	1,9

TABLEAU XVI

C. [ə], [œ], [ø]. — MONOSYLLABES.

Intensité.

Tonique, *e* muet présente, dans les monosyllabes, les mêmes caractéristiques que pour la voyelle isolée : il peut être aussi long et aussi intense que *eu* ouvert et que *eu* fermé (fig. 20-25 ; tableaux XIV-XVI). L'*e* muet et l'*eu* fermé sont plus longs dans les exemples étudiés (*que*, *ne*, *de*, *ce*, *queue*, *nœud*, *ceux*) que l'*eu* ouvert de *neuf* et *d'œuf*. Cependant, devant yod, chez quelques sujets (*C*, *D*, *G*), c'est la longueur de cette dernière voyelle qui est supérieure (cf. tableau XIV : *cueille* et *seuil*). Comme pour la voyelle isolée, c'est l'*eu* fermé qui l'emporte sur l'ensemble.

L'*e* muet peut être plus intense que *eu* ouvert et *eu* fermé : comparer (fig. 23-25) : *e* muet de *ce*, chez *E* : 2 mm. 6 ; *eu* ouvert de *seuil*, chez le même : 2 mm. 2 ; *eu* fermé de *ceux*, également chez *E* : 2 mm. 2 ; chez *A* (cf. tableau XV) : l'*e* muet de *ne* mesure 2 mm. 6, tandis que l'*eu* ouvert de *neuf* ne mesure que 1 mm. 8 et l'*eu* fermé de *nœud*, 2 mm. 1 ; chez *C* (cf. tableau XVI) : l'*e* de *ne* mesure 2 mm. 1, l'*eu* ouvert de *neuf* : 1 mm. 8, l'*eu* fermé de *nœud* : 1 mm. 9.

PHRASES INDÉPENDANTES

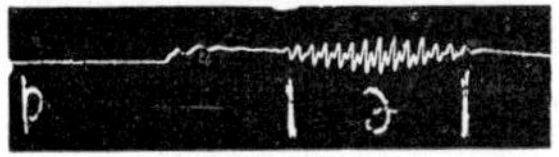

Fig. 26 *C.*

Le son pe

	d.	12
[ə]	h.	108
	i.	2,6

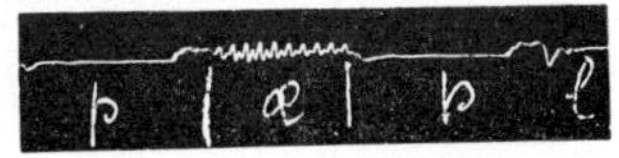

Fig. 27 *C.*

L'étrange peuple

	d.	9
[œ]	h.	109
	i.	1,4

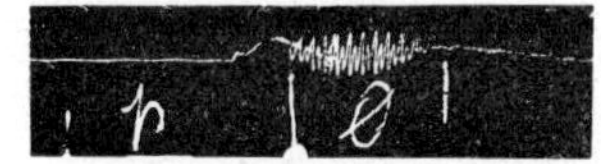

Fig. 28 *C.*

Parle peu

	d.	11
[ø]	h.	109
	i.	3

E[1]
N

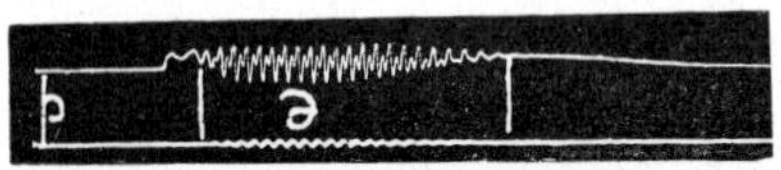

Fig. 29 *E.*

Le son pe[2]

	d.	20
[ə]	h.	110
	i.	2,6

E
N

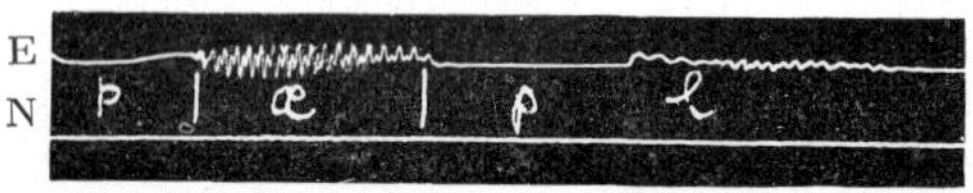

Fig. 30 *E.*

L'étrange peuple[3]

	d.	15
[œ]	h.	114
	i.	2,3

E
N

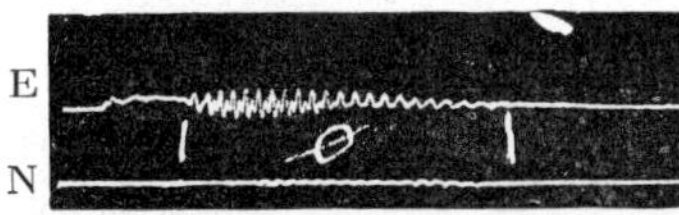

Fig. 31 *E.*

Parle peu

	d.	21
[ø]	h.	110
	i.	2

(1) E = embouchure ; N = olives nasales.

(2) A remarquer le caractère nasal de *e* muet chez *E.* Malgré cette forte nasalisation — laquelle chez lui s'étend à la plupart des voyelles — la prononciation de ce jeune homme est loin d'être « peuple ». En dehors des tournures de phrase, du vocabulaire, etc., qui dénotent la personne d'un milieu distingué, l'ensemble de sa prononciation le fait classer, dès l'abord, parmi les gens cultivés.

(3) Il est intéressant de noter l'articulation sonore de *l* dans *peuple* suivi d'un *e* muet dont la durée est de 10 cs., la hauteur musicale, de 60 vibrations et dont l'intensité est d'une grande faiblesse : 0 mm. 7. Cf., du même, pour la même expression, fig. 90, p. 130, la hauteur musicale beaucoup plus aiguë.

	A			B			C			D			E			F			G			H			Moyenne
Tandis que	14	14	12	18	14	18	14	14	14	15	19	18	19	20,5	14	18	18	18	19	20	19	16	20	16	16,7
Le son pe	14	15	19	20	14	13	12	12	15	12	11	10	19	20,5	19	15	14	18	15	16	17	18	17	17,5	15,6
Tu les cueilles	16	16	15	14	18	21	26	26	21	21	24	25	27	30	21	18	14	15	36	37	41	21	25	22	22,9
L'étrange peuple	9	9	10	9	10	9	9	9	9	13	15	13	14	15	16	10	8	8	13	15	14	18	18	14	11,5
Faire la queue	16	15	17	19	16	21	15	16	15	17	14	16	24	21	21	16	14	16	20	21	22	18	21	18	17,8
Parle peu	12	15	14	14	15	13	11	12	10	14	12	14	21	24	24	18	20	20	19	22	21	17	17	15	16,4

TABLEAU XVII

[ə], [œ], [ø] toniques. — PHRASES INDÉPENDANTES. *Durée.*

	Durée	Hauteur	Intensité
Le son pe	19	118	2,1
L'étrange peuple	10	120	1,8
Parle peu	14	118	2,1

TABLEAU XVIII

A. [ə], [œ], [ø] toniques. — PHRASES INDÉPENDANTES. *Intensité.*

	Durée	Hauteur	Intensité
Le son pe	18	110	2,6
L'étrange peuple	18	112	2,1
Parle peu	18	112	1,9

TABLEAU XIX

F. [ə], [œ], [ø] toniques. — PHRASES INDÉPENDANTES. *Intensité.*

Dans les phrases isolées, *e* muet tonique est fréquemment aussi long et aussi intense que *eu* fermé (fig. 26-31 ; tableaux XVII-XIX). Il est moins facile de le comparer à *eu* ouvert du point de vue de la durée, puisque *eu* ouvert n'existe pas en syllabe ouverte et vice versa : *e* muet ne se rencontre jamais en syllabe fermée. Suivi de la plosive sourde *p*, *eu* ouvert est plus bref que les deux autres voyelles (fig. 26-31) ; suivi de yod, il est souvent plus long chez *C*, *D*, *E*, *G*, *H* (tableau XVII).

L'intensité peut être supérieure pour *e* muet et *eu* fermé. Comparer (fig. 26-31) : l'amplitude des vibrations de *e* muet dans *pe* (*C* et *E*) est de : 2 mm. 6 ; pour *eu* fermé dans *peu* : de 3 et de 2 millimètres ; tandis que celle de *eu* ouvert, dans *peuple*, n'est que de 1 mm. 4 et de 2 mm. 3.

Les figures 26-31 et les tableaux XVII-XIX représentent la physionomie générale des trois voyelles dans les phrases indépendantes, chez les huit sujets.

Textes A et B

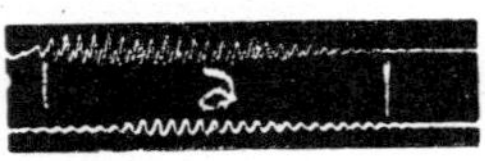

Fig. 32 *E*.

Un passage de . . .

	d.	22
[ə]	h.	104
	i.	2,2

Fig. 33 *E*.

De . . . ?

	d.	22
[ə]	h.	96
	i.	2

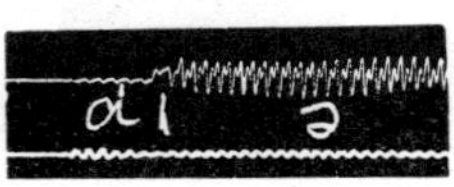

Fig. 34 *E*.

De. . . Brieux

	d.	18
[ə]	h.	120
	i.	2,5

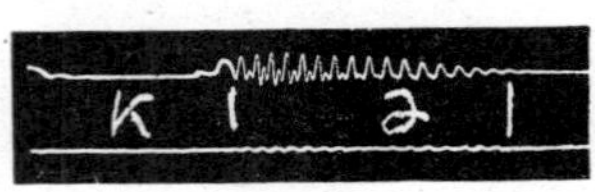

Fig. 35 *E*.

Parce que

	d.	18
[ə]	h.	90
	i.	2,3

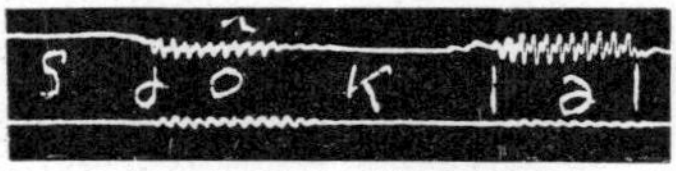

Fig. 36 *E.*

à la condition que

	d.	10
[ə]	h.	112
	i.	2,2

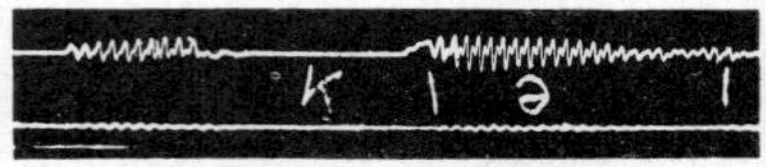

Fig. 37 *E.*

et que

	d.	20
[ə]	h.	110
	i.	2,6

Fig. 38 *E.*

*Prends-l*e

	d.	12
[ə]	h.	170
	i.	1,4

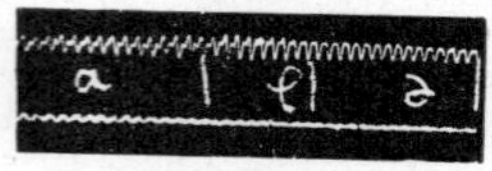

Fig. 39 *E.*

*Prends-l*e

	d.	11
[ə]	h.	140
	i.	1,1

Fig. 40 *E.*

nous sommes seuls[1]

	d.	18
[œ]	h.	98
	i.	1,8

Fig. 41 *E.*

à la page neuf

	d.	13
[œ]	h.	89
	i.	1,8

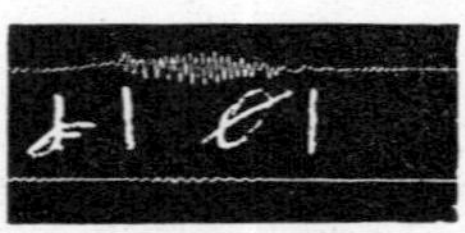

Fig. 42 *E.*

De... Brieux

	d.	13
[ø]	h.	95
	i.	2

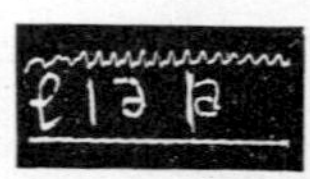

Fig. 43 *E.*

*et ouvre-l*e *à la page neuf*

	d.	6
[ə]	h.	99
	i.	1,1

(1) Cf. l'*e* épenthétique de *seuls* [sœlə] : d. 8, h. 81, i. 0 mm., 6. (Voir *infra*, p. 157).

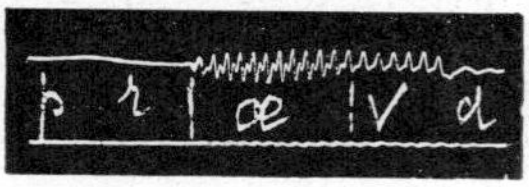

Fig. 44 *E.*

une épreuve du même genre

	d.	11
[œ]	h.	108
	i.	2,2

Fig. 45 *E.*

J'aimerais mieux que tu lises d'abord

	d.	7,5
[ø]	h.	140
	i.	1

Fig. 46 *E.*

était si aveugle que[1]

	d.	19
[ə]	h.	110
	i.	3,2

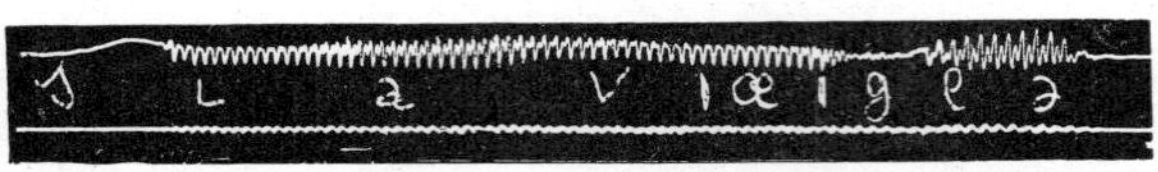

Fig. 47 *E.*

était si aveugle[2]

	d.	8
[œ]	h.	140
	i.	1,4

Fig. 48 *E.*

et le père malheureux

	d.	19
[ø]	h.	140
	i.	1,5

(1) La hauteur musicale de l'*e* de *que* est bien de 110 au début de l'articulation, mais elle se dégrade progressivement vers la fin pour tomber à 90.

(2) Cf. à l'*eu* ouvert de *aveugle* l'*e* post-tonique du même mot : d. 10, h. 100, i. 2, 6. (Voir p. 135).

	A	B	C	D	E	F	G	H	Moyennes	
de...	20	20	23	20	22	15	25	27	21,5	18,5
De... ?	23	18	28	19	22	15	19	29	21,6	
De...	14	24	16	17	18	16	24	33	20,2	
parce que[1]	24	20	15	17	18	19	16	16	18,3	
condition que[2]	14	15	7	10	10	14	—	18	12,5	
et que	30	22	18	21	20	18	18	7	19,3	
prends-le[3]	30	25	13	20	12	24	17	9	18,7	
prends-le	16	12	15	16	11	24	17	16	15,8	
seuls	18	12	9	15	18	14	16	21	15,3	13,8
neuf	18	10	9	11	13	14	15	8	12,3	
Brieux	16	14	13	12	13	14	28	17	15,8	15,8

Tableau XX

[ə], [œ], [ø] toniques. — Texte A.

Durée.

(1) Dans *Les voyelles parisiennes*, p. 376, Pernot remarque : « Quand on dit à un enfant "Pourquoi ?" il répond souvent : "parce que" [paskə], avec un [ə] tonique. » La remarque en ce qui concerne le caractère tonique de l'*e* est fort juste ainsi que, relativement, la transcription sans *r* (trois de nos sujets ne l'ont pas prononcé).

(2) *G* a fait disparaître [ə] de cette expression (cf. *infra*, p. 95).

(3) Ainsi que nous l'avons vu (cf. *supra*, p. 35), *A* et *G* prononcent [ø] dans le pronom *le*. Cependant, à la lecture pour les expériences auditives, *A* a prononcé l'[ə] du second *prends-le* avec un *e* muet. En dépit de ce changement de timbre chez ces deux sujets, nous indiquons la durée dans ce tableau et nous en tenons compte, également, pour l'établissement des moyennes.

	A	B	C	D	E	F	G	H	Moyenne
ouvre-le[1]	10	14	9	10	6	12	9	6	9,5
épreuve	13	8	9	10	11	11	12	7	10,1
mieux	11	7	5	6	7,5	6	5	4	6,5

Tableau XXI

[ə], [œ], [ø] toniques. — Texte A.
Durée.

	A	B	C	D	E	F	G	H	Moyenne
que	22	20	7	19	19	16	19	24	18,2
aveugle	14	15	14	10	8	12	6	12	11,3
d'entre eu*x*	15	14	13	18	15	13	13	16	15,1
malheureux	16	11	13	20	19	18	11	17	

Tableau XXII

[ə], [œ], [ø] toniques. — Texte B.
Durée.

	Durée	Hauteur	Intensité
passage de...	23	108	2,5
De... ?	28	105	2,6
condition que	7	110	2,2
neuf	9	110	2,5
Brieux	13	95	2

Tableau XXIII

C. [ə], [œ], [ø] toniques. — Texte A.
Intensité.

(1) Cf. *supra*, p. 35. Cf., également, Mlle Coustenoble, dans Paget, *Human Speech* et *supra*, p. 54-56.

	Durée	Hauteur	Intensité
passage de...	22	104	2,2
De... ?	22	96	2
Parce que	18	90	2,3
seuls	18	98	1,8
neuf	13	89	1,8
Brieux	13	95	2

TABLEAU XXIV

E. [ə], [œ], [ø] toniques. — TEXTE A.
Intensité.

	Durée	Hauteur	Intensité
passage de...	27	190	3,5
seuls	21	170	2,5
Brieux	17	170	2,4

TABLEAU XXV

H. [ə], [œ], [ø] toniques. — TEXTE A.
Intensité.

	Durée	Hauteur	Intensité
ouvre-le	10	120	1,2
épreuve	13	127	0,8
mieux	11	124	0,7

TABLEAU XXVI

A. [ə], [œ], [ø] toniques. — TEXTE A.
Intensité.

	Durée	Hauteur	Intensité
ouvre-le	9	140	2,7
épreuve	9	135	2,1
mieux	5	133	1,4

TABLEAU XXVII

C. [ə], [œ], [ø] toniques. — TEXTE A.
Intensité.

	Durée	Hauteur	Intensité
ouvre-le	6	99	1,1
épreuve	11	108	2,2
mieux	7,5	140	1

TABLEAU XXVIII

E. [ə], [œ], [ø] toniques. — TEXTE A.
Intensité.

	Durée	Hauteur	Intensité
ouvre-le	6	230	2,5
épreuve	7	230	1,4
mieux	4	230	1,2

TABLEAU XXIX

H. [ə], [œ], [ø] toniques. — TEXTE A.
Intensité.

	Durée	Hauteur	Intensité
que	22	125	1,6
aveugle	14	140	0,9
malheureux	16	120	1,1

TABLEAU XXX

A. [ə], [œ], [ø] toniques. — TEXTE B.
Intensité.

	Durée	Hauteur	Intensité
que	20	105	2,1
aveugle	15	115	2
malheureux	11	113	1,9

TABLEAU XXXI

B. [ə], [œ], [ø] toniques. — TEXTE B.
Intensité.

	Durée	Hauteur	Intensité
que	19	101	2,6
aveugle	10	110	2,1
malheureux	20	110	2,1

TABLEAU XXXII

D. [ə], [œ], [ø] toniques. — TEXTE B.
Intensité.

	Durée	Hauteur	Intensité
que	24	240	3,6
aveugle	17	240	3
malheureux	17	232	3

TABLEAU XXXIII

H. [ə], [œ], [ø] toniques. — TEXTE B.
Intensité.

Les exemples du TEXTE A ont été divisés en deux groupes : le premier comprenant les mots qui, recevant l'accent tonique, sont suivis d'une pause chez la majorité des sujets : *de*, *De*, *De*, *Parce que*, *à la condition que*[1], *et que*, *Prends-le*, *Prends-le*[2] ; *seuls*, *neuf*, *Brieux* ; le deuxième, ceux qui recevant l'accent

(1) *F* et *G* ne se sont pas arrêtés.

(2) Nous n'avons pas analysé les mots où *eu* ouvert est suivi de *r* en tonique devant un arrêt de la voix, l'influence très allongeante de la consonne, dans cette position, prohibant une comparaison équitable. Il n'en va pas de même cependant pour *eu* ouvert devant *v* dans *une épreuve du même genre* : l'influence allongeante de la consonne, tout en se manifestant légèrement, est pourtant loin d'être aussi considérable dans une syllabe tonique non suivie d'arrêt.

tonique à l'intérieur du groupe de souffle, ne permettent pas d'arrêt : *ouvre-le*, *épreuve*, *mieux*.

D'après les graphiques et les tableaux qui précèdent (fig. 32-48 ; tableaux XX-XXXIII), le rapport de la quantité entre les trois voyelles dans les textes suivis est sensiblement le même que pour les voyelles isolées ou pour les voyelles dans un monosyllabe ou dans une phrase indépendante.

Il faut souligner la longueur relative des trois *de* dans le TEXTE A. Le caractère d'hésitation de *de* est produit, partiellement du moins, par la longueur de la voyelle. Comparer, chez *E*, *de* (fig. 32), *De*... ? (fig. 33) et *De*... (fig. 34), à *Brieux* (fig. 42) : 22, 22 et 18 cs. pour l'*e* muet, 13 pour l'*eu* fermé. Cependant, un sujet sur les huit, *G*, non seulement n'a pas mis d'accent tonique sur le *que* de : *à la condition que*, mais a fait totalement disparaître l'*e* muet. *C* a prononcé un [ə] très bref pour une tonique : 7 cs. Chez *H*, le [ə] de *et que* et celui du premier *Prends-le* sont également brefs : 7 et 8 cs. respectivement.

En tonique, non suivi d'arrêt [ə], chez six sujets, est plus long que [ø] (cf. tableau XXI) ; [œ] est plus long chez *A*, *E*, *G* et *H*.

Le TEXTE B révèle les mêmes caractéristiques. Comparer les figures 46-48 : chez certains sujets, l'*e* muet peut être très long ; chez *E*, par exemple, l'*e* muet de *que* (*était si aveugle, que*), dure 19 cs. ainsi que l'*eu* fermé de *malheureux*, tandis que l'*eu* ouvert de *aveugle* est moins long de plus de la moitié : 8 cs. Chez *G*, l'*e* muet est manifestement plus long que les deux autres voyelles (cf. tableau XXII). Chez *A*, *B*, *D*, *E*, *F*, *G*, *H*, il est plus long que *eu* ouvert. Chez *A*, *B*, *G*, *H*, il est également plus long que *eu* fermé. Chez *D*, *E*, il a la même durée, ou presque, que la voyelle fermée. Chez *F*, il est plus bref que l'un et plus long que l'autre. Par contre, chez *C*, [ə] dure presque la moitié moins de temps que [œ] et [ø].

Dans les textes suivis, en prose, *e* muet accentué n'est pas plus faible que les deux autres voyelles. Au contraire, son intensité peut être la même. Maintes fois, elle leur est supérieure, et même de beaucoup. Cette disproportion, ainsi que la durée supérieure chez la majorité des sujets, serait-elle destinée à compenser la qualité assourdie du timbre ?

Les tableaux synoptiques qui précèdent (XXIII-XXXIII) sont positifs. Comparer notamment, chez *E*, TEXTE A, le premier groupe (tableau XXIV), l'*e* muet et l'*eu* fermé dans les mots suivants : *Parce que* : durée, 18, hauteur musicale, 90, intensité, 2 mm. 3, et *Brieux* : durée, 13, hauteur musicale,

95, intensité, 2 millimètres. Les deux voyelles sont toniques ; en finale de phrase toutes deux, elles sont également affectées par le ton descendant et présentent, par conséquent, des conditions idéales pour l'établissement d'une comparaison valable.

Comparer de même, chez *A*, *C*, *H*, Texte A, les trois voyelles du deuxième groupe (tableaux XXVI, XXVII, XXIX). Les conditions presque idéales de hauteur musicale garantissent l'équité de la comparaison : chez *H*, les trois voyelles ont été émises sur la même note ; chez *A* et *C*, l'intervalle musical n'excède pas 7 vibrations par seconde : chez *A*, l'amplitude des vibrations de *e* muet dans *ouvre-le* est de 1 mm. 2, tandis que pour l'*eu* ouvert de *épreuve*, elle est de 0 mm. 8, et pour l'*eu* fermé de *mieux*, de 0 mm. 7 ; chez *C*, l'*e* de *ouvre-le* est de 2 mm. 7, l'*eu* ouvert de *épreuve* : 2 mm. 1, et l'*eu* fermé de *mieux* : 1 mm. 4.

Dans ce dernier texte, *E* fait exception pour l'*eu* ouvert (fig. 43-45 ; tableau XXVIII), plus intense chez lui (2 mm. 2) que l'*e* muet (1 mm. 1) et que l'*eu* fermé (1 mm.). Mais là encore, *e* muet est aussi intense que *eu* fermé.

Le Texte B donne les mêmes résultats ; comparer les figures 46, 47 et 48 : chez *E*, l'amplitude des vibrations de l'*e* muet tonique (*que*) est de 3 mm. 2, celle de l'*eu* ouvert (*aveugle*), de 1 mm. 4 seulement, et celle de l'*eu* fermé (*malheureux*), aussi long que l'*e* muet cependant, n'est que de 1 mm. 5.

Les tableaux XXX-XXXIII, qui représentent le rapport de l'intensité des trois voyelles chez *A*, *B*, *D* et *H*, soulignent le même fait : chez les quatre sujets, l'*e* muet tonique de *que* est plus intense que l'*eu* ouvert ou l'*eu* fermé.

POÉSIE[1]

Le dormeur du val

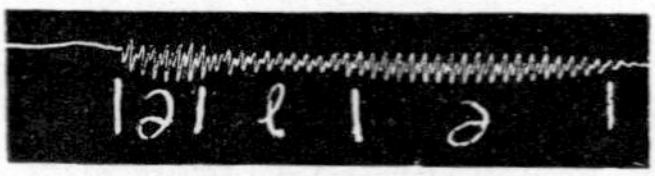

Fig. 49 *C*.

Nature, berce-le chaudement

	d.	17
[ə]	h.	110
	i.	2,1

(1) Dans Odelette il n'y a pas d'*e* muets toniques.

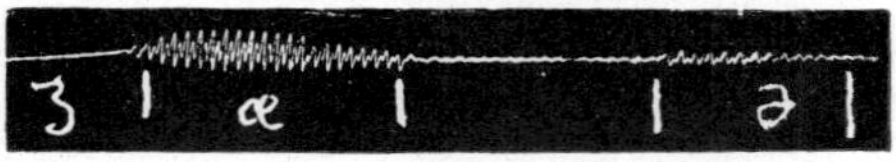

Fig. 50 *C.*

Un soldat jeune

	d.	17
[œ]	h.	114
	i.	2,7

Fig. 51 *C.*

Les pieds dans les glaïeuls

	d.	17
[œ]	h.	120
	i.	2,4

Fig. 52 *C.*

Dans le frais cresson bleu

	d.	10
[ø]	h.	118
	i.	1,6

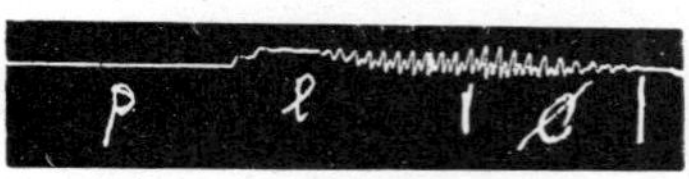

Fig. 53 *C.*

où la lumière pleut

	d.	12
[ø]	h.	97
	i.	2,2

ÉPILOGUE.

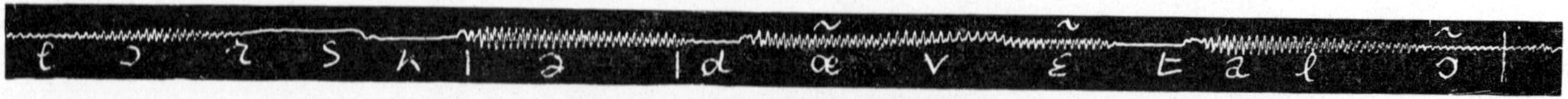

Fig. 54 *E.*

Lorsque d'un vain talon

	d.	23
[ə]	h.	122
	i.	2,5

Fig. 55 *E.*

C'est ta jeune colère

	d.	7
[œ]	h.	124
	i.	1,8

Fig. 56 *E.*

Ce que je veux de toi

	d.	11
[ø]	h.	140
	i.	1,5

	A	B	C	D	E	F	G	H	Moyenne
berce-le[1]	26	11	17	18	19	28	11	27	19,6
jeune	22	12	17	13	16	20	17	22	17,3
glaïeuls	22	10	17	13	17	24	20	19	17,7
bleu	24	12	10	11	14	20	24	22	17,1
pleut	24	11	12	14	13	18	15	28	16,8

TABLEAU XXXIV

[ə], [œ], [ø] toniques. — LE DORMEUR DU VAL.

Durée.

	A	B	C	D	E	F	G	H	Moyenne
lorsque	12	16	5	17	23	24	12	20	16,1
jeune	12	10	10	7	7	16	13	15	11,2
veux	16	11	8	8	11	10	9	9	10,2

TABLEAU XXXV

[ə], [œ], [ø] toniques. — ÉPILOGUE.

Durée.

	Durée	Hauteur	Intensité
berce-le	26	131	1,5
jeune	22	124	0,9
glaïeuls	22	122	0,8
bleu	24	123	0,9

TABLEAU XXXVI

A. [ə], [œ], [ø] toniques. — LE DORMEUR DU VAL.

Intensité.

(1) Pour *G*, cf. *supra*, les expériences auditives, p. 35.

	Durée	Hauteur	Intensité
berce-le	17	110	2,1
jeune	17	114	2,7
glaïeuls	17	120	2,4
bleu	10	118	1,6

TABLEAU XXXVII

C. [ə], [œ], [ø] toniques. — LE DORMEUR DU VAL.
Intensité.

	Durée	Hauteur	Intensité
berce-le	27	200	4,8
glaïeuls	19	220	4
bleu	22	200	2
pleut	28	170	0,6

TABLEAU XXXVIII

H. [ə], [œ], [ø] toniques. — LE DORMEUR DU VAL.
Intensité.

	Durée	Hauteur	Intensité
Lorsque	12	120	1,1
jeune	12	118	0,9
veux	16	111	0,8

TABLEAU XXXIX

A. [ə], [œ], [ø] toniques. — ÉPILOGUE.
Intensité.

	Durée	Hauteur	Intensité
Lorsque	5	130	2,5
jeune	10	110	2,4
veux	8	140	2,3

TABLEAU XL

C. [ə], [œ], [ø] toniques. — ÉPILOGUE.
Intensité.

	Durée	Hauteur	Intensité
Lorsque	23	122	2,5
jeune	7	124	1,8
veux	11	140	1,5

TABLEAU XLI

E. [ə], [œ], [ø] toniques. — ÉPILOGUE.
Intensité.

	Durée	Hauteur	Intensité
Lorsque	20	240	3
jeune	15	230	2,6
veux	9	220	2,7

TABLEAU XLII

H. [ə], [œ], [ø] toniques. — ÉPILOGUE.
Intensité.

En poésie, l'accent rythmique peut affecter aussi bien l'*e* muet que n'importe quelle autre voyelle. La durée de ce phonème peut alors égaler et même dépasser celle des deux autres (fig. 49-56 ; tableaux XXXIV-XLII). Comparer, par exemple, dans LE DORMEUR DU VAL (tableau XXXIV), chez *D*, l'*e* muet de *berce-le* : 18 cs., à l'*eu* ouvert de *jeune* et de *glaïeuls* : 13 cs. chacun ; et à l'*eu* fermé de *bleu* et *pleut* : 11 et 14 cs. respectivement ; chez *E*, l'*e* muet de *berce-le* dure 19 cs. ; l'*eu* ouvert de *jeune* et de *glaïeuls*, 16 et 17 cs, l'*eu* fermé de *bleu* et de *pleut*, 14 et 13. Chez *A*, *D*, *E*, *F* (et partiellement chez *H*), la muette est plus longue que les deux autres voyelles. Chez *B*, elles ont toutes trois à peu près la même durée. Chez *C*, [ə] et [œ] ont la même durée, elle dépasse de beaucoup celle de [ø]. Seule *G* fait exception ; mais chez elle, on se le rappelle, le pronom tonique est [lø].

Dans ÉPILOGUE, les résultats sont sensiblement les mêmes. Comparer (tableau XXXV), chez *E*, l'*e* muet de *Lorsque* : 23 cs., à l'*eu* ouvert de *jeune* : 7 cs. et à l'*eu* fermé de *veux* : 11. Chez *F*, l'*e* muet de *Lorsque* est de 24 cs., tandis que l'*eu* ouvert de *jeune* n'est que de 16 et l'*eu* fermé de *veux*, de 10 seulement.

On remarque l'allongement excessif de la muette non seulement chez certains sujets qui font une différence entre la lecture de la prose et celle de la poésie (*A*, *D*, *G* et *H*), mais encore chez quelques-uns des sujets les plus récalcitrants qui ne font aucune différence : *B*, *E* et *F* (tableaux XXXIV et XXXV) lisent la poésie comme s'ils lisaient « la gazette[1] » ; on ne peut guère les accuser d'allonger l'*e* muet par recherche d'effets déclamatoires et artificiels à produire.

Il faut cependant relever quelques exceptions en ce qui concerne la durée. Dans LE DORMEUR DU VAL, l'*e* muet, chez *B*, ne dépasse pas 11 cs. Il en est de même, à 1/100 près, pour *A* et *G* dans ÉPILOGUE (tableau XXXV). Mais chez ces sujets la différence est minime tandis que chez *C*, au contraire, elle est très accentuée : l'*e* muet de *Lorsque* est très bref, 5 cs., alors que l'*eu* ouvert de *jeune* et l'*eu* fermé de *veux* durent 10 et 8 cs. respectivement.

Sous l'accent rythmique, l'intensité mécanique du phonème peut non seulement égaler mais dépasser considérablement celle de *eu* ouvert et de *eu* fermé (tableaux XXXVI-XLII) : comparer, chez *H* (tableau XXXVIII), l'amplitude des vibrations de l'*e* muet de *berce-le* : 4 mm. 8, à celle de l'*eu* fermé de *bl*eu et de *pl*eut : 2 mm. et 0 mm. 6 respectivement.

Dans LE DORMEUR DU VAL, *C* fait exception (tableau XXXVII) : *eu* ouvert, chez lui, est plus intense que *e* muet et *eu* fermé ; mais l'*e* muet, à son tour, dépasse en force la voyelle fermée.

Pour ÉPILOGUE, nous observons les mêmes résultats : chez *E*, par exemple (tableau XLI), l'amplitude des vibrations de l'*e* muet de *Lorsque* atteint 2 mm. 5, celle de l'*eu* ouvert de *jeune*, 1 mm. 8 et celle de l'*eu* fermé de *veux*, 1 mm. 5.

Il y a certainement lieu de remarquer chez *A*, *C*, *E*, *H*, dans ÉPILOGUE (tableaux XXXIX-XLII), la constance des résultats : chez ces sujets, la supériorité de l'intensité mécanique de la voyelle sourde semble incontestable.

Les observations qui précèdent ne diffèrent guère de celles qui ont été faites pour l'*e* muet tonique en prose : la « muette » n'est ni faible, ni brève de nature ; elle peut atteindre, mécaniquement parlant, une valeur temporelle et une intensité appréciables, égales ou supérieures à celles des deux autres voyelles.

Quand nous disons « mécaniquement parlant », nous voulons souligner le fait que, en effet, pour la production du son, la longueur et l'intensité sont bien telles que nous les avons

(1) Cf. Voltaire, *Œuvres*, XLVI, 365.

indiquées ci-dessus ; mais nous donnons à entendre également que certains éléments peuvent intervenir qui modifient ou atténuent l'absolu de ces deux phénomènes ainsi que l'indique Passy dans le passage suivant : « Des sons prononcés avec la même force peuvent pourtant ne pas frapper notre oreille avec la même intensité... A côté de cette *sonorité réelle*, il y a la *sonorité apparente* produite par la manière brusque et comme choquante dont certains sons frappent l'oreille, ou par la manière tranchée dont ils se distinguent de l'ensemble de bruits vagues dont l'oreille est presque toujours environnée...[1] »

SOUS L'ACCENT D'INSISTANCE

Texte A.

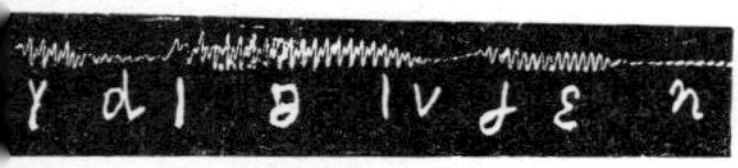

Fig. 57 *C.*

tu deviennes lecteur

	d.	13
[ə]	h.	125
	i.	2,6

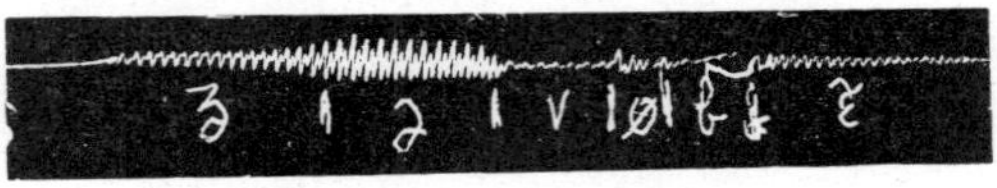

Fig. 58 *C.*

Je veux bien

	d.	11
[ə]	h.	102
	i.	3,3

L'accent d'insistance peut porter sur un *e* muet, ainsi que le remarque Grammont dans l'exemple que nous avons cité au premier chapitre de notre ouvrage. Un regard jeté sur les figures 57 et 58 renseigne plus efficacement que tout commentaire. Plus d'un lecteur sera pour le moins étonné de constater la présence d'un « violent » accent d'insistance placé par *C* sur le pronom soi-disant atone *je*[2].

En résumé, les tableaux et les graphiques contenus dans ce chapitre semblent démontrer que l'*e* muet peut porter l'accent tonique en prose, l'accent rythmique en poésie. Le pronom *le* à l'impératif n'est pas le seul monosyllabe

(1) *Les sons...*, p. 56-57. Cf. A. R. Root, « Pitch-Patterns and Tonal Movement in Speech », *UISP*, XL (1930), 111 : « the physical description of sound waves may not represent what the ear perceives » ; H. N. Coustenoble et L. E. Armstrong, *Intonation*, p. 2, § 10.

(2) Cf. H. N. Coustenoble et L. E. Armstrong, *Intonation*, p. 143, § 272 : « Frequently intensive stress is placed on some short, normally unimportant word. » Cf. également, Lote, *Alexandrin*, I, 212.

susceptible d'être accentué. Dans nos textes, nous en avons vu quelques autres, considérés jusqu'ici par de nombreux auteurs comme essentiellement inaccentués, recevoir vaillamment l'accent. Il serait facile de relever de multiples exemples dans la plupart des œuvres les plus connues. En fait, n'importe lequel des neuf monosyllabes contenant la muette peut devenir tonique, dans des constructions telles que : *De*, préposition. *Le*, article défini. *Je*, pronom essentiellement atone. Etc.[1] N'est-ce pas Rimbaud qui a donné une forte charge émotionnelle au pronom *je* (lequel, en syllabe accentuée, doit, d'après les grammairiens, être remplacé par le pronom tonique *moi*), dans la célèbre expression : « *Je* est un autre[2] » ? Et n'entend-on pas bien souvent la non moins célèbre expression : « Moi *je* » avec un fort accent sur le pronom « atone » *je* ?

En outre, les monosyllabes n'ont pas seuls le privilège de pouvoir être accentués : au cours de nos recherches, nous avons rencontré la voyelle « muette » tonique (*sic*) dans un dissyllabe : *Lorsqu*e, chez tous les sujets (cf. ÉPILOGUE, *supra*, p. 98-102). Plus d'une fois, d'ailleurs, on entend prononcer comme oxytons, par des personnes cultivées, des dissyllabes du même genre : *jusqu*e, *puisqu*e, etc., et des expressions trissyllabiques telles que *tandis qu*e, *alors qu*e[3].

Accentué et suivant la valeur sémantique du mot où il se trouve, *e* muet, dans nos expériences, est souvent, mécaniquement, aussi long et même parfois plus long que *eu* fermé

(1) Cf. parmi beaucoup d'autres exemples pertinents que l'on pourrait citer, quelques passages caractéristiques de l'article de Foulet auquel nous renvoyons plus haut (*supra*, p. 4) : « ... *qui, que, où, comment* — reviennent sans cesse... » (p. 251) ; « *Qui* ou *que* ne sont pas les seuls mots... » (p. 255) ; « Mais *ce* a conservé longtemps ce caractère » (p. 260) ; « *Je, tu, il* perdent peu à peu leur indépendance... » (*ibid.*) ; « Le *e* de *que* étant muet... » (p. 292) ; « *Que* placé entre deux verbes a connu les mêmes vicissitudes que le *que* de l'interrogation directe... » (p. 305) : « Cette fois ce n'est plus le *e* initial de *est-ce que* qui disparaît, c'est *que*. » (p. 320), etc. Cf. également, Dauzat, *Les étapes de la langue française*, p. 123, la discussion portant sur les particules de négation : « ... le peuple laisse tomber le premier élément, *ne*. Il est nécessaire de conserver notre négation à deux termes... qui permet... d'avoir, avec le *ne* seul, une négation atténuée... On ne saurait trop insister aussi sur la valeur du *ne* dans les propositions complétives... », etc.

(2) Cf. Georges Barbarin, *Je et moi ou le dédoublement spirituel*, p. 34 : « Le *Je* du Christ et la collection des autres *Je* constituent le *Je* des *Je*, c'est-à-dire Le Père... Plusieurs *Je* assemblés constituent une puissance spirituelle... » etc.

(3) Cf. *supra*, p. 11, n. 1, l'opinion de Pernot.

ou *eu* ouvert[1] ; fréquemment son intensité peut égaler, voire dépasser, celle des deux autres voyelles.

Il ne devient pas pour cela un autre son vocalique. En fait, on peut appliquer à tout monosyllabe ou dissyllabe dont la muette est susceptible de porter l'accent tonique, la remarque de Martinet au sujet du pronom *le* : « il n'y a pas deux pronoms *le*, l'un toujours inaccentué et l'autre toujours accentué, mais un seul mot *le* normalement atone, qui devient tonique à la finale après impératif[2] ».

Il semble bien que tout monosyllabe contenant *e* muet soit susceptible de porter l'accent tonique et l'accent d'insistance. Tout *e* « muet » dans la première syllabe d'un mot peut également recevoir l'accent d'insistance.

(1) Cf. Lote, *Alexandrin*, I, 68 : « *La valeur temporelle des divers éléments est indépendante de leur timbre.* »

(2) *Pron. cont.*, p. 37. — Pendant plusieurs siècles, le pronom *le* dans cette position, est resté post-tonique, cf. Rosset, *Origines*, p. 150 : « La prononciation dans laquelle *le* après l'impératif était élidé devant une voyelle suivante n'a été conservée qu'en vers au XIXe siècle, sans doute par licence poétique. Mais dans la première moitié du XVIIe siècle, il semble que ç'ait été une prononciation encore usuelle. »

CHAPITRE VI

DURÉE ET INTENSITÉ : À L'ATONE

CHAPITRE VI

DURÉE ET INTENSITÉ : À L'ATONE

Expériences instrumentales : cylindre enregistreur

PROSE

1. A l'initiale et à l'intérieur du groupe.

PHRASES INDÉPENDANTES

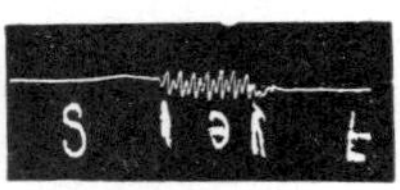

Fig. 59 *C.*

Sur ce tableau

	d.	6
[ə]	h.	114
	i.	2,1

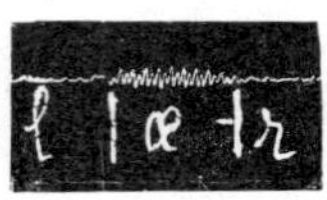

Fig. 60 *C.*

Sur leur esprit

	d.	8
[œ]	h.	115
	i.	2,6

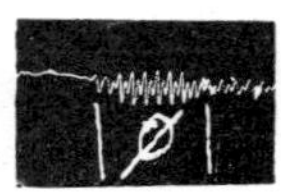

Fig. 61 *C.*

Sur ceux-là même[1]

	d.	7
[ø]	h.	114
	i.	1,5

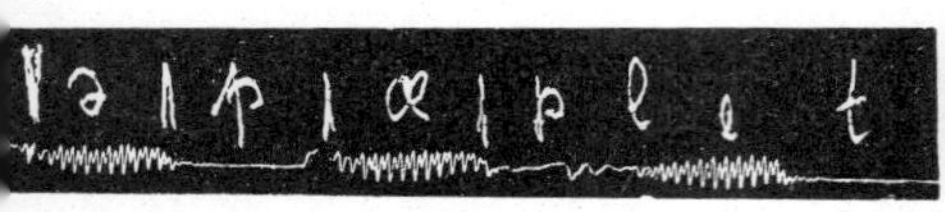

Fig. 62 *C.*

Ce peuple étrange

	d.	9
[ə]	h.	120
	i.	2
	d.	11
[œ]	h.	120
	i.	2

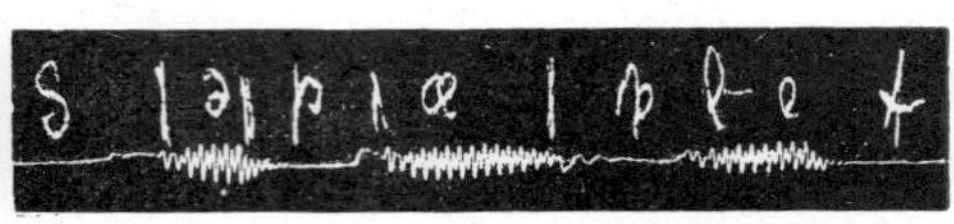

Fig. 63 *C.*

Ce peuple étrange

	d.	6
[ə]	h.	116
	i.	2,8
	d.	11
[œ]	h.	120
	i.	2,2

(1) Cf. p. 131, fig. 94, un autre enregistrement de la même expression également par *C.*

	A			B			C			D			E			F			G			H			Moyenne
Que penses-tu?	12	13	8	9	10	10	9	7	7	10	11	9	6	7	9	12	11	10	8,5	11	12	8	8	7	9,3
Petit tas	12	9	9	6	7	7	5,5	5	3	8	9	8	7	8	8	8	8	6	9,5	10	10	8	9	8	8,2
Cueille tes roses	7	8	7	6	9	8	10	9	8	9	10	11	10	8	8	10	9	10	16	15	14	8	10	11	10
Peuple étrange	9	10	9	8	8	8	10	7	8	9	8	8	9	9	10	9	8	10	12	11	12	11	10	9	9,2
Queue de morue	10	11	13	7	7	9	7	8,5	7	10	9	11	14	15	17	3	7	6	16	15	16	10	10	10	10,3
Peu poli	13	16	13	9	7	7	10	9	9	12	9	10	13	17	16	14	10	10	12	13	13	9	12	12	11,4

TABLEAU XLIII

[ə], [œ], [ø] atones. — PHRASES INDÉPENDANTES. *Durée.*

	A			B			C			D			E			F			G			H			Moyenne
Parce que tu penses	7	7	6	7	6	6	5	6,5	7	8	6	8	6	6	5	10	12	8	7	7,5	8	5	5,5	5	7,8
Trente petits chiens	8	8	8	6	6	6	5	4,5	7	6,5	7	6,5	5	5	5	8	8	6	7,5	7,5	8	4,5	6	5	6,4
Accueille tes sœurs	14	10	13	12	14	14	10	9	10	10	11	14	13	13	13	16	14	14	15	17	17	10	10	10	12,2
Ce peuple étrange	8	9	10	9	9	9	11	11	6	10	9	10	9	11	10	6	8	6	8	7	9	8	8	7	8,5
La queue du chien	7	8	7	7	9	7	7	7	8	7	8,5	7	8,5	9	9	12	10	10	16	15	15	8	7	5	8,9
C'est peu poli	10	8	9	8	10	8	7	7,5	8	9	6	7	8	8	8	7	7	6	10	11	10	8	7,5	8	8,1

TABLEAU XLIV

[ə], [œ], [ø] atones. — PHRASES INDÉPENDANTES. *Durée.*

	A			B			C			D			E			F			G			H			Moyenne
Sur ce tableau	6	8	7	5	6	5	5	6	5	7	9	7	8	11	8	9	9	10	6	8	7	7	6	6	7,1
Sur leur esprit	7	8	8	5	5	7	8	8	9	7	6	6	10	10	10	8	8	8	11	11	9	7	8	7	8
Sur ceux-là même	8	6	6	7	6	7	7	7	9	10	9	10	10	10	9	7	9	9	10	11	9	8	10	9	8,5

TABLEAU XLV

[ə], [œ], [ø] atones. — PHRASES INDÉPENDANTES. *Durée.*

	À L'INITIALE																		
Que penses-tu?	—	—	—	6	7	8	9	10	11	12	13	—	—	—	—	—	—	—	ə
Petit tas	3	—	5	6	7	8	9	10	—	12	—	—	—	—	—	—	—	—	ə
Cueille tes roses	—	—	—	6	7	8	9	10	11	12	—	14	15	16	—	—	—	—	œ
Peuple étrange	—	—	—	—	7	8	9	10	11	12	—	—	—	16	—	—	—	—	œ
Queue de morue	3	—	—	6	7	8	—	10	11	—	—	14	15	—	17	—	—	—	ø
Peu poli	—	—	—	—	7	—	9	10	—	12	13	14	15	16	17	—	—	—	ø
	À L'INTÉRIEUR																		
Parce que tu penses	—	—	5	6	7	8	—	10	—	12	—	—	—	—	—	—	—	—	ə
Trente petits chiens	—	4	5	6	7	8	—	—	—	—	—	—	—	—	—	—	—	—	ə
Accueille tes sœurs	—	—	—	—	—	—	9	10	11	12	13	14	15	16	17	—	—	—	œ
Ce peuple étrange	—	—	—	6	7	8	9	10	11	—	—	—	—	—	—	—	—	—	œ
La queue du chien	—	—	5	—	7	8	9	10	—	12	—	—	15	16	—	—	—	—	ø
C'est peu poli	—	—	—	6	7	8	9	10	11	—	—	—	—	—	—	—	—	—	ø

TABLEAU XLVI

[ə], [œ], [ø] atones. — PHRASES INDÉPENDANTES. *Durées diverses.*

ceux que je	—	4	5	6	7	8	—	—	—	—	—	—	—	ə
Sur ce	—	—	5	6	7	8	9	—	11	—	—	—	—	
pas de leur	—	—	—	—	7	8	9	10	11	12	—	—	—	œ
Sur leur	—	—	—	6	7	8	9	10	11	—	—	—	—	
Je ne veux	—	—	—	6	—	8	9	10	—	—	—	—	—	ø
Sur ceux	—	—	—	—	7	8	9	10	11	—	—	—	—	

TABLEAU XLVII

[ə], [œ], [ø] atones. — PHRASES INDÉPENDANTES. *Durées diverses.*

	Durée	Hauteur	Intensité
Sur ce tableau	6	114	2,1
Sur leur esprit	8	115	2,6
Sur ceux-là même	7	114	1,5

TABLEAU XLVIII

C. [ə], [œ], [ø] atones. — PHRASES INDÉPENDANTES.
Intensité.

	Durée	Hauteur	Intensité
Trente petits chiens	8	117	2,4
Ce peuple étrange	8	109	2,1
C'est peu poli	10	116	1,8

TABLEAU XLIX

A. [ə], [œ], [ø] atones. — PHRASES INDÉPENDANTES.
Intensité.

D'après les expériences, *e* muet à l'atone, dans les phrases indépendantes, est, en général, moins long que *eu* ouvert ou *eu* fermé (fig. 59-63 ; tableaux XLIII-XLIX). Comparer, par exemple, chez *A* (tableaux XLIV et XLIX), l'*e* muet de *petits*, dans *Trente petits chiens*: 8 cs., à l'*eu* ouvert de *peuple* dans *Ce peuple étrange*: 8, 9 et 10 cs., et à l'*eu* fermé de *peu*, dans *C'est peu poli*: 8, 9 et 10 cs. également.

Il en est de même chez tous les sujets, à part *F* ; chez les uns, la différence est légère comme chez *A* ; chez d'autres, au contraire, très accusée ; chez *E*, surtout, la différence est sensible : comparer l'*e* muet de *petits* qui n'a que 5 cs., à la durée de l'*eu* ouvert de *peuple* qui est de 9, 10 et 11 cs., et à la durée de l'*eu* fermé de *peu* qui est de 8 cs.

A l'initiale, la différence entre la valeur temporelle de l'*e* muet et des deux autres voyelles n'est pas tout à fait aussi accentuée, mais cependant elle existe avec une certaine constance (tableau XLIII).

L'*e* muet peut être aussi intense et même plus intense que *eu* fermé. Comparer, par exemple, chez *C* (tableau XLVIII), l'amplitude des vibrations de l'*e* muet dans *ce* (*Sur ce tableau*) : 2 mm. 1, à celle de *eu* fermé (*Sur ceux-là même*) qui est beaucoup moins marquée : 1 mm. 5. Mais, chez lui, *eu* ouvert est plus intense que ces deux voyelles : l'amplitude des vibrations de l'*eu* de *Sur leur esprit*, est de 2 mm. 6. Chez *B*, *F* et *H*, par contre, l'intensité est moindre : 1 mm. 4, 1 mm. 8 et 1 mm. 9 respectivement, tandis que celle de l'*e* muet est de 1 mm. 9, 2 mm. 3 et 2 mm. 5.

Chez *A* (tableau XLIX), l'amplitude des vibrations de l'*e* muet (*Trente petits chiens*) est de 2 mm. 4 ; pour l'*eu* ouvert (*Ce peuple étrange*), de 2 mm. 1 ; pour l'*eu* fermé (*C'est peu poli*), de 1 mm. 8. Il en va de même chez la plupart des sujets, à part *C* et *G*, chez lesquels l'intensité, pour l'*eu* ouvert, est supérieure à celle des deux autres voyelles.

Dans un certain nombre de cas, l'*e* muet aussi intense ou même plus intense que l'*eu* ouvert, se rencontre dans un mot accessoire, atone de nature, tandis que l'*eu* ouvert appartient à un substantif. Comparer l'amplitude des vibrations de l'*e* muet de *Ce*, dans *Ce peuple étrange* (fig. 62 et 63) : 2 mm. et 2 mm. 8, à celle de l'*eu* ouvert de *peuple*: 2 mm. et 2 mm. 2 respectivement.

On peut donc dire que, dans les phrases indépendantes, l'*e* muet, à l'atone, est souvent plus bref que les deux autres voyelles et qu'il n'est jamais aussi long que les *eu* ouverts et *eu* fermés atones les plus longs (tableaux XLIII-XLVII).

Par contre, l'intensité de la « muette » soutient à son avantage la comparaison avec l'intensité des deux autres voyelles.

Textes A et B.

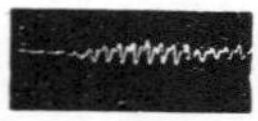

Fig. 64 *C.*

Veux-tu me lire un passage

	d.	7
[ə]	h.	110
	i.	1,7

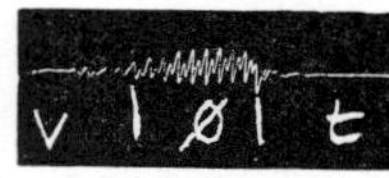

Fig. 65 *C.*

Veux-tu me lire

	d.	8
[ø]	h.	110
	i.	2,6

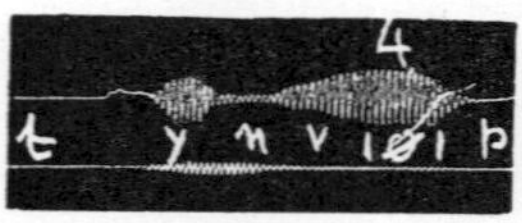

Fig. 66 *H.*

Tu ne veux pas

	d.	4
[ø]	h.	216
	i.	2,6

Fig. 67 *C.*

Veux-tu?

	d.	3
[ø]	h.	120
	i.	1,5

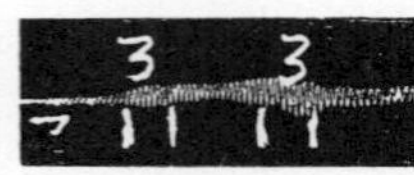

Fig. 68 *H.*

Je veux bien

	d.	3
[ø]	h.	240
	i.	1,6

Fig. 69 *C.*

un jeune seigneur de la maison de Soltikoff

	d.	6
[ə]	h.	112
	i.	1,7

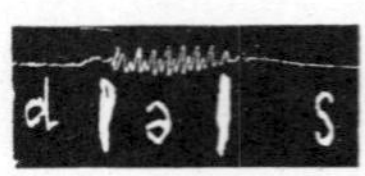

Fig. 70 *C.*

de la maison de Soltikoff

	d.	8
[ə]	h.	100
	i.	2,1

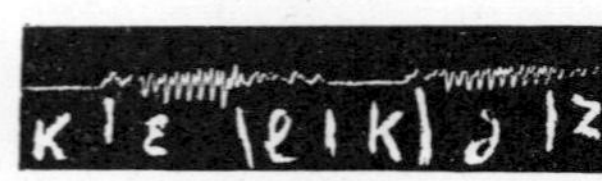

Fig. 71 *C.*

quelques-uns[1] *d'entre eux*

	d.	8,5
[ə]	h.	133
	i.	1,4

(1) *Quelques-uns* et *sur-le-champ* formant unité, nous les traitons comme un seul mot en dépit de leur composition.

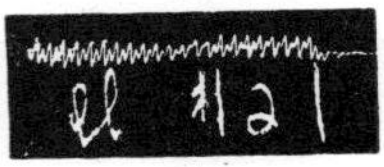

Fig. 72 *C.*

ils le tuèrent

	d.	7
[ə]	h.	115
	i.	1,6

Fig. 73 *C.*

sur-le-champ

	d.	9
[ə]	h.	98
	i.	1,2

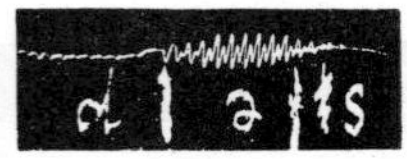

Fig. 74 *C.*

les mœurs de ces temps-là

	d.	9
[ə]	h.	103
	i.	2,6

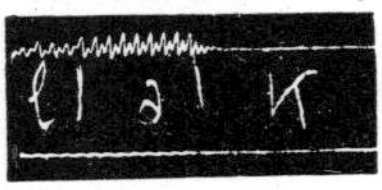

Fig. 75 *C.*

ils portèrent le corps

	d.	7,5
[ə]	h.	108
	i.	1,6

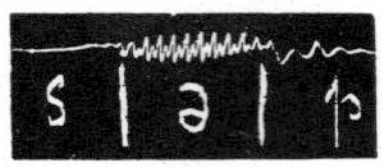

Fig. 76 *C.*

loin d'oser se plaindre

	d.	9
[ə]	h.	111
	i.	2,1

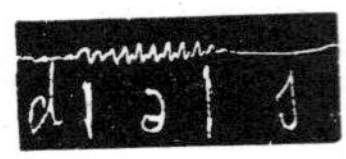

Fig. 77 *C.*

le corps sanglant de son fils

	d.	8
[ə]	h.	101
	i.	1,5

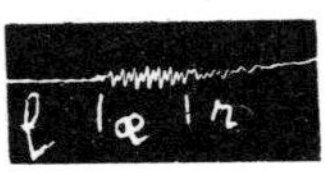

Fig. 78 *C.*

Leur fureur

	d.	5
[œ]	h.	120
	i.	1,6

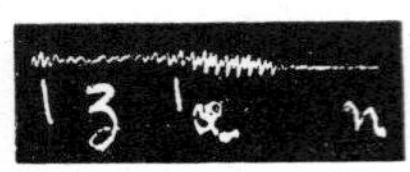

Fig. 79 *C.*

un jeune seigneur

	d.	6
[œ]	h.	130
	i.	1,5

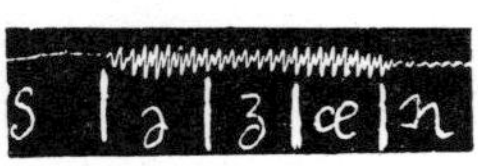

Fig. 80 *C.*

ce jeune homme[1]

	d.	5,5
[œ]	h.	120
	i.	2

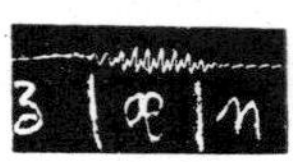

Fig. 81 *C.*

du jeune Soltikoff

	d.	7
[œ]	h.	105
	i.	1,7

Fig. 82 *C.*

leur donna

	d.	3,5
[œ]	h.	100
	i.	1,7

(1) Comparer, chez *C*, la valeur relative de l'*e* muet de *ce* par rapport à l'*eu* ouvert de *jeune* donnée ci-dessus :

	d.	7
[ə]	h.	120
	i.	2,3

Fig. 83 *C.*

Et le père malheureux[1]

	d.	9
[ø]	h.	107
	i.	1,6

		A	B	C	D	E	F	G	H
1)	*Je veux bien*	12	—	11	—	8	4	9	3
	Veux-tu me lire	—	—	7	—	4	—	12	—
	Tu ne veux pas	5	—	—	—	—	—	—	4
	pas me dire	—	4	—	5	—	—	—	—
	J'aimerais	—	—	—	—	—	—	—	—
2)	*mieux que tu*	6	—	5	—	—	4	—	—
	tout de suite	—	—	—	—	—	—	—	—
	pendant que nous	6	—	—	—	5	—	—	—
	tu deviennes	11	—	13	—	7	6	7	12
	Prends le livre	6	—	7	—	6	—	—	—
1)	*Veux-tu*	9	10	8	8	9	8	7	6
	Veux-tu?	9	10	9	9	7,5	7	7	8
2)	*Tu ne veux pas*	7	7	5	5	7	5	6	4
	Je veux	9	7	3,5	4	3	6	8	3

TABLEAU L

[ə], [ø] atones.

1) A l'initiale. 2) A l'intérieur du groupe. — TEXTE A.

Durée.

(1) Comparer, chez *C*, la valeur relative de [ə] (*le*) et [ø] (*lh*eu) (tous les sujets ont prononcé fermée l'avant-dernière voyelle du mot) :

	d.	9		d.	9
[ə]	h.	106	[ø]	h.	107
	i.	2		i.	1,5

		A	B	C	D	E	F	G	H
1)	*ce qui*	8	—	3	—	4	4	6	6
2 a)	*maison de Soltikoff*	4	—	8	—	7	—	9	4
	pris ce jeune homme	8	—	7	—	—	4	9	7
	ayant reconnu	6	—	6	8	—	—	7	6
	et le père	7	—	9	—	—	6	7	—
	d'oser se plaindre	8	—	9	—	—	—	6	—
	rapporté le corps	6	—	6	6	5	—	—	—
	sanglant de son fils	5	—	8	—	—	5	—	—
2 b)	*seigneur de la maison*	8	—	6	5	—	4	8	5
	quelques-uns	12	10	8,5	8	7	9	7	7
	ils le tuèrent	6	8	7	6	7	6	8	8
	sur-le-champ	10	—	9	—	9	—	7	6
	mœurs de ces temps	8	—	9	6	5	5	9	6
	portèrent le corps	7	—	7,5	—	—	6	3	4,5
1	*Leur fureur*	12	6	5	8	9	6	10	6
	leur donna	7	4	3,5	5	3,5	8	5	6
2	*jeune seigneur*	10	4	6	4	3,5	8	8	6
	jeune homme	10	6	5,5	5,5	6,5	8	8	8
	leur erreur	7	5	7	6	5,5	6	10	6
	jeune Soltikoff	7	7	7	7	5	7	11,5	7,5
2	*malheureux*	7,5	7	9	8,5	6	7	6	8

TABLEAU LI

[ə], [œ], [ø] atones.

1) A l'initiale. 2) A l'intérieur du groupe. 2a) Précédé d'une seule consonne. 2b) Précédé de deux consonnes. — TEXTE B.

Durée.

	Durée	Hauteur	Intensité
de la maison	8	123	1,2
ce jeune	8	121	1
sur-le-champ	10	123	1,2
le corps	7	119	0,9
jeune seigneur	10	114	0,9
jeune homme	10	122	1,1
leur donna	7	121	0,9
malheureux	7,5	110	0,9
tu ne veux pas	7	122	0,8
Veux-tu?	9	124	1

TABLEAU LIII

A. [ə], [œ], [ø] atones. — TEXTES A et B.
Intensité.

	Durée	Hauteur	Intensité
de la maison	6	112	1,7
ils le tuèrent	7	115	1,6
de Soltikoff	8	100	2,1
Leur fureur	5	120	1,6
jeune seigneur	6	130	1,5
jeune homme	5,5	120	2
Veux-tu	8	110	2,6
Veux-tu?	9	120	1,5

TABLEAU LIV

C. [ə], [œ], [ø] atones. — TEXTES A et B.
Intensité.

	Durée	Hauteur	Intensité
Je veux	8	106	3,1
le tuèrent	7	106	2,1
Ce qui	4	120	2,2
de ces temps	5	120	1,6
le corps	5	120	1,8
ce jeune	6,5	114	1,4
leur erreur	5,5	114	1,2
jeune Soltikoff	5	120	1,8
leur donna	3,5	120	1,8
tu ne veux pas	7	108	1,8
Je veux bien	3	100	1,9

TABLEAU LV

E. [ə], [œ], [ø] atones. — TEXTES A et B.
Intensité.

L'analyse des tracés révèle le danger qu'il y aurait à fonder une étude du genre de celle-ci sur des phrases isolées seulement : ainsi que nous venons de l'indiquer, les expériences portant sur des phrases de ce type sembleraient prouver que, à l'atone, l'*e* muet non seulement est souvent plus bref que les deux autres voyelles, mais qu'il n'atteint jamais les durées extrêmes de *eu* ouvert et de *eu* fermé.

Or, l'étude des deux textes de prose semble établir que *e* muet, quand il est maintenu, est sensiblement aussi long que les deux autres voyelles, en tout cas aussi long que *eu* fermé (fig. 64-83 ; tableaux L-LII). Si l'on consulte le tableau LII qui donne les diverses durées de ces trois voyelles à l'atone (à l'initiale et à l'intérieur du mot), dans les textes de prose A et B, on constate que pour *e* muet la durée minimum de 3 cs. n'existe que dans trois mots sur vingt-quatre, tandis que pour *eu* ouvert on la retrouve deux fois sur six mots seulement, et pour *eu* fermé, une fois sur cinq mots. Si on porte les yeux sur les durées maxima, en éliminant les durées extrêmes de l'*e* muet de *deviennes*, car elles sont, vraisemblablement, le résultat de l'accent d'insistance que plusieurs sujets ont donné à ce verbe, on observe que l'*e* muet atteint plusieurs fois 10 cs., durée maximum de *eu* fermé atone, une fois la durée de 11 cs. que l'on ne trouve pas pour l'*eu* fermé, mais qu'on retrouve dans un mot pour *eu* ouvert. Dans deux mots, *eu* ouvert a atteint 12 cs., mais on constate cette durée trois fois également pour l'*e* muet.

De plus, il est intéressant d'observer que la durée de *e* muet atone peut non seulement égaler mais surpasser celle d'un *eu* fermé ou ouvert voisin. Comparer, par exemple, chez *C*, l'*e* muet de l'*e*, dans *le père malheureux* (fig. 83) : 9 cs., à l'*eu* fermé inaccentué de *malheureux*: même durée ; l'*e* muet de *ce*, dans *ce jeune homme*, *C* (fig. 80) : 7 cs., à l'*eu* ouvert de *jeune*: 5,5 cs[1].

De l'analyse des tracés, il ressort que l'intensité mécanique de la muette va parfois au-delà de celle des deux autres voyelles, chez *A* et *E* notamment. Comparer, chez *A* (tableau LIII), l'intensité de l'*e* muet de *de* (*de la maison*) : 1 mm. 2, à l'intensité de l'*eu* ouvert de *jeune*, dans *jeune seigneur*: 0 mm. 9, de *leur*, dans *leur donna*: 0 mm. 9, et à celle de *eu* fermé dans *malheureux*: 0 mm. 9, dans *Tu ne veux pas* : 0 mm. 8 et dans *Veux-tu* : 1 mm.

Chez *E*, la différence est beaucoup plus sensible (tableau LV), même en éliminant l'intensité extrême de *e* muet dans *Je veux*, puisqu'elle est vraisemblablement due à l'accent d'insistance. Comparer l'intensité de l'*e* muet dans *le tuèrent*: 2 mm. 1, dans *ce qui* : 2 mm. 2, à celle de *eu* ouvert dans *ce jeune*: 1 mm. 4, *leur erreur*: 1 mm. 2, *jeune Soltikoff*: 1 mm. 8 et *leur donna*: 1 mm. 8. Pour *eu* fermé, nous avons 1 mm. 8 et 1 mm. 9 pour les deux exemples.

Tour à tour faible ou fort, *e* muet atone semble subir les mêmes modifications d'intensité que *eu* ouvert et *eu* fermé.

2. A la fin du mot devant consonne initiale du mot suivant : post-tonique non suivi d'arrêt.

PHRASES INDÉPENDANTES

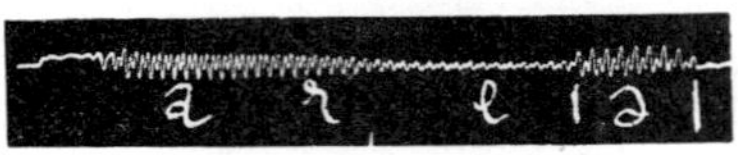

Fig. 84 *E*.

Parle peu

	d.	8
[ə]	h.	98
	i.	2,1

(1) Cf. *infra*, appendice II, tableau CXV, la durée relative des trois voyelles en position analogue.

		A			B			C			D			E			F			G			H		
1)	*L'étrange peuple*	—	—	—	—	6	5	—	—	7	—	—	—	—	—	—	6	—	7	6	7	—	—	4	5
	Faire la queue	—	3	—	—	4	—	—	—	—	—	4	3	—	6	5	—	—	—	—	—	—	—	3	—
	Trente petits chiens	—	—	4	—	—	—	4	—	—	—	—	—	—	—	—	—	—	—	—	—	—	—	—	—
	Accueille les sœurs	—	4	5	—	—	—	—	6	—	—	—	—	—	4	6	—	6	7	—	—	—	—	3	—
	Penses-tu?	—	—	—	—	—	—	—	—	—	—	—	—	—	—	—	—	—	—	—	—	—	—	—	—
	Cueille les roses	—	—	—	—	—	—	—	—	—	—	3	—	—	—	—	—	—	—	—	—	—	—	3	—
2)	*Parle peu*	5	9	6	—	—	5	4	6	—	—	6	6	8	6	9	—	—	—	8	6	7	13	6	7

TABLEAU LVI

[ə], à la fin du mot devant consonne initiale du mot suivant. 1) Précédé d'une seule consonne. 2) Précédé de deux consonnes. — PHRASES INDÉPENDANTES.

Durée.

	Durée	Hauteur	Intensité
L'étrange peuple	6	119	2,3
Faire la queue	4	107	1,9
Parle peu	5	114	2,4

TABLEAU LVII

B. [ə], à l'atone, à la fin du mot devant consonne initiale. — PHRASES INDÉPENDANTES. *Intensité.*

	Durée	Hauteur	Intensité
L'étrange peuple	7	102	1,9
Trente petits chiens	4	110	1,8
Accueille tes sœurs	6	108	2
Parle peu	6	100	2

TABLEAU LVIII

C. [ə], à l'atone, à la fin du mot devant consonne initiale. — PHRASES INDÉPENDANTES. *Intensité.*

	Durée	Hauteur	Intensité
Faire la queue	6	104	1,7
Accueille tes sœurs	6	100	1,8
Parle peu	8	98	2,1

TABLEAU LIX

E. [ə], à l'atone, à la fin du mot devant consonne initiale. — PHRASES INDÉPENDANTES. *Intensité.*

Selon la plupart des auteurs, *e* muet à la fin du mot, précédé d'une seule consonne, disparaît complètement[1]. Nos expériences ne corroborent pas toujours cette opinion. Dans cette

(1) Cf. Gougenheim, *Phon.*, p. 37-38 : « un *e* instable final, après une seule consonne, n'est jamais prononcé dans le langage courant : *un(e) grand(e) vill(e)* ». — Cf. Grammont, *Pron.*, p. 114 : « La règle générale est qu'on évite autant que possible de terminer par un *e* un mot qui contient une autre voyelle : Une grande femme passe toute seule... ». Cf. Cohen, « Récitation et chant », p. 189 : « ... il n'y a pas d'*e* prononcé... après consonne ("sainte", "bouche") ».

position, l'*e* muet disparaît le plus souvent, mais non pas nécessairement (cf. tableau LVI). Le maintien ou la disparition de la muette est tout à fait arbitraire ; le même sujet la prononce ou ne la prononce pas dans le même exemple : sur trois expériences pour *L'étrang*e *peuple*, *B* a prononcé l'*e* d'*étrang*e deux fois sur trois, *C*, une fois sur trois, *F*, deux fois sur trois, *G*, deux fois sur trois, *H*, deux fois. Le traitement de l'*e* muet, maintien ou disparition, est fort capricieux, chez un sujet donné, pour un exemple donné, et d'un sujet à l'autre pour le même exemple : comparer les expériences de *A*, *D*, *E*, chez lesquels l'*e* muet d'*étrang*e n'a pas été prononcé. Parmi ces derniers, *A* a articulé l'*e* de l'adjectif *Trent*e une fois, tandis que les deux autres, *D*, *E*, ne l'ont pas articulé. *B*, *F*, *G*, qui avaient prononcé celui de l'adjectif *étrang*e, n'ont pas articulé une seule fois celui de l'adjectif *Trent*e. Il en est de même pour les verbes, quels que soient le temps ou le mode : comparer *Fair*e *la queue*, *Accueill*e *tes sœurs*, où l'*e* est maintenu ou disparaît aussi arbitrairement. Cependant dans *Penses-tu*, aucun sujet n'a articulé une seule fois l'*e* muet. On pourrait donc être tenté de conclure que puisque la catégorie grammaticale ne joue pas, l'entourage phonétique exerce une influence et que, après consonne sourde et devant consonne sourde initiale du mot suivant, l'*e* muet disparaît automatiquement ; mais alors que dire du maintien de l'*e* muet de *Trent*e *petits chiens?* La consonne finale de *Trent*e n'est-elle pas sourde et, qui plus est, une plosive sourde devant une plosive sourde initiale du mot suivant ?

Que l'on compare le traitement aussi arbitraire de l'*e* final du mot dans *Cueill*e *tes roses* et *Accueill*e *tes sœurs* : deux mots analogues, le simple et le composé, deux verbes, au même temps, au même mode, à la même personne, placé devant le même mot : *tes*. Pour *Accueille tes sœurs*, deux sujets ont prononcé l'*e* muet une fois (*C*, *H*) ; trois sujets, deux fois (*A*, *E*, *F*) ; pour *Cueill*e *tes roses*, deux sujets seulement (*D*, *H*), l'ont articulé et une fois seulement chacun.

Précédés d'une seule consonne, 28 *e* muets post-toniques ont été articulés, sur 144 inscriptions (six exemples, trois fois chacun, par chacun des huit sujets), soit une moyenne de 19 %[1].

Pour *Parl*e *peu*, un seul sujet, *F*, n'a pas articulé la muette, *B* l'a prononcé une fois, *C* et *D*, deux fois, *A*, *E*, *G*, *H*, régulièrement chaque fois.

(1) Cf. *infra*, appendice I, p. 271.

Précédés de deux consonnes, 17 *e* muets ont été articulés, sur 24 inscriptions (un exemple, trois fois par chacun des huit sujets)[1].

Là encore, l'articulation n'est pas nécessairement faible (fig. 84 ; tableaux LVII-LIX) : l'amplitude des vibrations, chez *B*, atteint jusqu'à 2 mm. 4.

Textes A et B

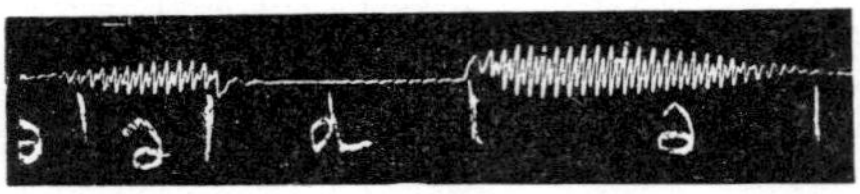

Fig. 85 *C.*

un passage de...

	d.	9
[ə]	h.	120
	i.	2,4

Fig. 86 *C.*

ouvre-le à la page

	d.	14
[ə]	h.	120
	i.	1,6

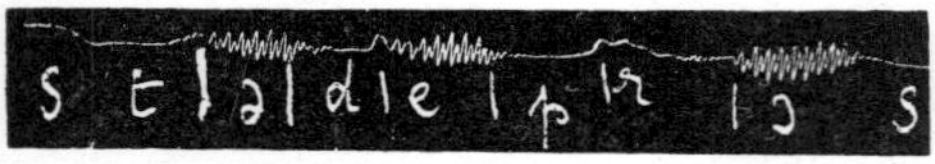

Fig. 87 *C.*

liste des proscrits

	d.	5,5
[ə]	h.	106
	i.	2,1

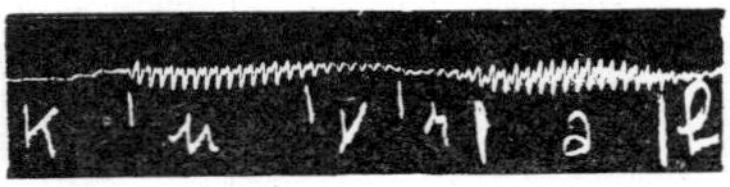

Fig. 88 *C.*

Ce qui découvre bien

	d.	11,5
[ə]	h.	120
	i.	2,4

(1) Cf. *infra*, appendice I, p. 271.

		A	B	C	D	E	F	G	H
1)	*passage de*	—	—	9	—	—	—	6	—
	dire pourquoi	—	3	—	—	—	—	—	—
	lises d'abord	4	—	—	3	—	—	—	—
	sommes seuls	—	—	—	—	—	—	—	—
	épreuve du	4	—	3	—	—	—	—	3
	même genre	—	3	—	—	—	—	—	—
	deviennes lecteur	—	—	4	—	5	6	—	6
	page neuf	—	6	—	—	4	—	—	6
2)	*ouvre-le*	7	8	14	9	13	6	9	9

TABLEAU LX

[ə], à la fin du mot devant consonne initiale du mot suivant. 1) Précédé d'une seule consonne. 2) Précédé de deux consonnes. — TEXTE A. *Durée.*

		A	B	C	D	E	F	G	H
1)	*jeune seigneur*	—	—	5	—	—	—	—	—
	homme pour	—	—	—	—	—	—	—	—
	tuèrent sur	5	—	8	—	—	—	—	—
	portèrent le	4	—	7	—	—	3	—	—
	jeune Soltikoff	—	4	—	—	—	—	—	—
	père pour	3	—	3	—	2	—	—	—
	père malheureux	5	—	4	—	—	—	—	3
	récompenses pour[1]	4	—	—	—	5	—	—	—
2)	*liste des*	7	4	5,5	—	4	—	4	5
	découvre bien	9	—	11,5	5	8	—	5	6

TABLEAU LXI

[ə], à la fin du mot devant consonne initiale du mot suivant. 1) Précédé d'une seule consonne. 2) Précédé de deux consonnes. — TEXTE B. *Durée.*

(1) *A* s'est arrêté après *récompenses*; cf. p. 134, tableau LXVIII.

1)	*passage de*	0	—	—	—	—	—	6	—	—	9	—	—	—	—	—
	dire pourquoi	0	—	—	3	—	—	—	—	—	—	—	—	—	—	—
	lises d'abord	0	—	—	3	4	—	—	—	—	—	—	—	—	—	—
	sommes seuls	0	—	—	—	—	—	—	—	—	—	—	—	—	—	—
	épreuve du	0	—	—	3	4	—	—	—	—	—	—	—	—	—	—
	même genre	0	—	—	3	—	—	—	—	—	—	—	—	—	—	—
	deviennes lecteur	—	—	—	—	4	5	6	—	—	—	—	—	—	—	—
	page neuf	0	—	—	—	4	—	6	—	—	—	—	—	—	—	—
	jeune seigneur	0	—	—	—	—	5	—	—	—	—	—	—	—	—	—
	homme pour	0	—	—	—	—	—	—	—	—	—	—	—	—	—	—
	tuèrent sur	—	—	—	—	—	5	—	—	8	—	—	—	—	—	—
	portèrent le	—	—	—	3	4	—	—	7	—	—	—	—	—	—	—
	jeune Soltikoff	0	—	—	—	4	—	—	—	—	—	—	—	—	—	—
	père pour	0	—	2	3	—	—	—	—	—	—	—	—	—	—	—
	père malheureux	0	—	—	3	4	—	—	—	—	—	—	—	—	—	—
	récompenses pour	0	—	—	—	4	5	—	—	—	—	—	—	—	—	—
2)	*ouvre-le*	—	—	—	—	—	—	6	7	8	9	—	—	—	13	14
	liste des	0	—	—	—	4	5	—	7	—	—	—	—	—	—	—
	découvre bien	0	—	—	—	—	5	6	—	8	9	—	11,5	—	—	—

TABLEAU LXII

[ə], à la fin du mot devant consonne initiale du mot suivant.
1) Précédé d'une seule consonne. 2) Précédé de deux consonnes. — TEXTES A et B. *Durées diverses.*

	Durée	Hauteur	Intensité
passage de	9	120	2,4
épreuve du	3	129	1,9
deviennes lecteur	4	118	1,8
ouvre-le	14	120	1,6

TABLEAU LXIII

C. [ə], à l'atone, à la fin du mot devant consonne initiale du mot suivant. — TEXTE A. *Intensité.*

	Durée	Hauteur	Intensité
père pour	3	130	1,9
père malheureux	4	110	1
liste des	5,5	106	2,1
découvre bien	11,5	120	2,4

TABLEAU LXIV

C. [ə], à l'atone, à la fin du mot devant consonne initiale du mot suivant. — TEXTE B. *Intensité.*

Dans les textes suivis, comme dans les phrases indépendantes, l'*e* muet, à la fin du mot, à l'intérieur du groupe phonétique devant consonne initiale du mot suivant, persiste sporadiquement et capricieusement ; peut-être, cependant, un peu moins que dans les phrases indépendantes.

Ici encore, il n'y a pas d'étalon : le même sujet articule ou n'articule pas l'*e* muet dans un mot de même nature et dans le même entourage phonétique. Comparer, par exemple, chez *C* (tableau LX), l'*e* muet des substantifs *passag*e et *pag*e, tous deux terminés par la chuintante sonore [ʒ], tous deux placés devant une consonne sonore : pour *passag*e, *C* a articulé l'*e* muet qui a duré 9 cs. (fig. 85), il l'a laissé complètement tomber dans *pag*e. Chez *B*, le caprice est encore plus frappant (tableau LXI) : l'*e* de *jeun*e, dans *jeun*e *seigneur* disparaît tandis que celui de *jeun*e, dans *jeun*e *Soltikoff*, est maintenu, alors que la construction grammaticale, la nature des mots et l'entourage phonétique sont identiques.

Précédés d'une seule consonne, 31 *e* muets ont été prononcés, sur 128 inscriptions (16 exemples par sujet), soit une moyenne de 24 %[1].

De même que dans les phrases indépendantes, on peut remarquer une certaine constance : à la fin du mot, l'*e* muet après deux consonnes (qu'elles forment un groupe inséparable ou non), s'articule presque régulièrement devant consonne initiale du mot suivant. Il faut remarquer cependant que dans nos exemples les deux mots sont dans un rapport très étroit. Comparer (tableaux LX-LXI) l'*e* de *ouvre-le* (TEXTE A), prononcé par tous les sujets ; celui de *découvre bien* (TEXTE B), qui a été prononcé par six sujets sur huit. Cependant, Grammont (et d'autres orthoépistes, dont nous-même[2]), enseigne qu'il disparaît : « Si la dernière consonne est une liquide (*r* ou *l*), on se borne à la chuchoter ou souffler ; elle est, par conséquent, dépourvue de vibrations glottales et de voix... Cette prononciation est assez délicate et demande un point juste que l'on n'atteint pas toujours ; de là un autre traitement, qui est beaucoup plus fréquent dans la conversation courante, et qui consiste à supprimer totalement la liquide[3]. » Six sujets ont également prononcé l'*e* muet de *liste*, dans *liste des proscrits*. Dans cette position (à la fin du mot après consonne et devant consonne initiale du mot suivant), la durée peut atteindre jusqu'à 13 et 14 cs. (tableau LXII).

Précédés de deux consonnes, 20 *e* muets ont été prononcés, sur 24 inscriptions (3 exemples par sujet), soit une moyenne de 83 %[4].

L'intensité n'est pas nécessairement moindre (tableaux LXIII et LXIV), elle évolue entre 1 mm. 6 et 2 mm. 4, chez *C* (TEXTE A) ; entre 1 mm. et 2 mm. 4, chez le même sujet (TEXTE B) ; entre 1 mm. et 2 mm. 8, chez les autres sujets.

(1) Cf. *infra*, appendice I, p. 272.
(2) *Pronunciation of French*, p. 122-123.
(3) *Pron.*, p. 114-115.
(4) Cf. *infra*, appendice I, p. 272.

3. En syllabe post-tonique, suivie d'arrêt.

PHRASES INDÉPENDANTES

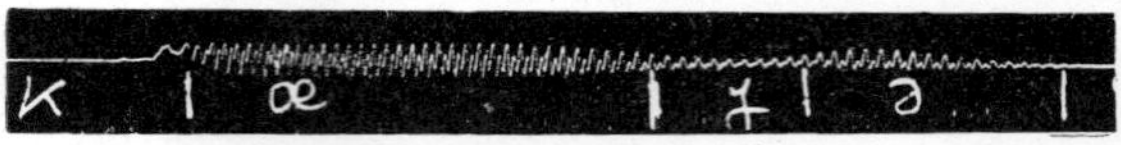

Fig. 89 *E.*

Tu les cueilles[1]

	d.	17
[ə]	h.	96
	i.	1,3

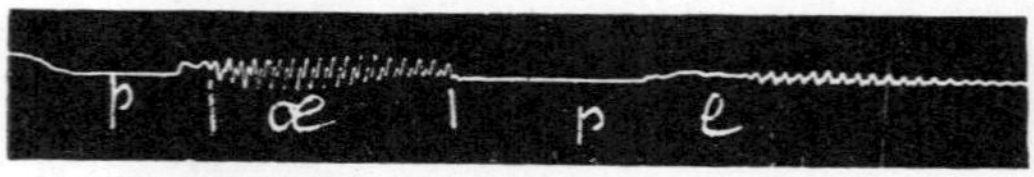

Fig. 90 *E.*

L'étrange peuple[2]

	d.	14
[ə]	h.	100
	i.	0,9

Fig. 91 *E.*

leur âne

	d.	15
[ə]	h.	104
	i.	1

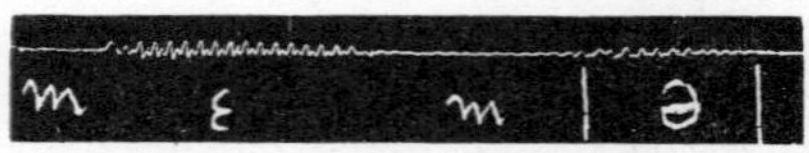

Fig. 92 *E.*

Sur ceux-là même

	d.	11,5
[ə]	h.	90
	i.	0,7

[Les deux graphiques ci-dessous (fig. 93-94) permettront de se faire une idée des rapports de durée de *e* muet post-tonique et des voyelles qui se trouvent dans la même expression.]

(1) Cf. l'[œ] du même mot :	d.	31
	h.	118
	i.	2,4
(2) Cf. l'[œ] du même mot :	d.	16
	h.	114
	i.	2,4

Fig. 93 C.

Je ne veux pas de leur âne

d. 12
[ə] h. 52
i. 0,7

Fig. 94 C.

Sur ceux-là même

d. 13
[ə] h. 87
i. 0,7

	A			B			C			D			E			F			G			H		
Tu les cueilles	8	7	8	4	—	6	10	8	—	—	—	—	17	5	5	5	—	4	14	14	10	8	—	—
L'étrange peuple	4	—	5	—	—	—	10	—	6	—	4	—	14	10	8	6	—	4	—	—	—	4	—	—
Parce que tu penses	—	—	—	4	—	—	—	—	—	—	—	—	—	—	—	—	3	—	4	—	4	5	—	—
Ce peuple étrange	9	5	—	8	5	—	10	8	6	—	5	—	11	11	—	—	—	6	8	6	—	6	5	6
Cueille tes roses	6	6	—	7	—	—	8	6	8	7	5	5	15	10	11	—	—	—	7	6	6	4	3	7
Peuple étrange	6	5	—	12	8	—	—	4	8	5	6	—	14	9	7	4	—	—	6	—	6	7	—	—
... de leur âne	—	—	4	9	6	7	12	—	7	6	4	—	15	10	4	—	4	5	—	—	—	—	—	—
Sur ceux-là même	8	—	5	4	6	—	13	11	10	7	—	—	11	5	11	—	—	4	4	6	7	—	—	—

TABLEAU LXV

[ə], en syllabe post-tonique, suivi d'un arrêt. — PHRASES INDÉPENDANTES.

Durée.

	Durée	Hauteur	Intensité
Tu les cueilles	17	96	1,3
L'étrange peuple	14	100	0,9
Peuple étrange	11	94	1
Cueille tes roses	15	96	0,9
Ce peuple étrange	14	98	1,1
... de leur âne	15	104	1
sur ceux-là même	11,5	90	0,7

TABLEAU LXVI

E. [ə], en syllabe post-tonique, suivi d'un arrêt. — PHRASES INDÉPENDANTES. *Intensité.*

Nous avons vu plus haut que, selon la plupart des auteurs, *e* muet, post-tonique ou non, à la fin d'un polysyllabe, disparaît complètement après une seule consonne prononcée. Nos expériences ne corroborent pas cette opinion. La lecture des graphiques indique que, plus d'une fois, il en est autrement (fig. 89-94 ; tableau LXV). La quantité de *e* muet est alors fort variable. Quoique inférieure, la plupart du temps, à celle de la voyelle tonique précédente, elle peut cependant atteindre une durée sensible.

Précédés d'une seule consonne, 98 *e* muets ont été prononcés, sur 168 inscriptions (7 exemples, trois fois chacun par chacun des 8 sujets), soit une moyenne de 58 %[1].

Précédés de deux consonnes, 11 *e* muets ont été prononcés, sur 24 inscriptions (1 exemple, trois fois par sujet) soit une moyenne de 45 %[1].

Dans les phrases indépendantes, la durée de l'*e* muet post-tonique a pu atteindre 17 cs. : l'*e* de *Tu les cueilles*, dit par *E* (fig. 89) ; 15 cs. : l'*e* de *leur âne*, dit par *E* également (fig. 91) ; 14 cs. : l'*e* de *L'étrange peuple* (fig. 90), etc.

On remarque, dans la position post-tonique, la réduction régulière et considérable de l'intensité (fig. 89-94 ; tableau LXVI). Comparer, par exemple, l'amplitude des vibrations de *e* muet de *Tu les cueilles* (fig. 89) : 1 mm. 3, à celle des vibrations de l'*eu* ouvert qui précède : 2 m. 4 ; dans *L'étrange peuple* (fig. 90), l'amplitude des vibrations

(1) Cf. *infra*, appendice I, p. 273.

de *e* muet est de 0 mm. 9, tandis que celle de *eu* ouvert est de 2 mm. 4[1].

TEXTES A et B

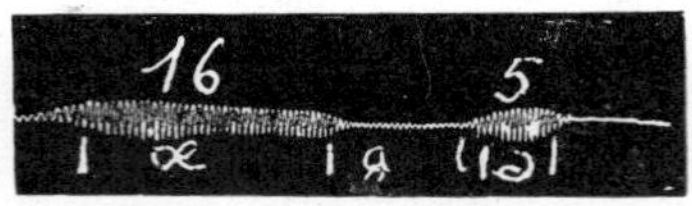

Fig. 95 *H.*

était si aveugle

	d.	5
[ə][2]	h.	260
	i.	2,2

	A	B	C	D	E	F	G	H
tout de suite	—	—	—	—	—	—	—	—
tout à l'heure	—	—	4	—	—	—	—	—
même genre	—	4	—	8	—	—	6	—
livre	—	6	—	—	—	7	—	6

TABLEAU LXVII

[ə], à l'atone, en syllabe post-tonique devant un arrêt. — TEXTE A. *Durée.*

	A	B	C	D	E	F	G	H
aveugle	3	—	5	—	10	*4	4	2,5
récompenses	4	—	—	*5	—	—	—	—
plaindre	7	—	4	—	5	—	5	4

TABLEAU LXVIII[3]

[ə], à l'atone, en syllabe post-tonique devant un arrêt. — TEXTE B. *Durée.*

(1) Comparer, du même sujet, la même phrase, fig. 30, p. 85.

(2) Cf. l'[œ] de *aveugle* : d. 16
h. 240
i. 3

(3) L'astérisque marque les exemples où il n'y a pas eu d'arrêt. Nous indiquons cependant le comportement quantitatif de la muette.

	Durée	Hauteur	Intensité
même genre	4	107	1
livre	6	98	0,9

TABLEAU LXIX

B. [ə], à l'atone, en syllabe post-tonique devant un arrêt. — TEXTE A.
Intensité.

	Durée	Hauteur	Intensité
aveugle	10	100	2,6
plaindre	5	108	1,1

TABLEAU LXX

E. [ə], à l'atone, en syllabe post-tonique devant un arrêt. — TEXTE B.
Intensité.

Il est regrettable que les textes suivis de prose ne contiennent qu'un *e* muet post-tonique en fin de phrase[1]. Devant un arrêt de la voix cependant, à la suspension de sens, il en existe quelques-uns. Les résultats correspondent à ceux que nous avons observés dans les phrases indépendantes : l'*e* muet ne disparaît pas nécessairement, il peut se maintenir jusqu'à 8 et 10 cs. (cf. tableaux LXVII et LXVIII). Chez *D*, par exemple, celui de *genre* est de 8 cs. ; chez *E*, celui d'*aveugle* atteint 10 cs. La durée, dans cette position, va de 3 cs. à 10 cs.

Précédés d'une seule consonne, 5 *e* muets ont été prononcés, sur 32 inscriptions (4 exemples par sujet), soit une moyenne de 15 %[2].

Précédés de deux consonnes, 13 *e* muets ont été prononcés, sur 24 inscriptions (3 exemples par sujet), soit une moyenne de 54 %[2].

L'intensité varie ; elle est plutôt faible mais peut atteindre, de temps à autre, une certaine force : 2 mm. 6, chez *E*, dans *aveugle* (tableau LXX) et 2 mm. 2, chez *H* (fig. 95).

Il est intéressant de remarquer que, chez *E*, l'intensité

(1) Cependant, si nous ajoutons les *e* épenthétiques dans la même position, nous pourrons observer le comportement phonétique de la muette dans plusieurs exemples (cf. tableaux LXXXVI et LXXXVII, p. 157-158 ; CIX, p. 202).

(2) Cf. *infra*, appendice I, p. 273.

de *eu* ouvert tonique de *aveugle* n'est que de 1 mm. 4 (fig. 47, p. 89), tandis que celle de l'*e* muet du même mot est, ainsi que nous venons de le dire, de 2 mm. 6.

Comment expliquer alors, dans les exemples où l'*e* muet post-tonique est *mécaniquement* articulé, la sensation acoustique de disparition ?

L'ensemble global, produit par le timbre plus franc, la valeur temporelle supérieure, l'intensité généralement plus considérable et, le plus souvent, l'acuité relative de la voyelle tonique qui précède immédiatement, frappe l'oreille, retient l'attention et contribue ainsi, grâce à la co-ïncidence de ces phénomènes, à la réduction, voire à la suppression, d'audibilité de l'*e* muet qui suit[1]. En réalité, celui-ci est perçu, mais moindrement.

POÉSIE[2]

1. A l'initiale, à l'intérieur ou à la fin du mot (prétonique ou post-tonique), à l'intérieur du vers[3].

ODELETTE

Fig. 96 *C.*

Fig. 97 *C.*

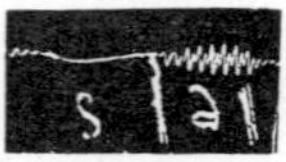

Fig. 98 *C.*

Dans le silence			*et dans le vent*			*Ceux qui passent* (v. 6)		
	d.	7		d.	14		d.	6
[ə]	h.	112	[ə]	h.	118	[ə]	h.	122
	i.	1,9		i.	1,5		i.	2,2

(1) Cf. *infra*, p. 206, l'observation de Cohen au sujet de l'*e* muet post-tonique dans le chant. Cf. également Mlle Durand, *Études expérimentales sur la durée des consonnes*, p. 102 : ce que dit l'auteur au sujet de la durée des consonnes sur l'indifférence du sujet parlant et de son interlocuteur peut s'appliquer à la durée de l'*e* muet post-tonique.

(2) Nous ne discuterons pas dans cet ouvrage les différentes opinions des savants, critiques, poètes, etc., sur la nécessité de l'articulation ou de la non articulation de l'*e* muet dans les vers dits syllabiques. Nous renvoyons le lecteur à notre étude sur la valeur esthétique de l'*e* muet (cf. *supra*, préface, p. VII, n. 1).

(3) En dépit du manque d'uniformité dans la lecture des poèmes (la lecture des trois poèmes, quelle que soit leur forme, va, chez nos sujets, de « la plus traditionnelle » à la plus prosaïque), nous avons pris chaque vers comme *unité rythmique* ; c'est ainsi que Gustave Kahn définit le vers libre.

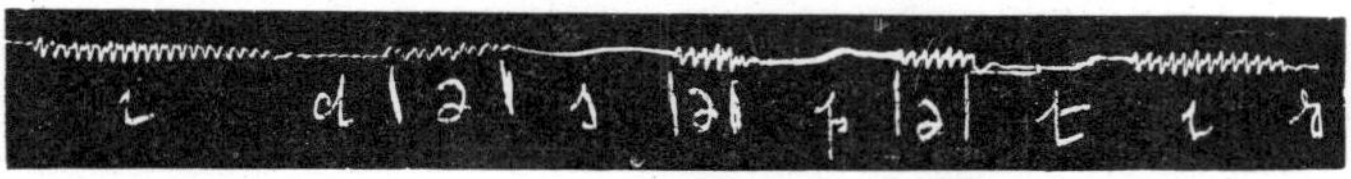

Fig. 99 *C.*

De ce petit roseau

	d.	7,5		d.	3,5		d.	4,5
de [ə]	h.	70	*ce* [ə]	h.	110	*petit* [ə]	h.	118
	i.	1		i.	1,8		i.	1,4

Fig. 100 *C.*

au souffle d'un roseau

	d.	7
[ə]	h.	114
	i.	2

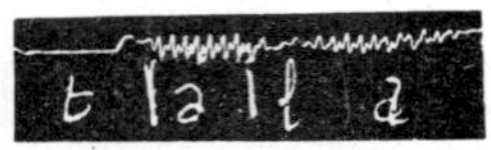

Fig. 101 *C.*

toute la forêt

	d.	6,5
[ə]	h.	118
	i.	1,9

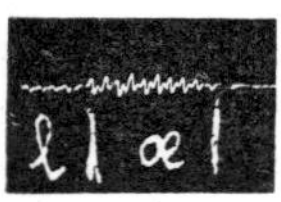

Fig. 102 *C.*

en leurs pensées (v. 2)

	d.	8
[œ]	h.	113
	i.	1,6

Fig. 103 *C.*

en leurs pensées (v. 6)

	d.	6,5
[œ]	h.	110
	i.	1,4

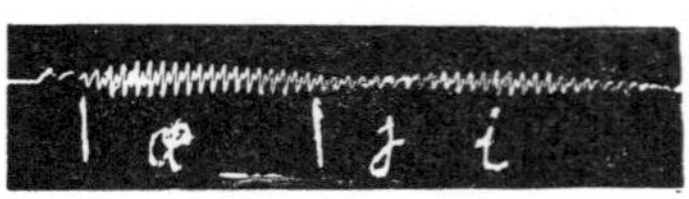

Fig. 104 *C.*

cueilli[1]

	d.	15
[œ]	h.	122
	i.	2,4

(1) A la lecture (expériences auditives, cf. *supra*, p. 31, expérience *A* 4 ; p. 35-36, expérience *B* 4), les sujets ont prononcé *cueilli* avec un *eu* plutôt ouvert, à part *D* qui l'a fait presque fermé. Pour *pleurer*, chez *A*, *B*, *D*, *E*, *G*, l'*eu* était plutôt moyen, en tout cas ni très ouvert ni très fermé. Par contre, chez *C*, *F* et *H*, il était franchement fermé. — L'*eu* de *pleurait* était un *eu* ouvert chez tous. — Il est intéressant de comparer à l'*eu* de *pleurer* l'*eu* de *leurrer*, chez *H* (cf. *supra*, p. 45-46), qui tient de l'*eu* ouvert. La double consonne graphique est-elle suffisante pour empêcher l'harmonisation vocalique ?

Fig. 105 *C.*

pleurait[1]

	d.	16
[œ]	h.	90 et 120
	i.	1,1

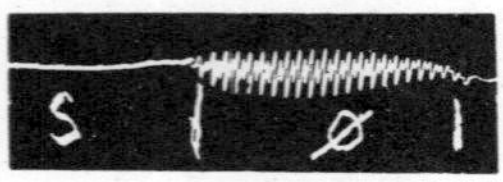

Fig. 106 *C.*

Ceux qui passent (v. 1)

	d.	17
[ø]	h.	122
	i.	3,5

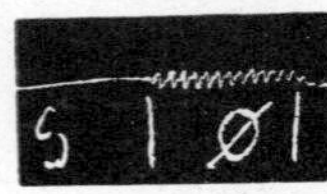

Fig. 107 *C.*

Ceux qui passent (v. 6)

	d.	9,5
[ø]	h.	131
	i.	1,5

Fig. 108 *C.*

Pour faire pleurer

	d.	11
[ø]	h.	120
	i.	1,7

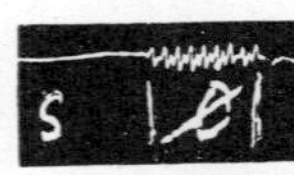

Fig. 109 *C.*

ceux qui passent (v. 16)

	d.	7
[ø]	h.	112
	i.	1,9

ÉPILOGUE

Le nombre des clichés ayant dû être limité, nous nous sommes contentée, ici, d'indiquer simplement les valeurs respectives de la durée, de l'intensité et de la hauteur musicale, chez un seul sujet. Pensant que ces indications ainsi que les

(1) Nous avons donné deux chiffres pour la hauteur musicale de [œ] dans ce mot car les avis sont partagés quant au véritable début de la voyelle. Si elle commence réellement où nous avons marqué le trait vertical, elle est dite sur deux notes extrêmes, la première de 90 vd., la seconde, de 120, cette dernière marquant l'ascension vers l'*e* ouvert de la syllabe suivante : 140 vd.

précédentes sur ODELETTE seraient suffisantes, nous n'avons discuté ni la durée ni l'intensité de l'*e* atone dans LE DORMEUR DU VAL. Néanmoins, on trouvera un peu plus loin (chapitre X et planches XIX-XXIV), des renseignements sur la présence ou l'absence de certains *e* muets atones dans ce poème.

	Durée	Hauteur	Intensité	
C'est le sang	7	120	2,5	ə
quelque source	5	132	1,4	
source cachée	4	100	1,1	
C'est cela que je veux	12	115	2,1	
que je veux de toi	7	108	2,3	
car je veux boire	5	112	2,9	
À pleine bouche	4	110	1,4	
Que ce sera	6	110	0,8	
Que ce sera	7	100	0,7	
Que ce sera	8	108	0,9	
à l'ombre que	10	113	1,1	
l'ombre que peut	6	118	2	
L'opprobre meurtrier	10	120	1,6	œ
car je veux boire	12	135	2	ø
Je veux m'asseoir	7,5	110	2,1	
l'ombre que peut faire	11	111	1,4	

TABLEAU LXXI

A. [ə], [œ], [ø] atones, au commencement et à l'intérieur du vers devant consonne. — ÉPILOGUE. *Durée. Intensité. Hauteur musicale.*

	A	B	C	D	E	F	G	H
qui passent (v. 1)	7	—	—	—	—	5	17	5
Dans le silence	8	—	7	—	—	7	16	5
dans le vent	—	—	14	4	—	—	13	7
qui passent (v. 6)	—	4	6	—	—	4	6	4
De ce	6	7	7,5	8	7	6	11	8,5
ce petit	6	4	3,5	7	—	—	6,5	6
petit	—	—	4,5	7	8	12	7	6
face grave	5	—	6	—	—	—	13	6
faire pleurer	7	5	—	4	—	4	4	5
souffle d'un	8	—	7	4	4	4	4	5
toute la	—	—	6,5	—	—	6	8	6
leurs pensées (v. 2)	5	6	8	7	8	9	5	8
leurs pensées (v. 6)	6	6	6,5	8	8	10	9	14
cueilli[1]	6	3	15	11	9	8	19	12
pleurait	8	7	16	12	17	7	15	11
Ceux qui (v. 1)	20	8	17	14	9	11	12	14
Ceux qui (v. 6)	18	9	9,5	13	8	11	20	13
d'eux-mêmes	6	6	11	8	6	8	12	10
pleurer[1]	8	7	11	10	8	7	13	14
ceux qui (v. 16)	9	6	7	8	7	9	18	13

TABLEAU LXXII

[ə], [œ], [ø] atones, au commencement et à l'intérieur du vers devant consonne. — ODELETTE. *Durée.*

(1) Cf. *supra*, p. 137, n. 1.

	A	B	C	D	E	F	G	H
Ce que	8	—	6	6	—	6	8	7
que je	8	6	9	7	8	8	11	9
je veux	10	—	10	—	—	10	9	8
de toi	—	—	8	—	—	—	7	6
jeune colère	—	—	2,5	4	—	5	5	4
te montait	—	—	8	—	5	9	9	8
le sang	7	6	7	—	7	7	7	5
pourpre claire	3	7	6	7	5	4	3	4
le sol	—	8	5	8	5	7	8	6
Comme pour	—	—	—	—	—	—	7	6
quelque source	5	5	5	6	5	8	7	7
source cachée	4	—	4	—	—	—	6	6
Que tu savais	8	7	4	—	5	8	8	8
dedans	10	—	8	4	8	6	10	8
cela que	12	—	—	—	—	10	16	8
que je	7	9	12	8	8	6	7	9
je veux	5	—	6	—	—	—	7	8
de toi	—	5	5,5	—	—	10	8	—
je veux boire	7	8	5	6	5	6	8	8
pleine bouche	4	—	—	—	—	5	5	4
Que ce sera	6	9	6	7	5	8	15	8
ce sera	7	8	7	8	6	8	10	7
sera mon tour	8	—	8	—	—	4	12	10
le temps	—	—	4	—	6	7	6	6
accorde pour	7	4	6,5	6	8	3	7	5
opprobre meurtrier	—	—	6,5	5	—	—	6	6
Je veux	7	4	7,5	7	—	6	5	7
ombre que	10	5	10	3	5	4	5	7
que peut faire	6	5	6	—	6	7	4	6
branche du laurier	—	—	—	—	—	—	8	5
meurtrier	10	7	5	4	7	5	12	8
je veux boire	12	3	10	7	9	4	4	12
Je veux m'asseoir	7,5	4	9	11	6	4	21	10
peut faire	11	3	7	6	10	4	7	11

TABLEAU LXXIII
[ə], [œ], [ø] atones, au commencement et à l'intérieur du vers devant consonne. — ÉPILOGUE. *Durée.*

qui passent l'ont (v.1)	0	—	—	—	—	5	—	7	—	—	—	—	—	—	—	—	—	17	—	—	—	—	ə
Dans le silence	0	—	—	—	—	5	—	7	8	—	—	—	—	—	—	—	16	—	—	—	—	—	
dans le vent	0	—	—	—	4	—	—	7	—	—	—	—	—	13	14	—	—	—	—	—	—	—	
qui passent en (v. 6)	0	—	—	—	4	5	6	—	—	—	—	—	—	—	—	—	—	—	—	—	—	—	
De ce	—	—	—	—	—	—	6	7	8	—	—	11	—	—	—	—	—	—	—	—	—	—	
ce petit	0	—	—	—	4	—	6	7	8	—	—	—	—	—	—	—	—	—	—	—	—	—	
petit	0	—	—	—	4	5	6	7	—	9	—	—	—	—	—	—	—	—	—	—	—	—	
face grave	0	—	—	—	—	5	6	—	—	—	—	—	—	13	—	—	—	—	—	—	—	—	
faire pleurer	0	—	—	—	4	5	—	7	—	—	—	—	—	—	—	—	—	—	—	—	—	—	
souffle d'un	0	—	—	—	4	5	—	7	8	—	—	—	—	—	—	—	—	—	—	—	—	—	
toute la	0	—	—	—	—	—	6	—	8	—	—	—	—	—	—	—	—	—	—	—	—	—	
leurs pensées (v. 2)	—	—	—	—	—	5	6	7	8	9	—	—	—	—	—	—	—	—	—	—	—	—	œ
leurs pensées (v. 6)	—	—	—	—	—	—	6	—	8	—	10	—	—	—	14	—	—	—	—	—	—	—	
cueilli[1]	—	—	—	3	—	—	6	—	8	—	—	11	12	—	—	15	—	—	—	19	—	—	
pleurait	—	—	—	—	—	—	6	7	8	9	—	11	12	—	—	—	16	—	—	—	—	—	
Ceux qui (v. 1)	—	—	—	—	—	—	—	—	8	9	—	11	12	—	14	—	—	17	—	—	20	—	ø
Ceux qui (v. 6)	—	—	—	—	—	—	—	—	—	9	—	11	—	13	—	—	—	17	18	—	—	—	
pleurer[1]	—	—	—	—	—	—	—	7	8	9	10	—	—	—	14	—	—	—	—	—	—	—	
ceux qui (v. 16)	—	—	—	—	—	—	6	7	8	9	—	—	—	13	—	—	—	—	—	—	—	—	

TABLEAU LXXIV

[ə], [œ], [ø] atones, au commencement et à l'intérieur du vers devant consonne. — ODELETTE. *Durées diverses.*

(1) Cf. *supra*, p. 137, n. 1.

	Durée	Hauteur	Intensité
le silence	5	240	2,2
le vent	7	230	2,8
passent (v. 6)	4	240	2,1
ce	6	216	2,9
souffle	5	220	2,1
leurs (v. 6)	14	220	2,4
pleurait	11	220	1
Ceux (v. 6)	13	220	3,1

TABLEAU LXXVIII

H. [ə], [œ], [ø] atones. — ODELETTE.
Intensité.

	Durée	Hauteur	Intensité
passent (v. 1)	5	200	1
de	8,5	186	1,8
petit	6	198	2
leurs (v. 2)	8	194	1,1
cueilli	12	200	2,4
pleurer	14	190	0,4
ceux (v. 16)	13	180	2

TABLEAU LXXIX

H. [ə], [œ], [ø] atones. — ODELETTE.
Intensité.

	Durée	Hauteur	Intensité
le sang	6	110	2,5
Que ce sera	9	110	3
Que ce sera	7	110	3
à l'ombre	5	114	1,5
l'ombre que	5	116	2,3
meurtrier	7	108	1,5
Je veux m'asseoir	4	106	2
que peut	3	110	2,3

TABLEAU LXXX

B. [ə], [œ], [ø] atones. — ÉPILOGUE.
Intensité.

	Durée	Hauteur	Intensité
le sang	5	210	2,5
quelque	7	200	1,4
source	6	212	1,1
que je veux	9	204	3,1
Que ce sera	8	210	0,8
Que ce sera	7	198	0,7
à l'ombre	7	200	1,1
meurtrier	8	198	1,6
je veux	12	210	2
Je veux m'asseoir	10	218	2,1
que peut	11	216	1,4

TABLEAU LXXXI

H. [ə], [œ], [ø] atones. — ÉPILOGUE.
Intensité.

Les figures 96-109 se rapportant à ODELETTE, les indications concernant ÉPILOGUE (tableau LXXI) et les tableaux LXXII-LXXV renseignent sur les durées extrêmes des trois voyelles dans les deux poèmes de Henri de Régnier.

Pour ODELETTE (tableaux LXXII et LXXIV), l'*e* muet le plus long n'atteint pas la durée maximum de l'*eu* ouvert ni celle de l'*eu* fermé. Comparer l'*e* muet de *pass*ent (*qui pass*ent, v. 1), chez *G* : 17 cs., à l'*eu* ouvert de *cueilli*, chez *G* également, 19 cs., et à l'*eu* fermé de *c*eux (*c*eux *qui passent*, v. 6 et 16), chez le même sujet : 20 et 18 cs. respectivement.

Pour ÉPILOGUE (tableaux LXXI, LXXIII et LXXV), les durées maxima des trois voyelles au-delà de 12 cs. sont bien plus rares que pour ODELETTE. L'*e* muet atteint sans difficulté la durée maximum normale (12 cs.) de l'*eu* fermé et de l'*eu* ouvert. Comparer, chez *A* (tableau LXXI), l'*e* muet de *cela* : 12 cs. et l'*e* post-tonique de *ombre* : 10 cs., à l'*eu* ouvert de *meurtrier* : 10 cs. et à l'*eu* fermé le plus long, chez lui, celui de *veux* (*car je veux boire*) : 12 cs.

Chez un sujet, *G*, nous trouvons trois durées qui dépassent 12 cs., deux pour [ə] : 15 et 16 cs. dans *Que ce sera* et *C'est cela* respectivement, une pour [ø] : 21 cs. pour *v*eux (*Je v*eux *m'asseoir*). Cette durée supérieure représente vraisemblablement un accent d'insistance sur *cela* et *v*eux, mais que dire de l'allongement du [ə] de *Qu*e ?

Il est intéressant de remarquer, chez ce sujet, le contraste entre la durée des deux formes verbales identiques : *v*eux : l'[ø] de *v*eux de *je v*eux *boire* n'a que 4 cs. tandis que celui de *je v*eux *m'asseoir* dure 21 cs.

La brièveté extrême de 3 cs. en poésie se rencontre pour les trois voyelles, mais, pour l'*e* muet, en syllabe post-tonique seulement.

L'*e* muet, à l'atone, peut donc atteindre parfois les durées maxima des deux voyelles antérieures labialisées, mais il semble cependant que le cas soit plus rare qu'en prose. Inversement, les deux voyelles antérieures peuvent être aussi brèves que l'*e* muet post-tonique (tableaux LXXIV-LXXV).

Précédés d'une consonne, 36 *e* muets ont été prononcés, sur 72 inscriptions (9 exemples par sujet), soit une moyenne de 50 %[1].

Précédés de deux consonnes, 47 *e* muets ont été prononcés,

(1) Cf. *infra*, appendice I, p. 274. — Dans ce paragraphe et le suivant, nous ne tenons pas compte des *e* muets des monosyllabes.

sur 56 inscriptions (7 exemples par sujet), soit une moyenne de 84 %[1].

Étudions maintenant l'intensité relative des trois voyelles (cf. fig. 96-109 ; tableaux LXXI ; LXXVI-LXXXI). Pour ODELETTE, c'est l'intensité de *eu* fermé qui l'emporte chez certains sujets. Comparer l'*eu* fermé de *Ceux* (*Ceux qui passent*, v. 1), chez *C* (tableau LXXVII) : 3 mm. 5 ; l'*eu* fermé du même mot (*Ceux qui passent*, v. 6), chez *H* (tableau LXXVIII) : 3 mm. 1, aux *e* muets et *eu* ouverts les plus intenses chez les mêmes sujets : [ə], 2 mm. et 2 mm. 9 respectivement : [œ], 2 mm. 4, chez les deux sujets.

Par contre, chez *B* (ÉPILOGUE), c'est l'*e* muet qui a la plus grande intensité. Comparer l'*e* muet de *Que* (*Que ce sera*, tableau LXXX) : 3 mm., à l'*eu* ouvert de *meurtrier* : 1 mm. 5 et à l'*eu* fermé de *veux* (*Je veux m'asseoir*) et *peut* (*que peut faire*) : 2 mm. et 2 mm. 3 respectivement.

Il en va de même chez *H* (tableau LXXXI) : l'*e* muet de *que* (*que je veux*) a une amplitude de 3 mm. 1, celui de *le* (*le sang*), 2 mm. 5, tandis que l'*eu* fermé de *veux* (*je veux boire* et *Je veux m'asseoir*) n'a qu'une amplitude de 2 mm. et 2 mm. 1 respectivement.

L'*e* muet n'est pas toujours plus intense ni même aussi intense que l'une ou l'autre voyelle antérieure labialisée ; loin de là. Cependant, il soutient assez bien la comparaison avec celles-ci dans la plupart des cas. Chez *H*, par exemple (ODELETTE, tableau LXXIX), seule l'intensité de l'*e* muet post-tonique de *passent* (*Ceux qui passent*, v. 1) est inférieure à celle des deux autres voyelles ; l'*e* muet de la préposition *de* est de 1 mm. 8 tandis que l'*eu* ouvert de l'adjectif possessif *leurs* est de 1 mm. 1 ; l'amplitude des vibrations de l'*e* muet de l'adjectif *petit* est de 2 mm., celle de l'*eu* ouvert du participe passé *cueilli*, de 2 mm. 4, celle de l'*eu* fermé du pronom *ceux* (v. 16), de 2 mm.

Il est intéressant de comparer l'intensité de l'*e* muet, chez *C* (fig. 96, 102, 103 ; tableau LXXVII), pour l'article *le* (*le silence*, ODELETTE), à celle de l'*eu* ouvert pour l'adjectif possessif *leurs* (*leurs pensées*, v. 2 et 6) : mots accessoires essentiellement atones, ces monosyllabes se rencontrent tous deux dans un groupe rythmique isosyllabique (tétrasyllabe), de construction grammaticale analogue, c'est la muette qui l'emporte : *Dans le silence*, 1 mm. 9, *en leurs pensées*, 1 mm. 6, 1 mm. 4 respectivement.

(1) Cf. *infra*, appendice I, p. 274.

2. A la fin du vers[1].

	A	B	C	D	E	F	G	H
d'eux-mêmes	—	4	—	8	—	6	11	3
l'entendent	6	—	5	—	10	—	14	7
chante	—	—	4	—	—	—	—	—
grave	4	6	—	—	—	4	6	—
qui passent (v. 16)	—	—	7	—	7	—	—	—

TABLEAU LXXXII

[ə], à la fin du vers. — ODELETTE.
Durée.

	A	B	C	D	E	F	G	H
colère	5	—	—	5	—	5	—	—
claire	5	—	—	—	—	—	—	5
boire	—	4	—	—	—	—	9	—
gloire	4	—	—	—	—	7	—	—
salaire	7	—	5	3	—	6	4	7
faire	—	—	—	—	—	4	—	5

TABLEAU LXXXIII

[ə], à la fin du vers. — ÉPILOGUE.
Durée.

	Durée	Hauteur	Intensité
d'eux-mêmes	3	210	0,4
l'entendent	7	190	1

TABLEAU LXXXIV

H. [ə], à la fin du vers. — ODELETTE.
Intensité.

(1) Aucun sujet n'a articulé d'*e* muet après voyelle. Cf. Lote, *Alexandrin*, II, 547, qui a relevé 3 % d'*e* muets prononcés dans cette position.

CHAPITRE VII

DURÉE ET INTENSITÉ : ÉPENTHÈSE

CHAPITRE VII

DURÉE ET INTENSITÉ : ÉPENTHÈSE

Expériences instrumentales : cylindre enregistreur

Chez presque tous les sujets nous avons constaté la réalisation phonétique d'*e* muets non graphiques à l'intérieur du mot entre deux consonnes. Plus nombreux sont les cas d'articulation d'*e* muets post-consonantiques non graphiques à la fin du mot et, en poésie, d'*e* muets graphiques qui, selon les règles de la prosodie, auraient dû disparaître. Pratiquement, ces phénomènes se réalisent de la même manière. Aussi les avons-nous groupés dans un même chapitre sous le nom générique d'épenthèse en donnant à ce mot une signification essentiellement phonétique : nous ne l'appliquons qu'à l'introduction d'un *e* muet, graphique ou non, articulé par le sujet parlant[1]. C'est dire que, dans cette étude, seront traitées comme épenthèses aussi bien l'articulation de l'*e* muet à la fin du mot devant voyelle initiale du mot suivant : l'*e* de *Proch*e dans *Proch*e *ou lointain* (ODELETTE) que l'articulation d'un *e* non représenté par l'orthographe : *jour*, prononcé *jour*e, *soldat*, prononcé *sol*e*dat*.

(1) La véritable épenthèse, l'introduction d'un *e* graphique à l'intérieur du mot entre deux consonnes, quoique moins fréquente que la syncope, existe au XVIe siècle. Cependant « aucune épenthèse ne paraît s'être établie, depuis le XVIe siècle dans l'usage des mots de la langue vulgaire dont l'étymologie nous est connue », constate Thurot (cf. *Pron. franç.*, I, 143-144 ; 159-161). Mais l'épenthèse phonétique semble se pratiquer couramment ainsi que l'indiquent les mises en garde des grammairiens (cf. *ibid.*). En plus des exemples indiqués dans la lecture des textes que nous avons employés pour cette étude, nous avons relevé plus d'une fois, dans la conversation soignée, aussi bien que familière, au cours d'une causerie ou d'une conférence, la manifestation de ce phénomène non seulement dans des formes pour ainsi dire stéréotypées comme *alor*e, *d'abor*e, etc., mais dans n'importe quel mot.

E épenthétique à l'intérieur du mot.

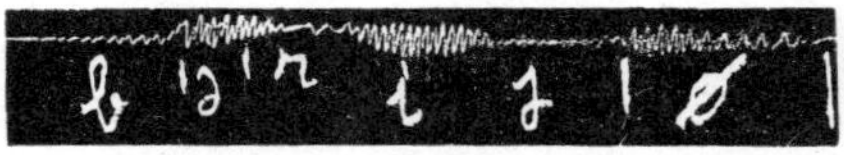

Fig. 110 *C.*

De... Brieux

[bərijø]

TEXTE A

	d.	5
[ə]	h.	110
	i.	2,1

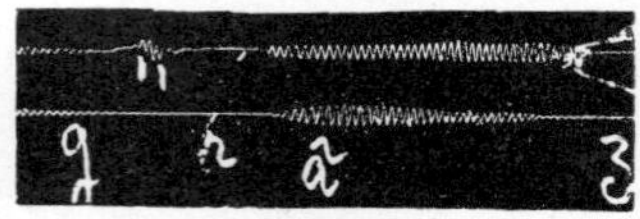

Fig. 111 *H.*

C'est le grand jour

[gərã]

ART POÉTIQUE

	d.	1,5
[ə]	h.	200
	i.	1,4

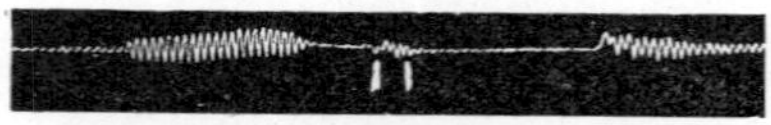

Fig. 112 *H.*

Mordant la terre chaude

[mɔrədã]

RENOUVEAU

	d.	2
[ə]	h.	200
	i.	1

La présence insolite de l'*e* muet épenthétique, en prose ou en poésie, se manifeste entre deux éléments consonantiques même si les deux consonnes appartiennent à un groupe soi-disant inséparable. Dans le TEXTE A, *C* (fig. 110) a intercalé un *e* épenthétique entre le *b* et le *r* de Br*ieux* qui a duré 5 cs. Remarquer, chez *H* (fig. 111), dans ART POÉTIQUE, l'*e* qui s'est glissé entre *g* et *r* : *dans le grand jour tremblant de midi*[1]. Cet *e* intercalaire est moins surprenant entre la consonne implosive d'une syllabe et la consonne explosive de la syllabe suivante[2] ; chez *H* (fig. 112), *e* apparaît entre l'*r* et le *d* de

(1) Cf. Lote, *Alexandrin* (II, 545), qui n'a trouvé que deux exemples de cette épenthèse (*grecque*, prononcé « gœ rɛk »). Pour lui, cet *e* intercalaire semble dû « au passage du *g* guttural à l'*r* articulée avec la pointe de la langue ». Aucun de nos sujets ne prononce l'*r* roulé.

(2) Cf. J. Vendryes, *Le langage*, p. 71-72 : « ... cette prononciation est celle que l'on entend souvent en français chez les gens qui se piquent de correction ; on peut la noter en écrivant *faqueteur* pour *facteur*. L'explosion du *k*, si brève qu'elle soit, retombe en effet fatalement sur un embryon de voyelle, la voyelle réduite et étouffée qu'on désigne par l'*e* muet ».

Mordant, dans *Mordant la terre chaude.* Cet *e*, ainsi que celui de *grand* dans l'exemple précédent, est extrêmement bref : 1,5 cs. et 2 cs. respectivement ; mais, dans LE DORMEUR DU VAL, *C* a prononcé un *e* épenthétique dans le mot *soldat* (*Un soldat jeune*) qui a duré 6 cs.

Ces *e* épenthétiques peuvent, chez certains sujets, posséder une intensité mécanique assez grande : 2 mm. 5 pour l'*e* que *C* a prononcé dans *Brieux* (fig. 110) ; 2 mm. 7, chez *C* également, dans *soldat*. Chez *H* (fig. 111 et 112) cependant l'intensité est fort réduite : 1 mm. 4 et 1 mm.

E épenthétique à la fin du mot.

PROSE

Fig. 113 *C.*

qu'ils aimaient

[kiləzεmε]

TEXTE B

	d.	6
[ə]	h.	115
	i.	1,9

	A	B	C	D	E	F	G	H
d'abore	3	—	—	3	—	—	—	—
seule	—	—	5	—	8	—	6	—
toure	—	—	—	6	—	—	—	—
auditeure	5	—	—	4	—	—	—	—
lecteure	3	—	—	—	—	—	6	—
erreure	—	—	5	—	6	—	—	—
fisse	3	—	—	—	—	6	—	—

TABLEAU LXXXVI

[ə] épenthétique. — TEXTES A et B.

Durée.

En poésie, la durée n'a pas excédé 7 cs. Cette durée n'a été relevée que deux fois, dans le mot *herbe* (tableau LXXXVIII), chez *C* et *G*, et une fois dans il *dore* (LE DORMEUR DU VAL), chez *H*. Ce sont les durées extrêmement brèves de 3 et 4 cs. qui dominent.

L'intensité de l'*e* muet épenthétique est faible (tableaux XC-XCII). Comparer, chez *D* (ODELETTE, tableau XC), *toujoure*, *fontaine où*, *joure* : 0 mm. 8, 0 mm. 7, 0 mm. 9 ; chez *A* (ÉPILOGUE, tableau XCI), *sole*, *bouche*, *joure* : 0 mm. 7, 0 mm. 6, 0 mm. 8 respectivement. Chez ce dernier sujet, l'intensité de l'*e* épenthétique semble être légèrement plus faible que celle de l'*e* muet post-tonique graphique à la fin du vers[1].

Il ne semble pas que la présence graphique de l'*e* muet ait une véritable influence. L'*e* muet, graphique ou non, est en puissance dans les deux cas. Comparer (tableaux LXXXVIII et LXXXIX) *toujoure* où l'*e* muet a été prononcé par quatre sujets tandis que l'*e* de *herbe* et de *encore* ne l'a été que par trois d'entre eux, *joure* et *fontaine* où l'*e* n'a été articulé que par quatre sujets sur les huit pour chaque mot.

Sur 48 inscriptions qui pouvaient présenter un *e* épenthétique (non graphique), 15 révèlent l'articulation de l'*e* muet, soit une moyenne de 31 %[2].

En résumé, à la fin du mot, l'*e* épenthétique est bref ; il ne dépasse guère 6 cs. en prose et 7 cs. en poésie. Ce sont les durées les plus brèves qui l'emportent en poésie. A une ou deux exceptions près, [ə] est relativement faible. A l'intérieur du mot, l'[ə] est également bref ; par contre, l'intensité est, parfois, assez sensible.

(1) Cf. *supra*, tableau LXXXV, p. 150. — Lote relève chez ses sujets un nombre considérable d'*e* épenthétiques à la fin du mot (cf. *Alexandrin*, II, 545-546, et *infra*, appendice I). De plus, il a remarqué des *e* muets prothétiques (*ibid.*) ; nous n'en avons relevé aucun chez les nôtres.

(2) Cf. *infra*, appendice I, p. 277.

CHAPITRE VIII

DURÉE : COMPARAISON ENTRE L'E MUET ET D'AUTRES VOYELLES EN POSITION ANALOGUE

CHAPITRE VIII

DURÉE : COMPARAISON ENTRE L'E MUET ET D'AUTRES VOYELLES EN POSITION ANALOGUE

Expériences instrumentales : cylindre enregistreur

PROSE

PHRASES INDÉPENDANTES. — TEXTES A et B

E muet — **Voyelles autres que e muet**

3/100e de seconde

Fig. 114 *C.*

[ə] *Ce qui découvre bien*

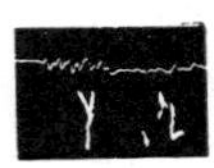

Fig. 115 *C.*

[y] *sur-le-champ*

4/100e de seconde

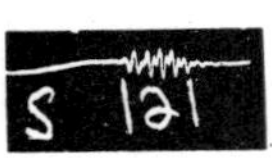

Fig. 116 *E.*

[ə] *Ce qui découvre bien*

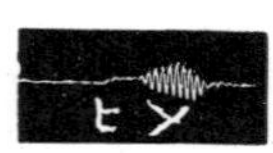

Fig. 117 *H.*

[y] *Parce que tu penses*

5/100e de seconde

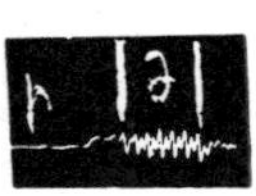

Fig. 118 *C.*

[ə] *Trente petits chiens*

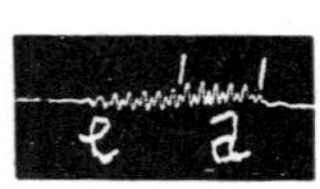

Fig. 119 *E.*

[a] *Faire la queue*

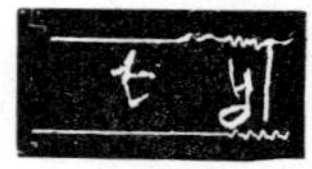

Fig. 120 *C.*

[y] *Tu ne veux pas*

Fig. 121 *C.*

[ɛ] c'est *qu'ayant reconnu*

*6/100*e *de seconde*

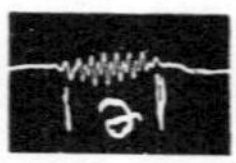

Fig. 122 *E.*

[ə] *Ce peuple étrange*

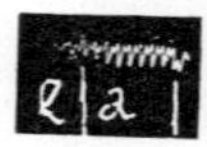

Fig. 123 *C.*

mais à la condition
[a]

Fig. 124 *H.*

*c'est qu'*ayant *reconnu*
[ɛ]

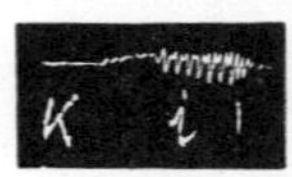

Fig. 125 *C.*

Ce qui découvre bien
[i]

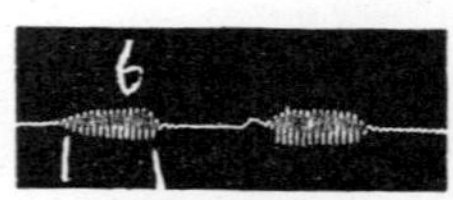

Fig. 126 *H.*

c'est qu'ayant reconnu[1]
[ɔ]

(1) Cf. la durée du [ə] de *reconnu* : elle est égale à celle de l'[ɔ].

*7/100*e *de seconde*

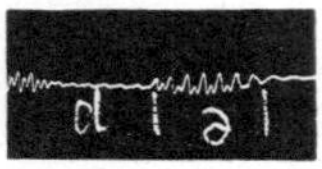

Fig. 127 *E.*

la maison de Soltikoff
[ə]

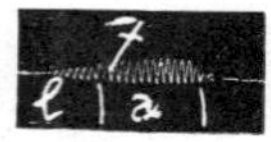

Fig. 128 *F.*

Faire la queue
[a]

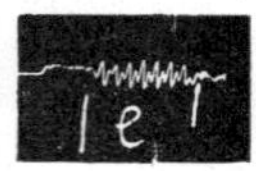

Fig. 129 *C.*

rapporter le corps
[e]

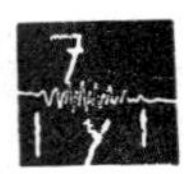

Fig. 130 *C.*

Parce que tu penses
[y]

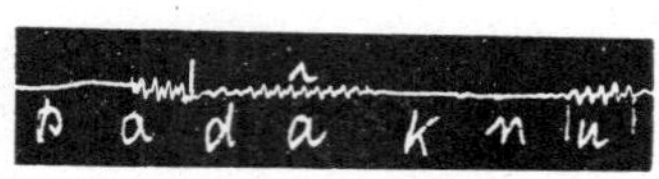

Fig. 131 *C.*

pendant que nous sommes seuls
[u]

*8/100*e *de seconde*

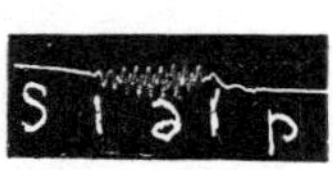

Fig. 132 *E.*

Ce peuple étrange
[ə]

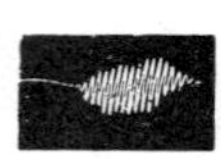

Fig. 133 *H.*

C'est ça
[ɛ]

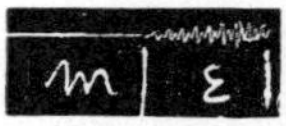

Fig. 134 *C.*

mais à la condition
[ε]

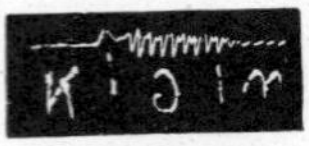

Fig. 135 *C.*

ayant reconnu
[ɔ]

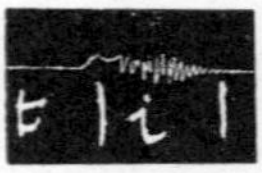

Fig. 136 *C.*

de Soltikoff
[i]

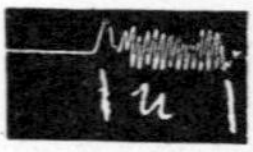

Fig. 137 *C.*

tout à l'heure
[u]

9/100e de seconde

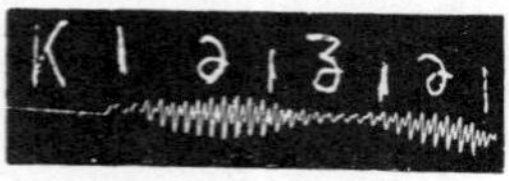

Fig. 138 *C.*

que je ne veux pas
[ə]

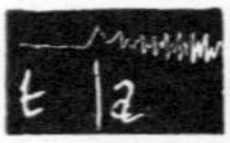

Fig. 139 *C.*

tout à *l'heure*
[a]

Fig. 140 *C.*

*C'*est *peu poli*
[ε]

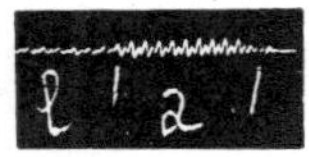

Fig. 141 *C.*

Faire la *queue*

[a]

Durées diverses

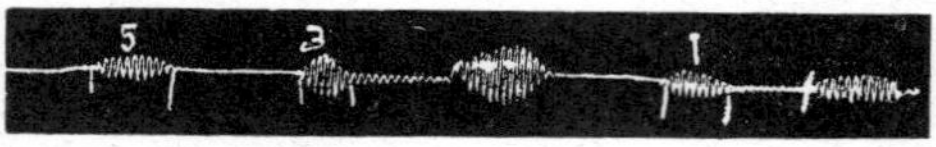

Fig. 142 *H.*

que tu subisses une épreuve

5 3 7 4,5 7

[y] [y] [i] [y] [e]

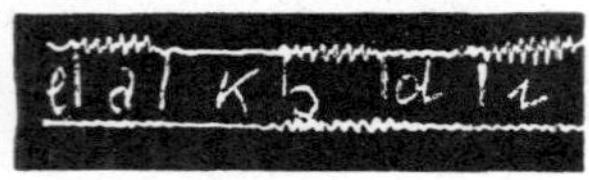

Fig. 143 *E.*

à la *condition*

6 7 7

[a] [ɔ̃] [i]

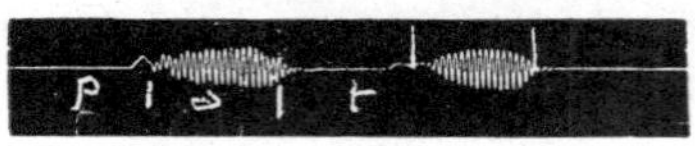

Fig. 144 *H.*

Petit tas

9 8

[ə] [i]

En prose, la brévité extrême de 3, 4 et 5 cs.[1] ne semble pas caractéristique de l'*e* muet, de l'*eu* ouvert ou de l'*eu* fermé seulement. On trouve d'autres voyelles aussi brèves suivant la position qu'elles occupent dans le groupe. Cette brévité des voyelles autres que [ə], [œ], [ø], se rencontre soit à l'initiale, soit à l'intérieur du groupe phonétique, quels que soient le mot, le nombre de syllabes du mot, la nature de la syllabe (ouverte, fermée), la place de la syllabe (pénultième, antépénultième), etc. : *la*, *tu*, *nous*, *il*, *elle*, *sur*, *mais*, *les* (pronom), *tout à l'heure*, *Soltikoff*, etc.

Les figures ci-dessus (114-144) permettent des comparaisons rapides et positives[2].

(1) Nous laissons de côté la durée de 2,5 cs. que nous avons trouvée une fois seulement au cours de ces expériences (à part, bien entendu, les *e* épenthétiques).

(2) Nous ne pouvons pas comparer l'intensité, car les voyelles étant de nature et de zone les plus différentes, il serait impossible de les comparer entre elles d'après le procédé employé pour l'*e* muet, l'*eu* ouvert et l'*eu* fermé.

POÉSIE

ODELETTE

Durées diverses des voyelles autres que l'e muet

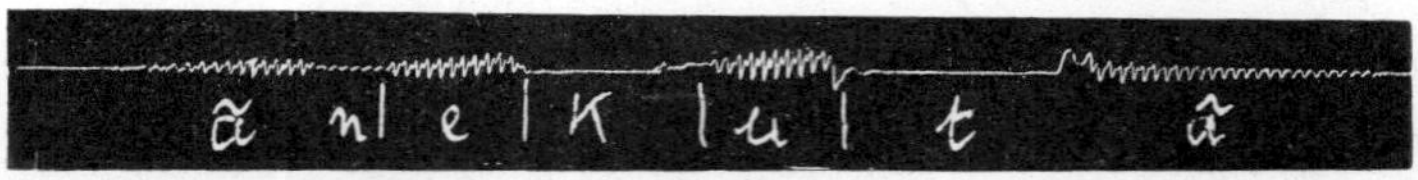

Fig. 145 *C.*

En *écoutant*

[ã] : 11
[e] : 9,5
[u] : 9

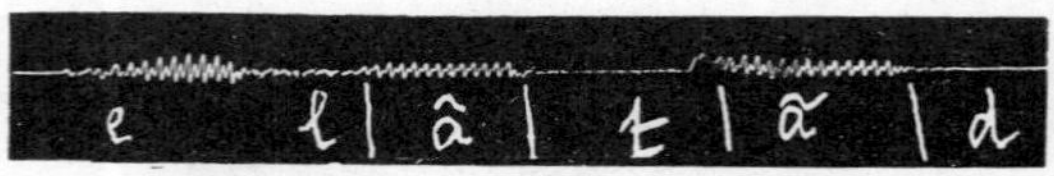

Fig. 146 *C.*

et *l'entendent*[1]

[e] : 12
[ã] : 11

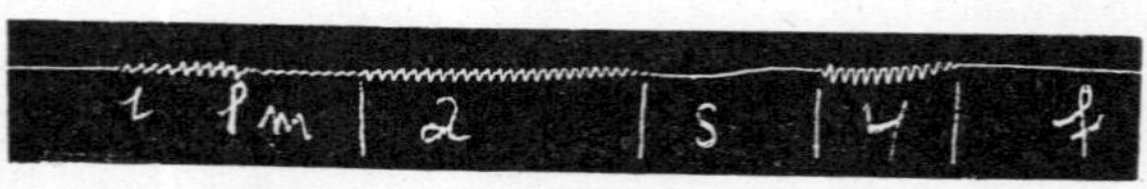

Fig. 147 *C.*

Il m'a suffi

[i] : 6
[y] : 9,5

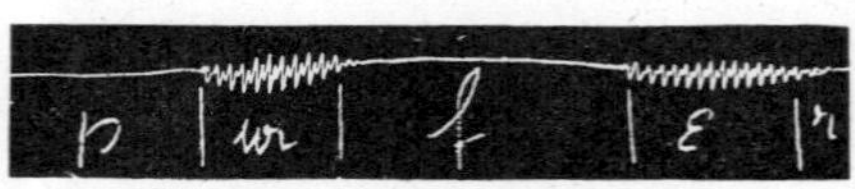

Fig. 148 *C.*

Pour faire pleurer

[u] : 9
[ε] : 11

(1) Remarquer la minime différence de durée entre la nasale tonique : 14 cs, et les deux voyelles qui précèdent.

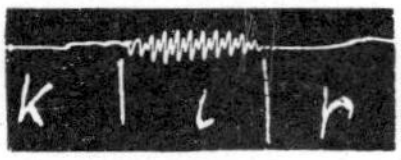

Fig. 149 *C.*

ceux qui passent (v. 16)
[i] : 10

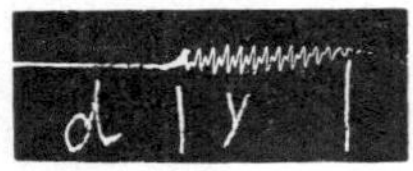

Fig. 150 *C.*

du souffle
[y] : 11

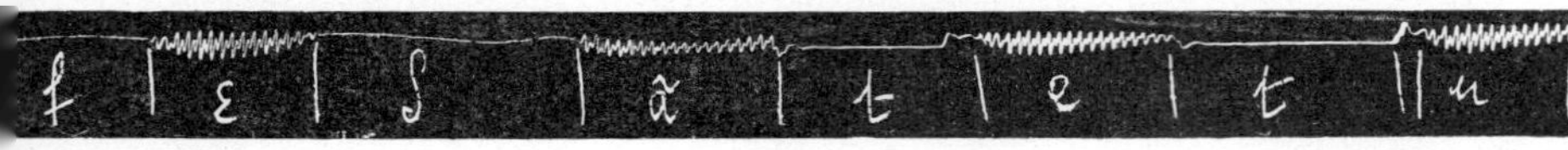

Fig. 151 *C.*

Fait chanter toute la forêt[1]

[ɛ] : 13
[ɑ̃] : 15
[u] : 11

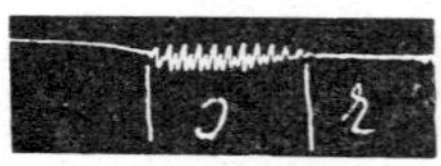

Fig. 152 *C.*

la forêt
[ɔ] : 10,5

	Durée	
souterraine	6	u
que tu savais	7	y
frénétique	8	e
et *penchée*	8	e
à ta fontaine	8	a
frénétique	9	e
encore à *ta fontaine*	9	a
le sol sec	10	ɛ
souterraine	10	ɛ
m'accorde	10	a

TABLEAU XCIII

C. [u], [y], [e], [a], [ɛ]. — ÉPILOGUE.
Durées diverses.

(1) Remarquer également la durée de la voyelle tonique [e], de *chanter*, qui est la même que celle de la voyelle nasale qui précède.

On a vu, au chapitre VI, que l'*e* muet a souvent la même durée que les deux voyelles antérieures labialisées (tableaux LXXIV et LXXV) et qu'il atteint, et parfois dépasse, la durée maximum de ces deux dernières voyelles. Au début du présent chapitre, nous avons montré que d'autres voyelles pouvaient, en prose, être aussi brèves que les plus brefs *e* muets, *eu* fermés et *eu* ouverts (*supra*, fig. 115, 117, 119-121).

A la différence de la prose, la brévité extrême de 3, 4 et 5 cs. de l'*e* muet, *eu* ouvert et *eu* fermé, ne se rencontre pas en poésie, dans nos expériences, pour les autres voyelles en position analogue.

On ne peut pas dire que la brévité maximum atteinte parfois par *e* muet soit due à la nature foncièrement atonique du mot dans lequel il se trouve, ou à l'entourage consonantique, car des mots tels que *je* dans *Ce que je veux de toi* (tableau LXXIII, p. 141, *C*) et *Il*, dans *Il m'a suffi* (fig. 147) sont de même catégorie, tous deux pronoms personnels « essentiellement atones ». Si l'un d'eux semblait devoir être plus bref que l'autre, ce devrait être *je* qui, vraisemblablement, s'éliderait en prose chez un certain nombre de sujets[1] [skəʒvødtwa], et que trois sujets ont fait disparaître dans ce vers[2]. Or, la durée de [i] dans *Il* n'est que de 6 cs. tandis que celle de [ə] dans *je* est de 10 cs. Comparer, également, *que* et *qui*, chez *C*, dans *C'est cela que je veux* (tableau LXXIII) et *ceux qui passent* (v. 16, fig. 149) : tous deux pronoms relatifs ; l'[ə] de *que* dure 12 cs., l'[i] de *qui*, 10 seulement. Il en va de même pour *le*, article (*dans le vent*, fig. 97, p. 136) : 14 cs. et *leurs*, adjectif (*en leurs pensées*, fig. 102, p. 137) : 8 cs.

Quant à l'entourage phonétique, il ne semble pas exercer une influence constante. On peut, il est vrai, expliquer la supériorité de la durée de l'*eu* ouvert de *pleurait* et de l'*eu* fermé de *pleurer* sur celle de l'*e* muet de *petit*, chez *C*, *D*, *G* et *H* (tableau LXXII, p. 140), par l'influence allongeante de l'*r*. Mais chez *E* et *F*, il n'en va pas ainsi : chez *E* [ə] et [ø] ont la même durée, 8 cs., tandis que [œ] dure 17 cs ; chez *F*, [ə] dure plus longtemps que les deux autres voyelles : [ə] : 12 cs., [œ] et [ø] : 7 cs.

Que dire aussi de mots tels que *écoutant*, où l'[u] dure 9 cs. (fig. 145), de l'[y] de *suffi* qui dure 9,5 cs. (fig. 147), de l'[y]

(1) Cf. *supra*, tableau L, p. 116.
(2) Cf. *supra*, tableau LXXIII, p. 141.

de *du souffle* qui a une durée de 11 cs. (fig. 150), de l'[u] de *toute* qui dure 11 cs. également (fig. 151), mots dans lesquels toutes ces voyelles, de même que l'*e* muet de *petit*, sont encadrées entre deux consonnes sourdes, plosives ou fricatives ? La même remarque s'applique à *qu*e et *qu*i discutés ci-dessus. L'entourage phonétique ne semble donc pas jouer avec régularité sur la durée de la muette.

En résumé, s'il est vrai que l'*e* muet en prose peut être extrêmement bref (3, 4, 5 cs.), de même que nombre d'autres voyelles, il faut reconnaître que sa durée peut être considérable et même plus considérable que celle de n'importe quelle autre voyelle orale dans la même position et dans un mot de même valeur : article, pronom, etc. Par contre, en poésie, seuls, selon nos expériences, l'*e* muet, l'*eu* ouvert et l'*eu* fermé atones atteignent la brévité extrême de 3, 4 et 5 cs.

CHAPITRE IX

HAUTEUR MUSICALE (INTONATION) : À LA TONIQUE

CHAPITRE IX

HAUTEUR MUSICALE (INTONATION) : À LA TONIQUE

Expériences instrumentales : cylindre enregistreur

Les graphiques, tableaux et planches qui illustrent la hauteur musicale sont de trois sortes :

1° Les graphiques et tableaux que nous avons déjà analysés et discutés du point de vue durée et intensité et qui contiennent aussi des renseignements sur la hauteur musicale. La légende jointe à chaque figure indique, lorsqu'il y a lieu, le nombre de vibrations doubles à la seconde. De nombreux tableaux sur l'intensité renseignent également sur la hauteur musicale. Dans les deux chapitres consacrés à l'intonation, nous renvoyons souvent à ces illustrations ;

2° Dix-neuf tableaux supplémentaires (XCIV-CXII) consacrés uniquement à la hauteur musicale. Nous les insérons dans le chapitre suivant sur la hauteur musicale de la muette post-tonique devant un arrêt de la voix ;

3° Trente-six planches représentant la courbe de l'intonation : les trois premières, l'intonation de trois sujets pour les phrases indépendantes, les trente-trois autres, l'intonation de deux sujets pour les deux passages de prose et pour la plupart des vers que nous avons enregistrés.

Il va de soi que pour les planches nous avons dû abandonner la division adoptée jusqu'ici pour la présentation des graphiques et des tableaux : voyelles à la tonique, puis à l'atone. Cependant la discussion des phénomènes suit la méthode choisie pour les chapitres précédents.

Pour calculer la hauteur musicale nous avons trouvé

suffisant de donner la note *moyenne* sur laquelle la voyelle a été émise en suivant la méthode préconisée par Rousselot et par Grammont[1], c'est-à-dire en nous contentant de « compter le nombre de vibrations pour un temps donné... un *demi-dixième* de seconde[2] ». Nous savons bien que l'étude de la hauteur musicale représentée par chaque vibration révèlerait des fluctuations de hauteur à l'intérieur de l'articulation de chaque voyelle[3] ; que même le calcul par tranches successives de 5 centièmes de seconde révèlerait encore des divergences pour chaque tranche comparée aux autres. Mais nous n'avons pas trouvé nécessaire, pour l'étude que nous avons entreprise, de nous livrer à cette analyse minutieuse, car on « peut... admettre, si l'on renonce à raffiner sur le détail, qu'il se rencontre toujours un certain point où la hauteur reste à peu près égale... [et que] la hauteur maxima », celle que nous avons tenté d'indiquer chaque fois qu'il a été possible, « a tendance à s'établir à l'intérieur de la période musicale, jamais à l'attaque, plus rarement au moment où le son va s'éteindre[4] ».

Pour l'expression *vibrations doubles* nous nous servirons de l'abréviation vd.

Avant d'entreprendre la discussion de la hauteur musicale, en tonique et à l'atone, il est indispensable de présenter quelques considérations d'ordre général sur l'intonation.

Les différentes descriptions qui en ont été faites et la plupart des graphiques qui ont été publiés jusqu'ici[5] se résument parfaitement dans l'observation suivante de Cohen : « La notion de division de la phrase française parlée en parties suspensives à terminaison relativement haute et partie

(1) *Traité*, p. 126.

(2) Rousselot, *Princ.*, II, 1003.

(3) Cf. Lote, *Alexandrin*, I, 152 : « L'examen du graphique, indépendamment de toute mensuration exacte, montre que la hauteur d'une articulation varie, alors même qu'elle laisse à l'oreille l'impression d'une note tenue. Des évaluations exactes rendent le fait encore plus manifeste et permettent de découvrir des nuances infiniment délicates. » Cf. Heffner, *General Phonetics*, p. 77, sur les trois phases de la hauteur musicale des voyelles.

(4) Lote, *Alexandrin*, I, 153.

(5) Cf. Grammont, *Pron.*, p. 151-162 ; Lote, *Alexandrin*, I et III, *passim* ; Rousselot, *Princ.*, II, 1055-1061 et *passim* ; Rousselot et Laclotte, *Précis...*, p. 96-100 ; Parmenter et Blanc, « An Experimental Study of Accent in French and English », *PMLA*, XLVIII (1933), 598-607 ; H. N. Coustenoble and L. E. Armstrong, *Intonation, passim* ; J. Varney Pleasants, *Pronunciation of French*, p. 87-117.

conclusive à terminaison relativement basse (dessin circonflexe) est entrée dans la doctrine courante[1] ».

Or, nous avons constaté plus d'une fois, au cours de nos recherches, qu'il n'en est pas toujours ainsi ; l'analyse des enregistrements de nos huit sujets révèle que l'intonation de la phrase déclarative est moins stéréotypée que ne l'indiquent la plupart des auteurs, du moins dans leurs conclusions, car la lecture des graphiques publiés, chez Lote surtout[2], ainsi que quelques observations dispersées çà et là, nous apprennent que la réalité est plus complexe.

Ces graphiques, ainsi que nos enregistrements, démontrent que si d'une façon générale il existe, en effet, dans beaucoup de phrases déclaratives une partie montante et une autre descendante ou en tout cas se terminant sur une note relativement grave (en général, mais non nécessairement, la plus grave de la phrase[3]), il en est d'autres où la distinction n'existe pas. De plus, quand le schéma montant/descendant est manifeste, on remarque, à l'intérieur de ces deux grandes divisions, une étonnante liberté : un sujet donné peut, dans la partie montante, conférer à une ou plusieurs propositions une courbe essentiellement descendante. Grammont l'indique d'ailleurs[4], mais il ajoute : « ... cela n'empêche pas leur partie finale de remonter à la hauteur qui lui est assignée par la place qu'elle occupe dans cette partie de la phrase et d'en fournir quelquefois la note la plus haute ». Or, nous avons relevé de nombreux exemples où ce n'est pas le cas.

Vice versa, on peut rencontrer dans la partie descendante un ou plusieurs groupes rythmiques[5] dont la voyelle tonique, ou même une voyelle non tonique, atteint une crête aussi aiguë, sinon plus aiguë, que la note la plus haute de la partie montante et cela sans que l'accent d'insistance en soit la cause[6].

(1) *Loc. cit.*, p. 193.

(2) *Alexandrin, passim*, surtout le tome III.

(3) Cf. *infra*, *F*, planche IV, TEXTE A, p. 211 : *parce que*; *E*, planche VIII, TEXTE A, p. 215 : *prends-le livre*; *C*, planche XIV, TEXTE B, p. 221 : *sur-le-champ*, etc.

(4) *Pron.*, p. 161.

(5) Nous appelons groupe rythmique tout groupe de syllabes, quel que soit le nombre de mots grammaticaux terminé par l'accent dit tonique (aussi léger que soit celui-ci) et quels que soient l'élément ou les éléments combinés (intensité, durée, hauteur musicale) qui le caractérisent (cf. Grammont, *Pron.*, p. 151-162).

(6) Cf. entre autres, Rousselot, *Princ.*, II, 1056, les deux voyelles suivantes de la première phrase (« Le comte Roland est couché sous un pin ») : [*ã*], voyelle tonique finale du groupe montant : 154 vd. et [e], première voyelle tonique du groupe descendant : 160 vd. Cf. également, Lote, *Alexandrin, passim*, et *infra*, planches IV-XXXVI, *passim*.

De plus, on constate parfois que, contrairement à l'opinion de Grammont[1], la note la plus haute de la partie montante, n'est pas la voyelle tonique terminale, ni même une autre voyelle tonique, ni une voyelle affectée par l'accent d'insistance, mais telle voyelle atone[2].

Bien que le début de la plupart des éléments rythmiques commence sur une note relativement grave ou moyenne[3], on remarque que, plus d'une fois, le départ musical se fait sur une note aiguë[4].

On pourrait appliquer à l'intonation de la phrase entière la remarque de Bourdon en ce qui concerne la fin de la phrase : « La cadence mélodique... n'est pas chez tous ni toujours chez le même individu la même[5] ».

On a vu que la durée et l'intensité de l'*e* muet pouvaient égaler et même dépasser celles de *eu* ouvert et de *eu* fermé, exception faite des dérogations que nous avons signalées en prose et en poésie. On a vu également que la durée de l'*e* muet pouvait égaler et même dépasser celle d'autres voyelles en position analogue. Ceci posé et démontré, il reste à savoir non pas si l'*e* muet peut subir des variations de hauteur musicale, car cela va sans dire[6], et nous l'avons indiqué implicitement au cours du développement de notre étude[7], mais quel est son comportement dans les deux positions suivantes :

1° Tonique, peut-il parvenir à l'acuité extrême atteinte par d'autres voyelles ?

(1) *Pron.*, p. 158.

(2) Cf. *infra*, planches IV-XXXVI, *passim*. — On peut aussi relever des exemples chez Lote (*Alexandrin*, III, *passim*), en dépit de l'assertion (*ibid.*, I, 191) : « En raison de la position de l'accent tonique... seule la syllabe finale du mot métrique est aiguë, sauf quand celui-ci possède une terminaison féminine ou quand il y a fin de phrase. »

(3) Cf. Grammont, *Pron.*, p. 157 et *passim*.

(4) Cf. *infra*, *F*, planche VI, TEXTE A, p. 213 : *Je veux bien* ; *E*, planche VII, TEXTE A, p. 214 : *tout à l'heure* ; *A*, planche XVII, TEXTE B, p. 224 : *loin d'oser se plaindre* ; *C* et *F*, planche XXXIII, ÉPILOGUE, p. 240 : *Ce que je veux* ; etc. — Cf. Lote, *Alexandrin*, *passim* ; entre autres, I, 186 : *Tout comme nous repose.*

(5) Cité dans Lote, *Alexandrin*, I, 166. H. N. Coustenoble et L. E. Armstrong (*Intonation*) soulignent, et à de nombreuses reprises, la diversité d'intonations possibles pour la même phrase, non seulement chez des sujets différents, mais chez le même sujet. Cependant, là encore, on retrouve la systématisation qui paraît inévitable pour l'enseignement pratique.

(6) Cf. *supra*, p. 11, n. 2.

(7) Cf. aussi les planches I-XXXVI.

2° Post-tonique devant un arrêt, qu'il y ait suspension ou terminaison de sens, réagit-il, musicalement parlant, de manière identique et pour ainsi dire stéréotypée ?

Dans ce chapitre, nous considérerons la première question. La seconde fera l'étude du chapitre suivant.

PROSE

Voyelle isolée.

La voyelle isolée *e* muet peut être dite sur une note aussi haute et même plus haute que celle sur laquelle se prononcent *eu* ouvert et *eu* fermé : comparer les figures 17, 18 et 19 (p. 79) qui représentent les trois voyelles dites par *C*. On constate que *e* muet, de même que *eu* fermé, a été prononcé à la hauteur de 114 vd., tandis que *eu* ouvert a été parlé à la hauteur musicale de 109 vd.

Le tableau XI (p. 80) révèle que chez *A*, l'*e* muet a été dit à raison de 101 vd., tandis que *eu* ouvert et *eu* fermé ont été prononcés à raison de 100 vd.

Chez *E* (tableau XII, p. 80), l'*e* muet est plus grave que les deux autres voyelles : 110 vd., tandis que *eu* ouvert en a 118 et *eu* fermé, 114.

H a articulé les trois voyelles (tableau XIII, p. 81) à la même hauteur musicale : 210 vd.

Monosyllabes.

Il en va de même pour les monosyllabes : *e* muet peut se prononcer sur une note aussi aiguë que *eu* ouvert et *eu* fermé et même sur une note plus élevée. Comparer, par exemple, les figures 23-25 (p. 82) qui représentent l'articulation de *E* pour les mots *ce*, *seuil*, *ceux* : la hauteur musicale de *ce* est de 109 vd., celle de *seuil*, de 105 vd., celle de *ceux*, de 109. Comparer également les tableaux XV et XVI (p. 84) qui donnent la hauteur musicale des mêmes voyelles prononcées par *A* et *C* dans les mêmes monosyllabes : le résultat est le même que pour la voyelle isolée : *e* muet peut être aussi aigu que [œ] et [ø].

Phrases indépendantes.

Les résultats sont sensiblement les mêmes. On n'a qu'à consulter les figures 26-31 (p. 85) et les tableaux XVIII et XIX (p. 86) pour se rendre compte que l'*e* muet tonique peut atteindre la même hauteur musicale que les deux voyelles antérieures labialisées.

Textes A et B

L'*e* muet tonique peut se prononcer sur une note aussi aiguë que n'importe quelle autre voyelle[1]. Comparer les figures 32-48 (p. 87-89), les tableaux XXIII-XXXIII (p. 91-94) et les planches IV-XXXVI (p. 211-243)[2] : il est manifeste que l'*e* muet, suivant l'intonation caractéristique du locuteur, selon la place que la « muette » occupe dans la partie montante ou descendante de la phrase et la valeur sémantique du mot dans lequel il se trouve, peut être aussi aigu que n'importe quelle autre voyelle. Prenons *E*, par exemple, Texte A (fig. 38 et 39, p. 88 ; planche IX, p. 216) : les deux pronoms *le* de l'impératif réitéré : *Prends*-le, atteignent la hauteur relativement très élevée, chez ce sujet, de 170 et 140 vd. ; l'autre *e* muet tonique de ce passage : *le* de *ouvre-le*, a 99 vd., tandis que l'*eu* de *neuf* n'en a que 89.

La note sur laquelle les voyelles sont prononcées est aiguë ou grave, chez un sujet donné, non parce que c'est telle ou telle voyelle, mais parce que le sens la réclame et que la courbe de l'intonation ne peut être à la merci d'un timbre quelconque mais suit le développement de la pensée selon les exigences, ou préférences, musicales du locuteur, lorsque plusieurs physionomies mélodiques sont possibles.

(1) Cf. Lote, *Alexandrin*, I, 170 : « Enfin il faut noter que la hauteur musicale, aussi bien que la durée, est indépendante des formes grammaticales... Les exemples *mãjé* lœ, *buee* lœ nous présentent une syllabe terminale lœ sur laquelle la voix s'élève obligatoirement et d'ailleurs sans la moindre difficulté : la forme étymologiquement atone a été, par le développement de la langue, introduite dans des combinaisons où la prononciation la rend nécessairement tonique. » Cf. *ibid.*, p. 169 : « C'est en effet la place du terme qui importe plus que le terme lui-même. »

(2) Dans les planches, pour faciliter la comparaison immédiate avec les autres voyelles, nous avons entouré l'*e* muet d'un cercle.

POÉSIE

Nous ne nous étendrons pas sur ces textes, car ils corroborent ce que nous venons de dire au sujet de la hauteur musicale en prose dans nos expériences : l'*e* muet peut atteindre la même acuité que toute autre voyelle. Comparer (planche XXXIV, p. 241), l'*e* muet tonique de *Lorsque* (ÉPILOGUE), chez *F* : il est beaucoup plus aigu que la voyelle nasale du mot *sang*, mot tonique d'une grande valeur dans le poème ; les deux voyelles, [ã] et [ə] ont été dites à la hauteur de 110 et 138 vd. respectivement ; par contre, chez *C*, c'est l'inverse : la voyelle nasale est beaucoup plus aiguë que la muette : [ã], 150 vd., [ə], 130 vd. Mais, d'autre part, l'[a] de *toi* est, chez *F*, sensiblement plus aigu que l'[ə] de *Lorsque* : [a], 155 vd., [ə], 138 ; tandis que chez *C*, c'est la muette qui est la plus haute : [a], 124 vd., [ə], 130 vd.

Les tableaux XXXVI-XLII (p. 99-101), qui montrent à la fois, chez un sujet donné, la durée, la hauteur musicale et l'intensité des trois voyelles en tonique, dans un même texte (LE DORMEUR DU VAL ou ÉPILOGUE), ajoutent des preuves pertinentes ; chez *A*, par exemple (LE DORMEUR DU VAL, tableau XXXVI), l'*e* tonique de *berce-le* est dit à la hauteur de 131 vd., l'*eu* de *jeune* et de *glaïeuls*, à 124 et 122 vd. respectivement, l'*eu* fermé de *bleu*, à 123.

Le timbre de la voyelle ne paraît donc pas avoir d'influence sur le degré d'acuité ou de gravité du son[1] : seuls, selon la prédilection d'un sujet pour telle ou telle physionomie musicale, le *sens*, la *place* de la voyelle dans l'ensemble de la phrase, la *signification* ou la *nuance* spéciale que le locuteur veut communiquer au mot conditionnent l'intonation.

(1) Cf. Lote, *Alexandrin*, I, 153 : « ... l'acuité est indépendante du timbre ».

CHAPITRE X

HAUTEUR MUSICALE (INTONATION) : À L'ATONE

CHAPITRE X

HAUTEUR MUSICALE (INTONATION) : À L'ATONE

Expériences instrumentales : cylindre enregistreur

Ainsi que nous l'avons indiqué au chapitre précédent, nous étudierons ici le comportement de l'*e* muet post-tonique devant un arrêt de la voix, soit à la suspension, soit à la terminaison de sens.

Suspension de sens.

Les tableaux XCIV-CIV renseignent sur la hauteur musicale de l'*e* muet par rapport à celle de la voyelle qui le précède et de celle qui suit l'arrêt. Nous indiquons la hauteur musicale relative des trois voyelles par les signes suivants qui représentent les six physionomies que nous avons observées. Les trois points de chaque signe indiquent la hauteur relative des trois voyelles. Le point central de chacun de ces signes correspond à l'*e* muet ; nous lui donnons un certain relief à l'aide d'un cercle qui l'entoure.

 = [ə] *plus aigu que la tonique et que la voyelle suivante.*

 = [ə] *plus aigu que la tonique et plus grave que la voyelle suivante.*

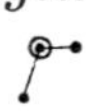 = [ə] *plus aigu que la tonique et aussi aigu que la voyelle suivante.*

 = [ə] *plus grave que la tonique et plus aigu que la voyelle suivante.*

 = [ə] *plus grave que les deux voyelles qui l'entourent.*

 = [ə] *aussi aigu que la voyelle tonique et plus aigu que la voyelle suivante.*

De plus, afin de faciliter la discussion, nous emploierons, lorsqu'il y aura lieu, les signes supplémentaires suivants pour indiquer la direction générale de l'intonation du groupe phonétique en question : ↑ pour l'intonation montante, ↓ pour l'intonation descendante, ↔ pour l'intonation relativement uniforme.

Dans cette section, nous étudierons tous les exemples qui ne sont pas à la fin de la phrase écrite, c'est-à-dire qui ne sont suivis ni d'un point ni d'un point virgule. Nous ne ferons d'exception que pour un groupe prononcé, à l'unanimité, (que l'*e* muet ait été ou non articulé) avec l'intonation caractéristique de la terminaison de sens devant un point : « ... *un enfant malade,* » (LE DORMEUR DU VAL).

Pour les autres exemples parlés par un ou deux sujets avec l'intonation dite terminale ou du moins nettement descendante et par d'autres sujets avec l'intonation montante, nous les groupons dans cette section. Nous indiquerons la direction de l'intonation chaque fois qu'il y aura lieu.

Il va de soi que nous n'analyserons pas ici la courbe mélodique des sujets qui, quoique ayant articulé l'*e* muet post-tonique, n'ont pas marqué d'arrêt ; par contre, nous incorporons tous les exemples où un arrêt, aussi bref soit-il, a été marqué (de 2 cs. à 5 secondes entières, ces deux chiffres représentant les cas extrêmes).

		A	B	C	D	E	F	G	H
tout à l'heure, à ton tour	œ			130					
	ə			190 ↑					
	a			130					
à ton toure, tu subisses	u				170				
	ə				182 ↑				
	y				140				
du même genre, et *que*	ã		102		140			200	
	ə		107 ↓		160 ↑			180 ↓	
	e		108		140			220	
d'auditeure, tu deviennes	œ	138			160				
	ə	140 ↑			170 ↑				
	y	109			124				

TABLEAU XCIV

[ə] post-tonique, devant un arrêt, à la suspension de sens. — Rapport de la hauteur musicale de [ə] et des deux voyelles qui l'encadrent. — TEXTE A.

		A	B	C	D	E	F	G	H
aveugle, que	œ	140		140		140	115	260	240
	ə	96 ↑		116 ↑		100 ↑	125↔	260 ↑	260 ↑
	ə	125		110		110	110	220	240
leur erreure, ils portèrent	œ			146		110			
	ə			131 ↑		124 ↓			
	i			123		110			
oser se plaindre, leur donna	ɛ̃	102		146		100		280	200
	ə	110 ↑		132 ↑		108↔		300 ↑	220 ↓
	œ	121		100		104		240	190
des récompenses pour lui avoir	ã	90							
	ə	97 ↓							
	u	102							

TABLEAU XCV

[ə] post-tonique, devant un arrêt, à la suspension de sens. — Rapport de la hauteur musicale de [ə] et des deux voyelles qui l'encadrent. — TEXTE B.

		A	B	C	D	E	F	G	H
soldat jeune, bouche	œ			114			116	220	
	ə			94 ↓			113 ↑	280 ↓	
	u			110			138	230	
bouche ouverte, tête nue	ɛ						124		
	ə						108 ↓		
	ɛ						103		
dans l'herbe, sous la nue	ɛ	130	140	118			103	220	260
	ə	135 ↑	130 ↑	100 ↓			116 ↓	200 ↓	240 ↑
	u	116	124	114			126	250	220
dans les glaïeule, il dort	œ	124			140				
	ə	124↔			150 ↑				
	i	100			150				
comme sourirait	ɔ							260	220
	ə							300 ↓	230↔
	u							230	240
Nature, berce-le	y	128			150	140	141	272	
	ə	138 ↑			154 ↑	130 ↑	122 ↑	200 ↑	
	ɛ	120			124	115	106	240	

TABLEAU XCVI

[ə] post-tonique, devant un arrêt, à la suspension de sens. — Rapport de la hauteur musicale de [ə] et des deux voyelles qui l'encadrent. — LE DORMEUR DU VAL.

		A	B	C	D	E	F	G	H
du soire, en leurs pensées	a			149					
	ə			137 ↑					
	ã			119					
*Dans le sil*ence et *dans le vent*	ã	118					136		
	ə	122 ↓					134 ↑		
	e	114					111		
qui passent en *leurs pensées*	a		128	139			121		220
	ə		140 ↑	122 ↑			129 ↑		240↔
	ã		118	114			139		210
*d'eux-mê*mes *L'*en*tendront*	ɛ		116		148		135	240	204
	ə		120 ↓		160 ↑		141 ↑	250 ↑	210↔
	ã		105		170		106	300	198
encore, et l'entendent	ɔ	106	124		122				
	ə	100 ↓	124 ↑		112 ↓				
	e	98	102		102				
l'entendent Toujours	ã	130		112	118			230	180
	ə	132 ↑		106 ↓	110 ↓			220 ↑	190↔
	u	118		108	100			200	180
A la fontaine où *vint*	ɛ							220	
	ə							240↔	
	u							240	
l'amoure Mirer	u							250	210
	ə							290 ↓	200↔
	i							250	190
un joure sa *face*	u	136			140				
	ə	140 ↑			112 ↑				
	a	126			100				
face grave Et *qui pleurait*	a	129	100				134	220	
	ə	119 ↑	110 ↓				132 ↑	240↔	
	e	110	100				127	220	
ceux qui passent Et *trembler*	a			136		116			
	ə			140 ↑		90 ↓			
	e			109		130			
trembler, l'herbe et *frémir l'eau*	ɛ		118	111				240	
	ə		125 ↓	92↔				260 ↓	
	e		110	114				200	

TABLEAU XCVII

[ə] post-tonique, devant un arrêt, à la suspension de sens. — Rapport de la hauteur musicale de [ə] et des deux voyelles qui l'encadrent. — ODELETTE.

		A	B	C	D	E	F	G	H
jeune colère Qui te montait	ɛ	100			138		92		
	ə	98 ↓			148 ↓		116 ↓		
	i	110			126		82		
pourpre claire, Lorsque,	ɛ	108							210.
	ə	110 ↓							200 ↓
	ɔ	120							190
je veux boire A *pleine bouche*	a		120					260	
	ə		124 ↑					240↔	
	a		112					220	
A pleine bouche, un *jour,*	u	100					120		
	ə	114 ↓					107 ↓		
	œ̃	108					97		
un joure, L'eau	u	120		120	132		140		
	ə	98 ↑		70↔	140 ↓		110 ↑		
	o	110		110	130		137		
à ta fontaine ô *gloire,,*	ɛ	124		120			112	220	
	ə	130 ↑		106 ↑			125 ↓	200↔	
	o	118		100			125	220	
ô gloire, Que ce sera	a	110					110		
	ə	106↔					122 ↓		
	ə	104					135		
pour salaire L'opprobre	ɛ	120			132		136	260	280
	ə	111 ↑			140 ↓		140 ↑	200 ↓	300 ↑
	ɔ	120			152		120	230	240
peut faire La branche	ɛ						120		240
	ə						112 ↓		260 ↑
	a						120		210

TABLEAU XCVIII

[ə] post-tonique, devant un arrêt, à la supension de sens. — Rapport de la hauteur musicale de [ə] et des deux voyelles qui l'encadrent. — ÉPILOGUE.

	Montante ↑	Descendante ↓	Uniforme ↔	Nom[bre] d'ex[emples]
Textes A et B	A C D D D G H	E H	E F	
		A A B		
	G			
	C C C			
	A E	G		
Le dormeur du val	A A D	G G		
	D			
		F	H	
			A	
	B E F H	F		
	F G	C C G		
Odelette	A A B C F	A B B B G G	G H H H	
			G	
	D F G			
	B			3
	A C C D F F G	A D D	H	
		C E	C	
Épilogue	A B F H H	A D D F		
		F		
		A D F		2
	C	F H	A G	
	A A F	A F G	C G	
Nombre d'exemples	48	37	15	10

Tableau xcix

[ə] post-tonique, devant un arrêt, à la suspension de sens. — *Tableau d'ensemble.* — Rapport de la hauteur musicale de [ə] et des deux voyelles qui l'encadre[nt] à la fin d'un groupe à intonation montante, descendante ou constante. — Prose et Poésie.

[ə] *plus aigu que la voyelle tonique* 54 °/o		40 °/o	20 °/o ↑
			14 °/o ↓
			6 °/o ↔
		11 °/o	3 °/o ↑
			7 °/o ↓
			1 °/o ↔
		3 °/o	1 °/o ↑
			1 °/o ↓
			1 °/o ↔
[ə] *plus grave que la voyelle tonique, plus aigu que la suivante.*		24 °/o	15 °/o ↑
			6 °/o ↓
			3 °/o ↔
[ə] *plus grave que la voyelle tonique et que la voyelle suivante.*		19 °/o	7 °/o ↑
			9 °/o ↓
			3 °/o ↔
[ə] *aussi aigu que la voyelle tonique et plus aigu que la suivante.*		3 °/o	2 °/o ↑
			1 °/o ↔

Tableau c

[ə] post-tonique, devant un arrêt, à la suspension de sens. — Moyennes du rapport de la hauteur musicale de [ə] et des deux voyelles qui l'encadrent : à la fin d'un groupe à intonation montante, descendante ou constante. — Prose et Poésie.

		A = 19	B = 8	C = 13	D = 12	E = 5	F = 16	G = 16	H = 11		
[ə] plus aigu que la voyelle tonique	↑	6	2	2	4		2	1	3	40 %	54 %
	↓	2	3		2	1	1	4	1		
	↔					1	1	1	3		
	↑				1		1	1		11 %	
	↓	3	1		1		2				
	↔								1		
	↑				1					3 %	
	↓						1				
	↔							1			
[ə] plus grave que la voyelle tonique et plus aigu que la suivante	↑	1	1	6	1	1	3	1	1	24 %	
	↓	1			2		2		1		
	↔	1						1	1		
[ə] plus grave que la voyelle tonique et que la suivante	↑	3				1	2	1		19 %	
	↓	1		3		1	1	3			
	↔			2				1			
[ə] aussi aigu que la voyelle tonique, plus aigu que la suivante	↑		1					1		3 %	
	↔	1									

TABLEAU CI

			A	B	C	D	E	F	G	H
	20		6	2	2	4		2	1	3
	15		1	1	6	1	1	3	1	1
↑	7		3				1	2	1	
	3					1		1	1	
	2			1					1	
	1					1				
	14		2	3		2	1	1	4	1
	9		1		3		1	1	3	
↓	7		3	1		1		2		
	6		1			2		2		1
	1							1		
	6						1	1	1	3
	3		1						1	1
	3	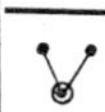			2				1	
↔	1	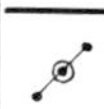								1
	1	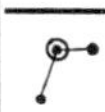							1	
	1	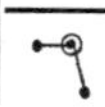	1							

TABLEAU CII

[ə] post-tonique, devant un arrêt, à la suspension de sens. — Distribution par sujet, des différentes physionomies musicales de [ə] et des deux voyelles qui l'encadrent, selon l'intonation montante, descendante ou constante. — PROSE et POÉSIE.

	A	F	G	C	D	H	B	E	Total : physionomies
	8	4	6	2	6	7	5	2	40
	3	5	2	6	3	3	1	1	24
	4	3	5	5				2	19
	3	3	1		2	1	1		11
	1		1				1		3
		1	1		1				3
Total par sujet	19	16	16	13	12	11	8	5	100

TABLEAU CIII

[ə] post-tonique, devant un arrêt, à la suspension de sens. — Distribution, par sujet, des différentes physionomies musicales de [ə] et des deux voyelles qui l'encadrent, indépendamment de l'intonation du groupe qu'il termine, et fréquence d'articulation de l'[ə] sur 35 cas. — PROSE et POÉSIE.

 ↑	20
 ↑	15
 ↓	14
 ↓	9
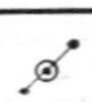 ↓	7
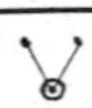 ↑	7
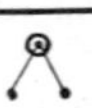 ↔	6
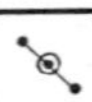 ↓	6
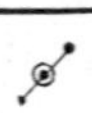 ↑	3
 ↔	3
 ↔	3
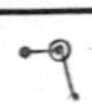 ↑	2
 ↑	1
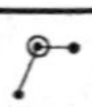 ↓	1
 ↔	1
 ↔	1
 ↔	1

TABLEAU CIV

[ə] post-tonique, devant un arrêt, à la suspension de sens. — Distribution et fréquence des différentes physionomies musicales de [ə] et des deux voyelles qui l'encadrent par rapport à l'intonation du groupe qu'il termine : montante, descendante ou constante. — PROSE et POÉSIE.

Direction : intonation	Nombre d'exemples	Moyenne
↑	13	62 %
↓	6	28 %
↔	2	10 %

TABLEAU CV

Moyenne du mouvement mélodique sur 21 exemples. — PROSE.

Direction : intonation	Nombre d'exemples	Moyenne
↑	35	44 %
↓	31	39 %
↔	13	17 %

TABLEAU CVI

Moyenne du mouvement mélodique sur 79 exemples. — POÉSIE.

	11	53 %
	3	14 %
	3	14 %
	3	14 %
	1	5 %

TABLEAU CVII

Distribution et fréquence des physionomies musicales sur 21 exemples. — PROSE.

	29	37 %
	21	26 %
	16	20 %
	8	10 %
	3	4 %
	2	3 %

TABLEAU CVIII

Distribution et fréquence des physionomies musicales sur 79 exemples. — POÉSIE.

Nous avons relevé 35 groupes phonétiques contenant un [ə] post-tonique virtuel, graphique ou épenthétique, où un sujet au moins a prononcé la muette ; sur les 280 enregistrements (35×8 sujets), nous avons obtenu 100 exemples d'articulation de la voyelle post-tonique, soit une proportion de 35,7 %.

Pour ces 100 exemples, la répartition du mouvement

musical est la suivante : intonation montante, 48 % ; intonation descendante, 37 % ; intonation uniforme, 15 %.

D'après Lote, ainsi que nous l'avons indiqué au début de notre ouvrage[1], l'*e* muet post-tonique dans cette position marque partout une dépression musicale ; d'une façon générale « et presque absolue » il ne peut supporter l'accent d'acuité[2].

Dans nos expériences, nous n'avons pas rencontré cette constante ; au contraire, nous avons constaté une instabilité qui semble caractéristique.

D'après les tableaux qui précèdent plusieurs phénomènes se dégagent :

1° La hauteur musicale de l'*e* muet post-tonique par rapport à la voyelle tonique et à la voyelle initiale du groupe phonétique suivant peut varier considérablement. Sur les 100 exemples, on trouve (tableaux C et CI) :

a) 54 cas où l'*e* muet est *plus aigu que la voyelle tonique* :

24 fois à la fin de l'intonation montante (20 , 3 , 1 ) ;

22 fois à la fin de l'intonation descendante (14 , 7 , 1 ) ;

8 fois à la fin de l'intonation uniforme (6 , 1 , 1 ).

b) 24 cas où il est *plus grave que la voyelle tonique mais plus aigu que la voyelle suivante* :

15 fois à la fin de l'intonation montante ;
6 fois à la fin de l'intonation descendante ;
3 fois à la fin de l'intonation uniforme.

c) 19 cas où il est *plus grave que la voyelle tonique et que la voyelle suivante* :

9 fois à la fin de l'intonation descendante ;
7 fois à la fin de l'intonation montante ;
3 fois à la fin de l'intonation uniforme.

(1) *Supra*, p. 11.

(2) Lote, *Alexandrin*, I, 165. L'auteur remarque qu'il a rencontré dans ses expériences « quelques cas » où la syllabe féminine est la plus aiguë du mot, mais que ces cas sont « très rares ». Il renvoie à Rousselot qui en a trouvé un exemple dans ses propres expériences.

d) 3 cas où il est *aussi aigu que la voyelle tonique et plus aigu que la voyelle suivante* :

2 fois à la fin de l'intonation montante ;
1 fois à la fin de l'intonation uniforme.

2° **Le comportement musical de l'*e* muet post-tonique n'est pas, pour un exemple donné, nécessairement le même chez les différents sujets.** Comparer, par exemple, les trois cas d'articulation de l'*e* muet pour *du même genre*, et *que* (Texte A, tableau XCIV) :

chez *B*, [ə], à la fin de l'intonation descendante, est *plus aigu que la voyelle tonique et plus grave que la voyelle suivante* : 102, 107, 108 vd. respectivement ;

chez *D*, [ə], la fin de l'intonation montante, est *plus aigu que les deux autres voyelles* : 140. 160, 140 vd. respectivement ;

chez *G*, [ə], à la fin de l'intonation descendante, est *plus grave que les deux autres voyelles* : 200, 180, 220 vd. respectivement.

Comparer encore, *aveugle*, *que* (Texte B, tableau XCV) où l'on trouve (sans tenir compte de la courbe de l'intonation du groupe entier) quatre physionomies musicales différentes chez les six sujets :

 chez *A*, *E* ;
 chez *C* ;
 chez *F*, *H* ;
 chez *G*.

Ces exemples sont caractéristiques, qu'il s'agisse de prose ou de poésie.

3° **La diversité du comportement musical de l'*e* muet post-tonique est remarquable, non seulement chez les sujets différents, mais aussi bien chez le même sujet.** Comparer les tableaux CI et CII qui montrent la distribution, par sujet, des différentes physionomies musicales de l'*e* muet post-tonique et des deux voyelles qui l'encadrent.

Cependant, quoique dans la plupart des cas, les sujets ne semblent pas avoir de schème particulier auquel ils se tiennent (cf. tableau CII), deux tendances assez accusées se manifestent :

a) *C* semble marquer une préférence pour la physionomie [ə] *plus grave que la voyelle tonique et plus aigu que la suivante* : . Chez lui, on rencontre ce schéma 6 fois sur 13 exemples d'*e* muets, soit une moyenne de 46 %.

b) Plusieurs sujets ont une prédilection pour la physiono-

> *Nature, berce-le chaudement* (*ibid.*) où la hauteur respective des trois voyelles est 128, 138 120 vd.

Dans deux autres cas, l'acuité de l'[ə] post-tonique est encore plus gratuite car, la courbe du groupe étant descendante, l'[ə] remonte tandis que la voyelle suivante est relativement grave. Comparer

> *Dans le silence* et *dans le vent* (ODELETTE, tableau XCVII) où la hauteur respective des trois voyelles est de 118, 122, 114 vd. ;
>
> *à pleine bouche*, un *jour* (ÉPILOGUE, tableau XCVIII) où la hauteur respective des trois voyelles est de 100, 114, 108 vd.

Dans les trois autres cas, cependant la hauteur musicale supérieure de l'*e* muet sur la tonique pourrait s'expliquer par le fait que, final d'un groupe à intonation descendante, il subit l'attraction musicale de la voyelle suivante qui est dite sur une note aiguë et qu'ainsi il se place sur une note intermédiaire entre celles des deux voyelles qui l'encadrent. Comparer

> *d'oser se plaindre, il leur donna* (TEXTE B, tableau XCV) où la hauteur respective des trois voyelles est de 102, 110, 121 vd. ;
>
> *des récompenses pour lui avoir* (*ibid.*) où la hauteur respective des trois voyelles est de 90, 97, 102 vd. ;
>
> *pourpre claire, Lorsque* (ÉPILOGUE, tableau XCVIII) où la hauteur respective des trois voyelles est de 108, 110, 120 vd.

Si nous étudions de même les autres sujets nous nous rendons compte que la courbe musicale du groupe terminé par l'*e* muet ne joue pour ainsi dire pas, et que, dans quelques cas, certains sujets semblent marquer une préférence pour une certaine formule musicale en ce qui concerne les trois voyelles.

Au fond, ce qui ressort de l'étude du comportement de l'*e* post-tonique, c'est une certaine tendance à la formule [ə] *plus aigu que la voyelle tonique* : la moitié des sujets manifeste une sympathie évidente pour l'articulation plus aiguë de l'*e* muet par rapport à la tonique (cf. tableau CIII) :

> *B*, 6 fois sur 8, c'est-à-dire 75 % ;
> *D*, 9 fois sur 12, c'est-à-dire 75 % ;

H, 8 fois sur 11, c'est-à-dire 73 %;
A, 11 fois sur 19, c'est-à-dire 58 %.

C, cependant, fait exception. Chez lui, la formule [ə] *plus grave que la tonique* est évidemment la favorite :

11 fois sur 13, c'est-à-dire 85 %.

Chez les trois autres sujets, les deux formules les plus courantes se distribuent de façon égale ou presque :

chez *F* et *G*, 8/8 et 8/7 respectivement;
chez *E*, le rapport est de 2/3.

Dans l'ensemble, on observe donc que la courbe de l'intonation du groupe où se rencontre l'*e* muet post-tonique n'appelle pas un mouvement musical inévitable pour la muette.

4° Des différences de degré entre prose et poésie existent en ce qui concerne la direction des courbes et la physionomie musicale de l'*e* muet post-tonique.

a) Les tableaux CV et CVI indiquent la moyenne des différents mouvements mélodiques des groupes rythmiques que nous avons étudiés : en prose, l'intonation semble être plus orthodoxe qu'en poésie, sans cependant correspondre rigoureusement aux règles de Grammont ;

b) Les tableaux CVII et CVIII représentent la distribution et la fréquence des physionomies musicales, en prose et poésie : le mouvement le plus courant, [ə] *plus aigu que la tonique et que la voyelle qui suit*, est bien, dans les deux groupes, celui qui prédomine dans l'ensemble ; mais il se manifeste beaucoup plus régulièrement en prose qu'en poésie.

Terminaison de sens.

Les tableaux CIX-CXIV renseignent sur la hauteur musicale des trois dernières voyelles de la fin de la phrase.

Nous employons les signes suivants pour indiquer la hauteur musicale relative de l'*e* muet post-tonique par rapport aux deux voyelles qui le précèdent :

 = [ə] *plus grave que les deux voyelles précédentes, la tonique étant plus grave que la prétonique.*

 = [ə] *plus grave que les deux voyelles précédentes, la tonique étant plus aiguë que la prétonique.*

 = [ə] *plus grave que la tonique mais plus aigu que la prétonique.*

 = [ə] *aussi grave que la tonique et plus grave que la prétonique.*

 = [ə] *plus aigu que la tonique mais plus grave que la prétonique.*

 = [ə] *plus aigu que la tonique et que la prétonique.*

Les Textes suivis de prose ne contiennent qu'un nombre restreint d'*e* muets post-toniques en fin de phrase ; en fait, un seul : *prends le livr*e (Texte A). Mais, chez quelques sujets, on trouve des *e* muets épenthétiques (tableaux LXXXVI, LXXXVII, p. 157-158). Nous les faisons entrer dans notre étude sur l'*e* muet post-tonique à la terminaison de sens.

		A	B	C	D	E	F	G	H
que tu lises d'abore. [dabɔrə]	a	120			148				
	ɔ	110			102				
	ə	98			90				
pendant que nous sommes seule. [sœlə]	ɔ/ə			118		124		320	
	œ			125		98		200	
	ə			92		81		180	
tu deviennes lecteure [lɛktœrə]	ɛ	128						260	
	œ	122						210	
	ə	95						180	
Prends le livre.	ã/ə		130				100		260
	i		106				93		240
	ə		98				102		180
le corps de son fisse. [fisə[	ɔ̃	95					102		
	i	82					100		
	ə	90					98		

Tableau cix

[ə] post-tonique, devant l'arrêt final, terminaison de sens. — Courbe de l'intonation de [ə] et des deux voyelles qui le précèdent. — Textes A et B.

		A	B	C	D	E	F	G	H
	ø							210	204
cresson bleu, Dore. [dɔ:rə]	ɔ							190	180
	ə							186	210
	a			118			100	240	
un enfant malade,	a			120			108	180	
	ə			96			103	180	
	œ̃			100			114	240	
il fait un *somme.*	ɔ			97			105	200	
	ə			89			101	180	
	i			116					
toujours qui chante.	ã			104					
	ə			100					

TABLEAU CX

[ə] post-tonique, devant l'arrêt final, terminaison de sens. — Courbe de l'intonation de [ə] et des deux voyelles qui le précèdent. — LE DORMEUR DU VAL et ODELETTE.

	9	AABDEFGGH	83 °/°
	1	C	
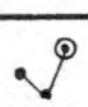	1	F	17 °/°
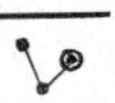	1	A	

TABLEAU CXI

Terminaison de sens. — Distribution et fréquence des physionomies musicales sur 12 exemples. — PROSE.

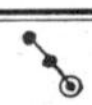	5	CCFGG	78 °/°
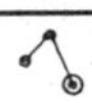	1	C	
	1	F	
	1	G	11 °/°
	1	H	11 °/°

TABLEAU CXII

Terminaison de sens. — Distribution et fréquence des physionomies musicales sur 9 exemples. — POÉSIE.

	14	
	2	81 %
	1	
	1	5 %
	2	14 %
	1	

TABLEAU CXIII

Tableau d'ensemble

Terminaison de sens. — Distribution et fréquence des physionomies musicales sur 21 exemples. —

PROSE et POÉSIE.

	123	66 %
	39	20 %
	28	14 %

TABLEAU CXIV

Tableau d'ensemble

Terminaison de sens. — Distribution et fréquence des physionomies musicales d'après les tables de Lote, *Alexandrin,* sur 190 exemples. —

POÉSIE.

L'analyse de la hauteur musicale à la terminaison de sens révèle que, dans l'ensemble, les réalisations musicales de l'*e* muet correspondent à celles de toute autre voyelle. Si, à la fin de la phrase, ou de tout groupe à intonation terminale, il est relativement grave, c'est non à cause de son propre timbre mais parce que le mouvement de la phrase est descendant.

Mais ce qui importe surtout de savoir ce sont les différentes physionomies qu'il est susceptible de prendre dans cette position musicale par rapport à l'accent d'acuité du groupe qu'il termine.

Pour l'*e* muet post-tonique à la terminaison de sens, Lote indique, du point de vue vocalique, les deux physionomies musicales suivantes[1], sans cependant révéler celle qui l'emporte sur l'autre :

1° Un mouvement de descente, quel que soit le comportement musical des consonnes intermédiaires, se continuant sur la syllabe féminine par une chute régulière des trois voyelles 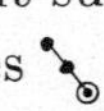.

2° Un léger relèvement de l'acuité qui se fait sentir sur la syllabe féminine après que la dépression maxima a atteint la pénultième 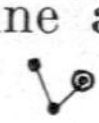.

(1) *Alexandrin,* I, 167.

Sur 190 syllabes féminines à la terminaison de sens que nous avons relevées dans les expériences de Lote[1], nous avons trouvé une troisième physionomie : la hauteur musicale identique de la voyelle pénultième et de la voyelle féminine : . Le tableau CXIV de notre ouvrage représente la répartition des trois physionomies musicales des expériences de Lote. Ces exemples sont tous tirés de vers alexandrins et, à part deux ou trois exceptions, ils appartiennent à la fin du vers.

Dans nos expériences, sur douze exemples en prose et neuf en poésie, nous avons relevé non pas deux mais six physionomies différentes. Cependant, comme chez Lote, ce sont les physionomies où l'*e* muet est plus grave que les voyelles qui précèdent qui l'emportent de beaucoup sur les autres (cf. tableaux CIX-CXIII) : 83 %, en prose, 78 % en poésie, soit 81 % pour l'ensemble. Chez Lote, pour la poésie, on a 66 %.

Des différentes réalisations possibles

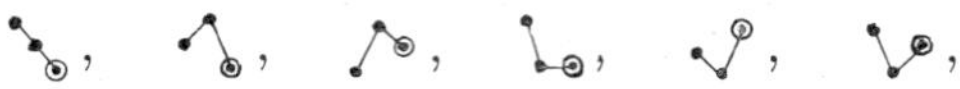

c'est la première qui domine : 9 en prose, 5 en poésie.

En prose, nous n'avons pas relevé d'exemples où la muette ait la même hauteur musicale que la pénultième, tandis qu'en poésie, nous avons observé un cas, chez *G* (tableau CX), pour : *un enfant malade*.

Sur les trois physionomies *voyelle muette plus aiguë que la pénultième* (2 en prose, 1 en poésie), nous en avons relevé deux pour lesquelles l'acuité de [ə] dépasse la hauteur musicale des deux voyelles précédentes (cf. tableaux CIX et CX), chez *F* et *H*, pour *Prends le livre* et *cresson bleu/Dore* respectivement. Cette physionomie n'apparaît pas une seule fois chez Lote sur les 190 exemples que nous avons étudiés[2].

En résumé, à la suspension de sens, on remarque une assez grande liberté dans le comportement musical de l'*e* muet (cf. tableau CIV). Il ne semble pas y avoir de formule fixe, contrairement aux principes énoncés jusqu'ici.

La divergence des résultats obtenus ne viendrait-elle pas de ce que : 1° La plupart des auteurs, sauf Lote, ont analysé l'enregistrement d'un seul sujet et d'un seul texte : Rousselot, Parmenter et Blanc, etc. ; 2° De ce que Lote lui-même a étudié uniquement la *déclamation* à une époque où, en dépit de

(1) *Ibid.*, III, *passim.*

(2) Cf. l'intonation finale en rhodanien, H. N. Coustenoble, *La phonétique du provençal moderne*, p. 170.

certaines infractions aux « règles » soi-disant existantes, régnait encore bien du déclamatoire, du stéréotypé[1]. En outre, les passages enregistrés par les nombreux sujets de Lote sont des passages célèbres en tant que *tirades*, *morceaux à déclamer*, tandis que nos expériences ont porté sur des passages de prose familière, rapide, ou du moins courante, et sur trois poèmes à l'allure plus libre.

Il est intéressant de comparer nos observations à celle de Michel Lejeune sur les chansons populaires : « -e des fins de vers féminines... est toujours chanté ; parfois sur une note supérieure à celle de la voyelle accentuée qui précède...[2] ».

La réflexion de Cohen, dans l'article que nous avons cité à plusieurs reprises, pourrait fort bien s'appliquer, ici, au fait qu'en dépit de l'accent d'acuité sur l'*e* muet post-tonique, l'oreille ne reçoit pas une impression de déplacement d'accent (d'ailleurs, ainsi que le remarque Lote, dans ce cas c'est la *durée*[3] qui marque vraiment ce qu'il est convenu d'appeler l'accent tonique) : « Il me semble que tout en chantant *tabatièrE* on pense *tabatièr(e)*[4]. »

A la terminaison de sens, nos résultats se conformeraient davantage à ceux de Lote, avec, cependant, encore bien des différences.

En définitive, d'après nos expériences, on a pu constater par des discussions explicites[5] et de très nombreux graphiques, tableaux et planches, ce qui suit : post-tonique, à la suspension ou à la terminaison de sens, donc dans une position qui exclut la comparaison avec d'autres voyelles, puisqu'en français seul l'*e* muet s'y rencontre, le comportement de

(1) *Supra*, préface, p. IV.

(2) « Dans ma tabatière... », *FM*, XVII (octobre 1949), 248.

(3) *Alexandrin*, II, 460 : « elle seule [la durée] crée le rythme... elle suffit à l'établir même en l'absence de phénomènes musicaux et dynamiques ».

(4) *Loc. cit.*, p. 193. — Cf. Lote, *Alexandrin*, I, 236 : *Mon trouble se dissipe* ; le [i] tonique : 190 vd., le [ə] post-tonique : 210 vd. ; ainsi que (p. 200), l'observation sur la 13e syllabe de l'alexandrin, à la suspension de sens, qui peut être plus aiguë que la voyelle tonique qui précède.

(5) La lecture des figures, tableaux et planches aura, *implicitement*, souligné le fait que, à l'initiale, à l'intérieur du mot, dans un monosyllabe, à la fin du mot devant consonne initiale du mot suivant, l'*e* muet, lorsqu'il est maintenu, soit en prose, soit en poésie, peut, (de même qu'à la tonique, selon la place qu'il occupe dans le mouvement musical de la phrase, la valeur sémantique accordée au mot où il se trouve, et surtout selon l'intonation caractéristique du locuteur), atteindre la même acuité ou la même gravité que n'importe quelle autre voyelle. Ainsi que nous l'indiquions plus haut (cf. *supra*, p. 11, n. 2 et p. 178), nous n'avons pas à démontrer ce phénomène dont l'évidence, qu'a déjà soulignée Lote, ne se discute pas.

celui-ci n'obéit à aucune loi. Souverainement libre et indépendante, la « muette » peut, non seulement chez des sujets différents mais chez le même sujet et pour des exemples analogues, se manifester sur telle note qui lui plaît : plus aiguë, aussi aiguë, moins aiguë que la tonique ou la voyelle qui suit. On discerne bien quelques tendances, mais ce ne sont que des tendances : on ne peut guère les ériger en lois générales.

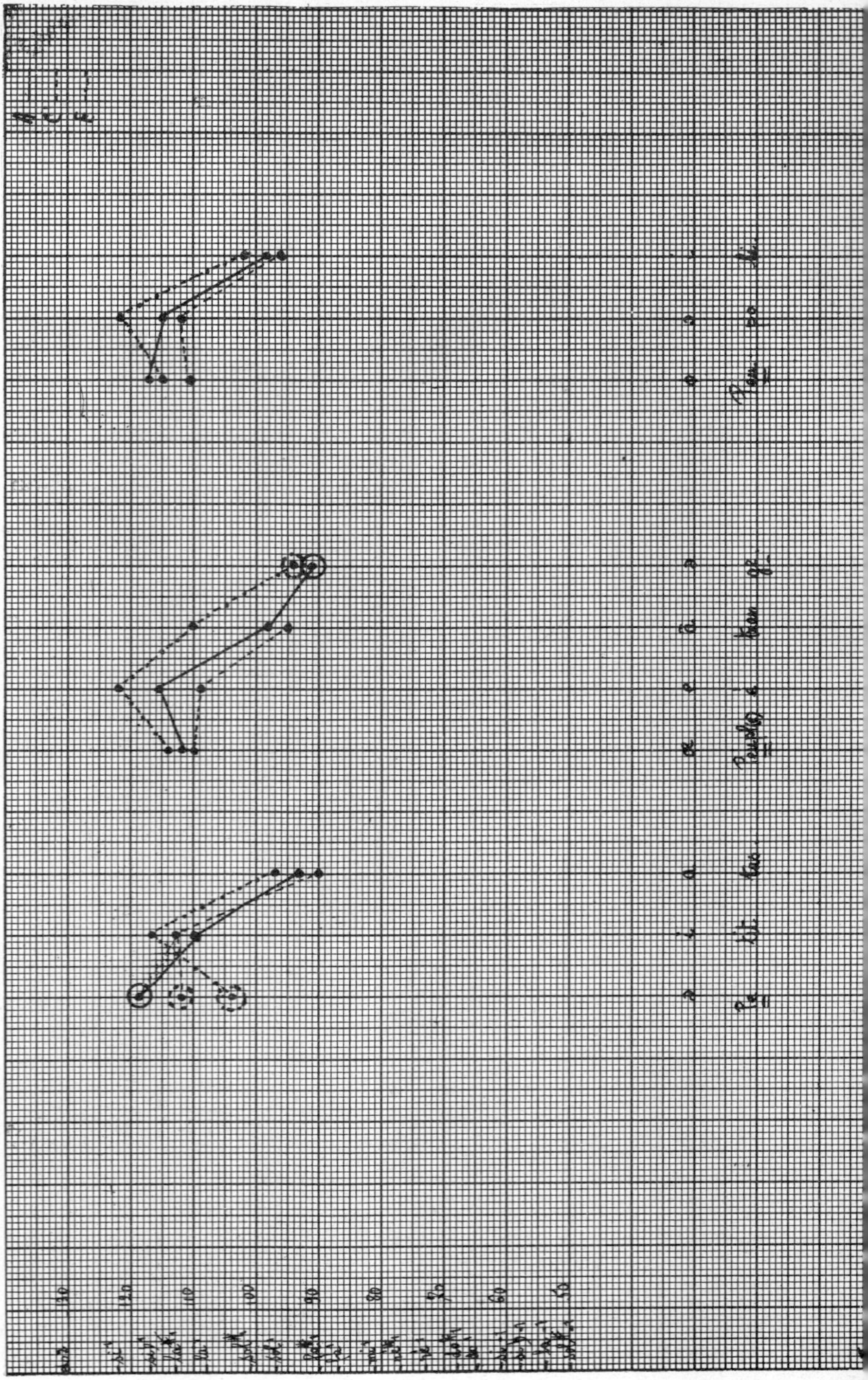

PLANCHE I

A, C, E. — Phrases indépendantes.

Hauteur musicale.

Dans les planches I-III, nous soulignons d'un double trait les sons à comparer entre eux ; d'un simple trait les *e* muets qui ne requièrent pas la comparaison.

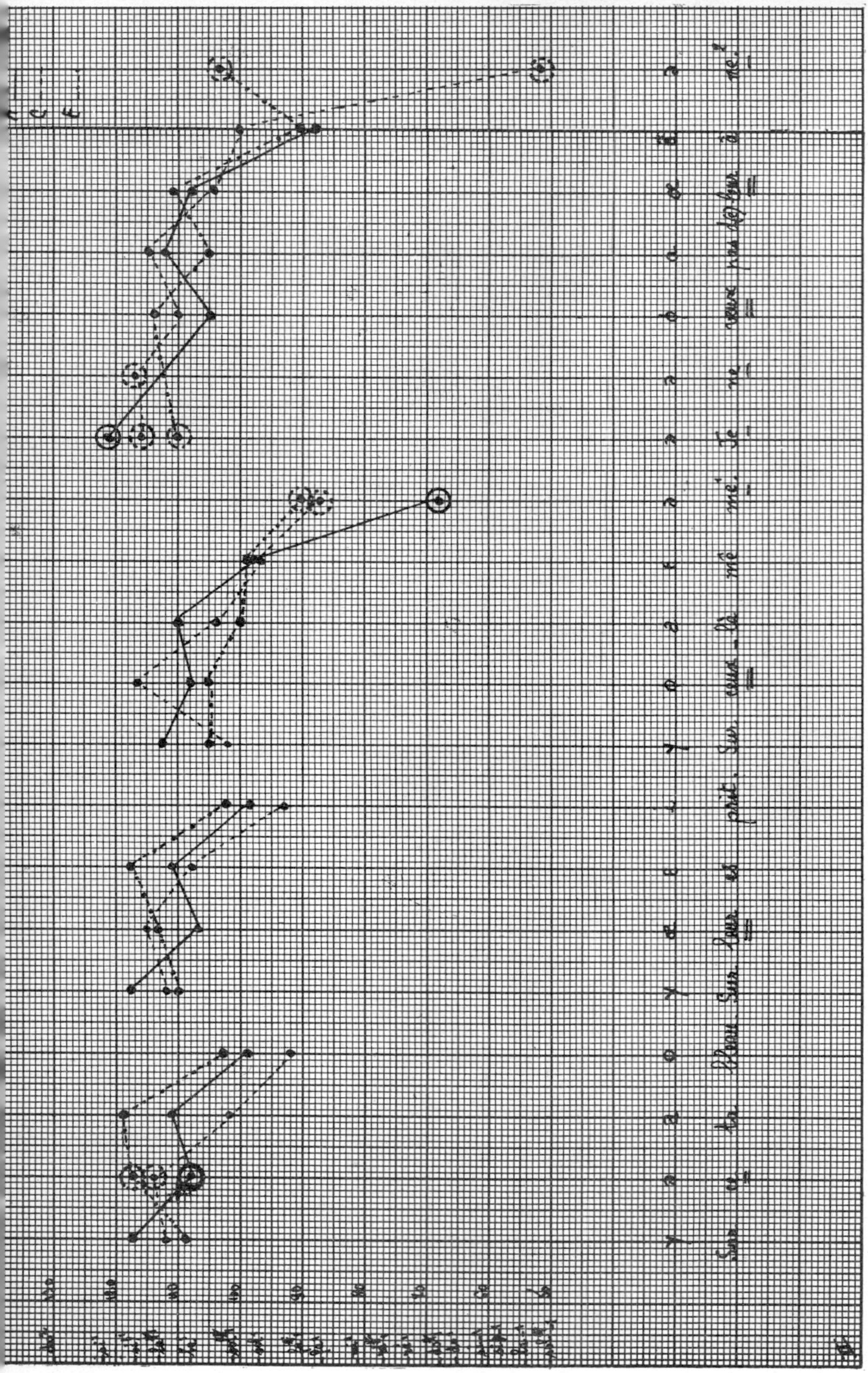

PLANCHE II

A, C, E. — Phrases indépendantes.

Hauteur musicale.

(1) Cf. fig. 94, p. 131, le déroulement mélodique de l'expression entière chez *C.* (Cf. fig. 61, p. 109, *C* également, *ceux,* dans un autre enregistrement).

(2) Cf. fig. 93, p. 131.

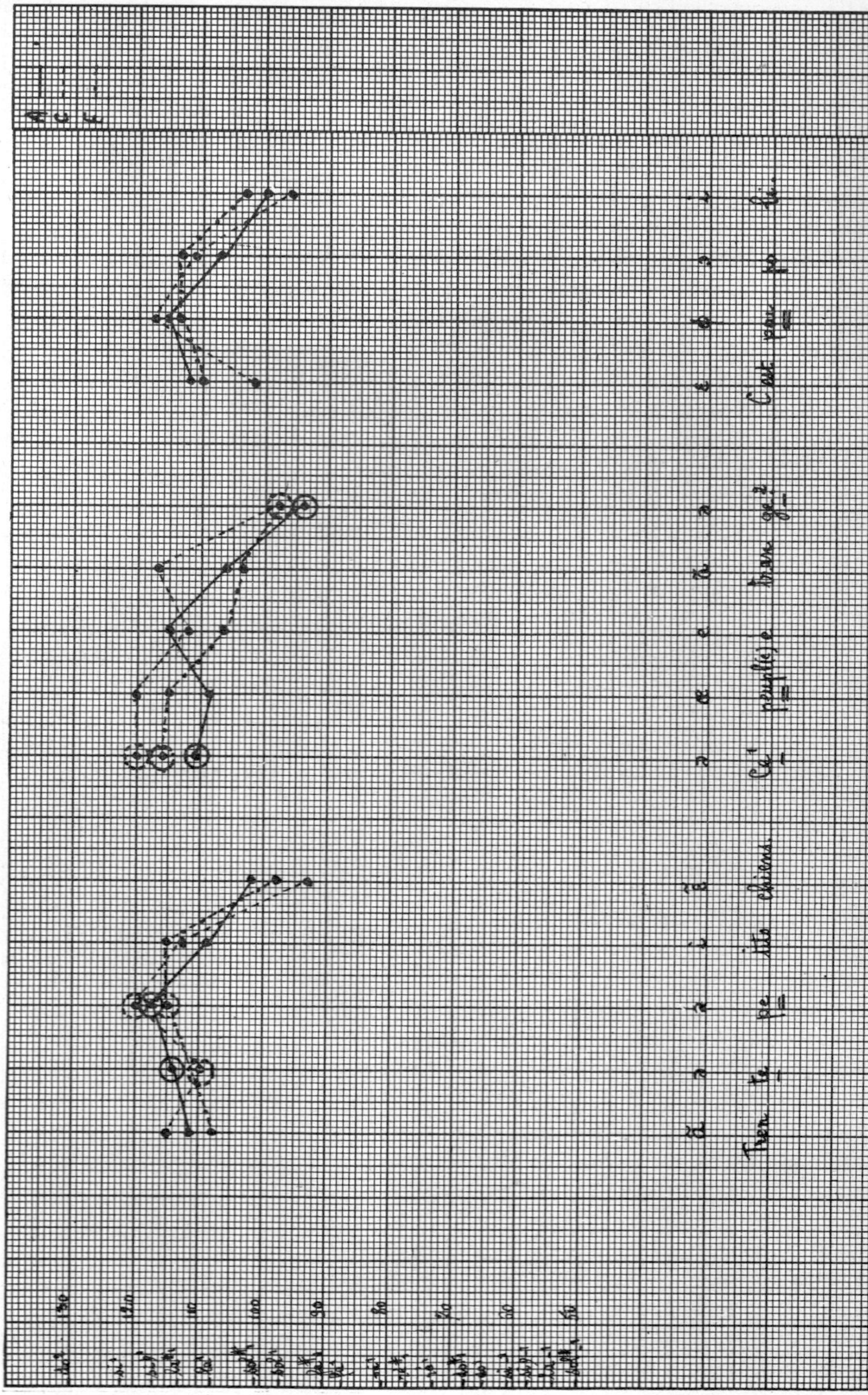

PLANCHE III

A, C, E. — Phrases indépendantes.

Hauteur musicale.

(1) Cf. *E*, fig. 122, p. 164.
(2) Cf. *C*, fig. 62, p. 109.

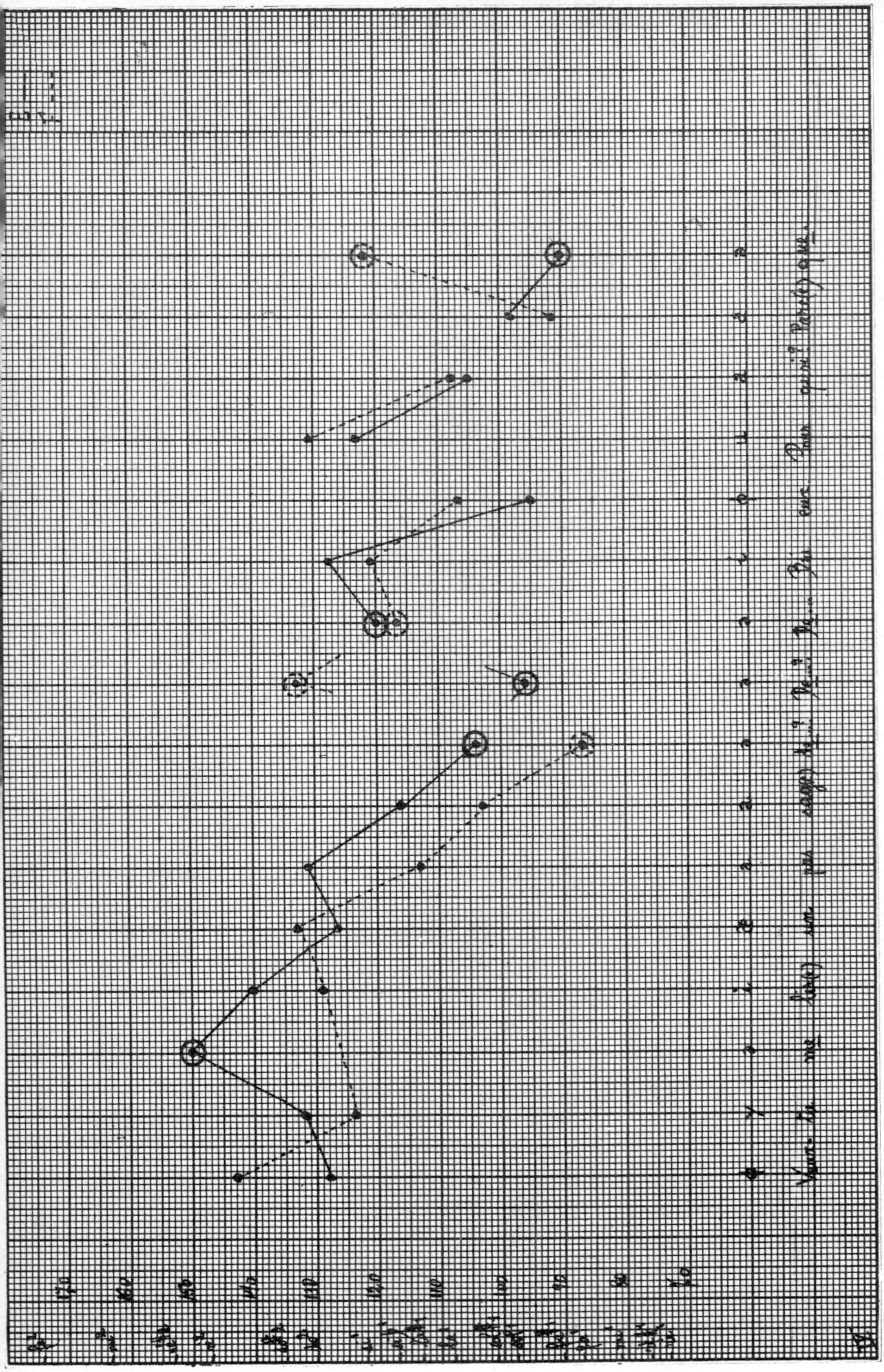

PLANCHE IV

E, F. — Texte A.

Hauteur musicale.

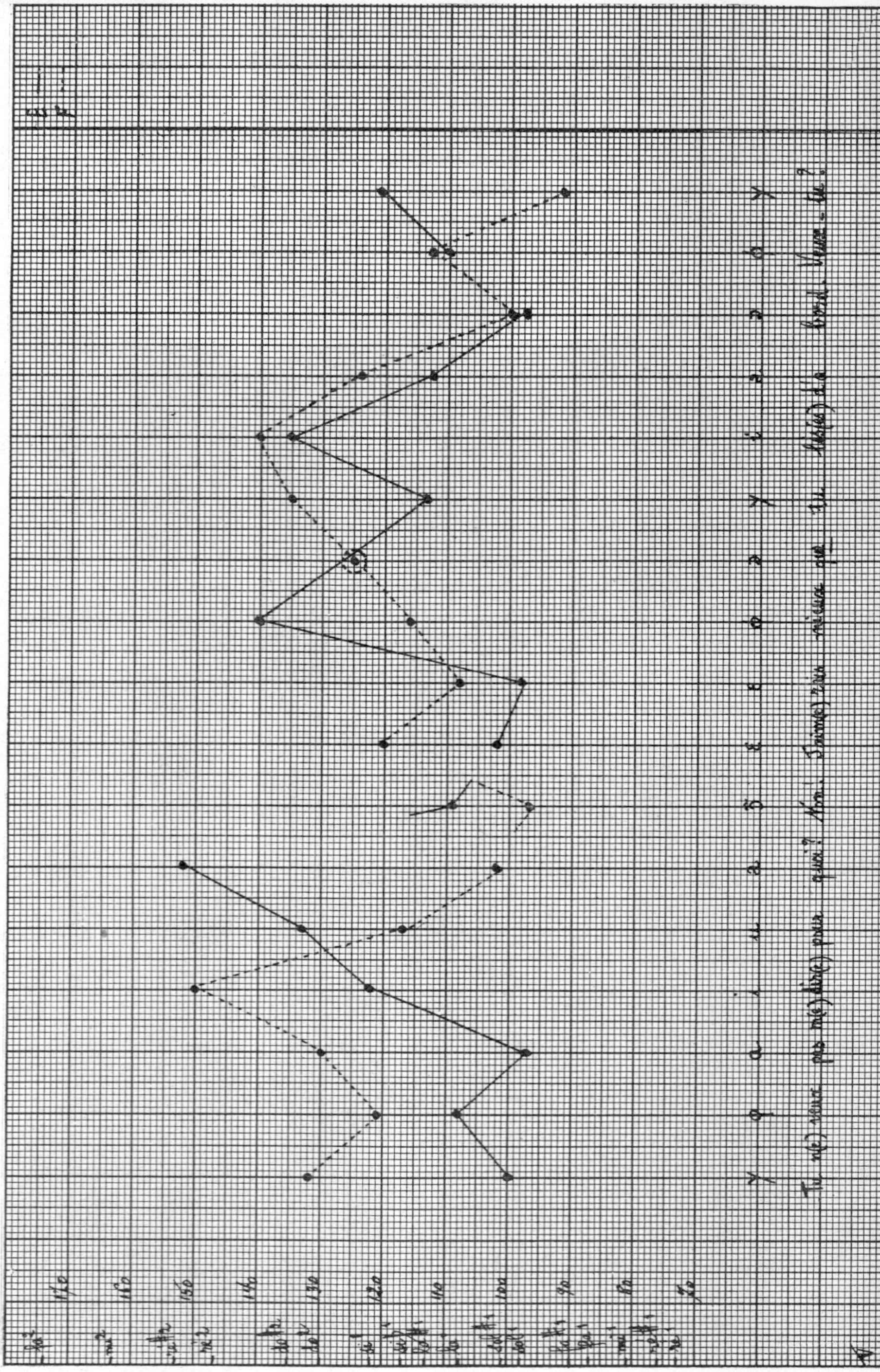

PLANCHE V

E, F. — TEXTE A.

Hauteur musicale.

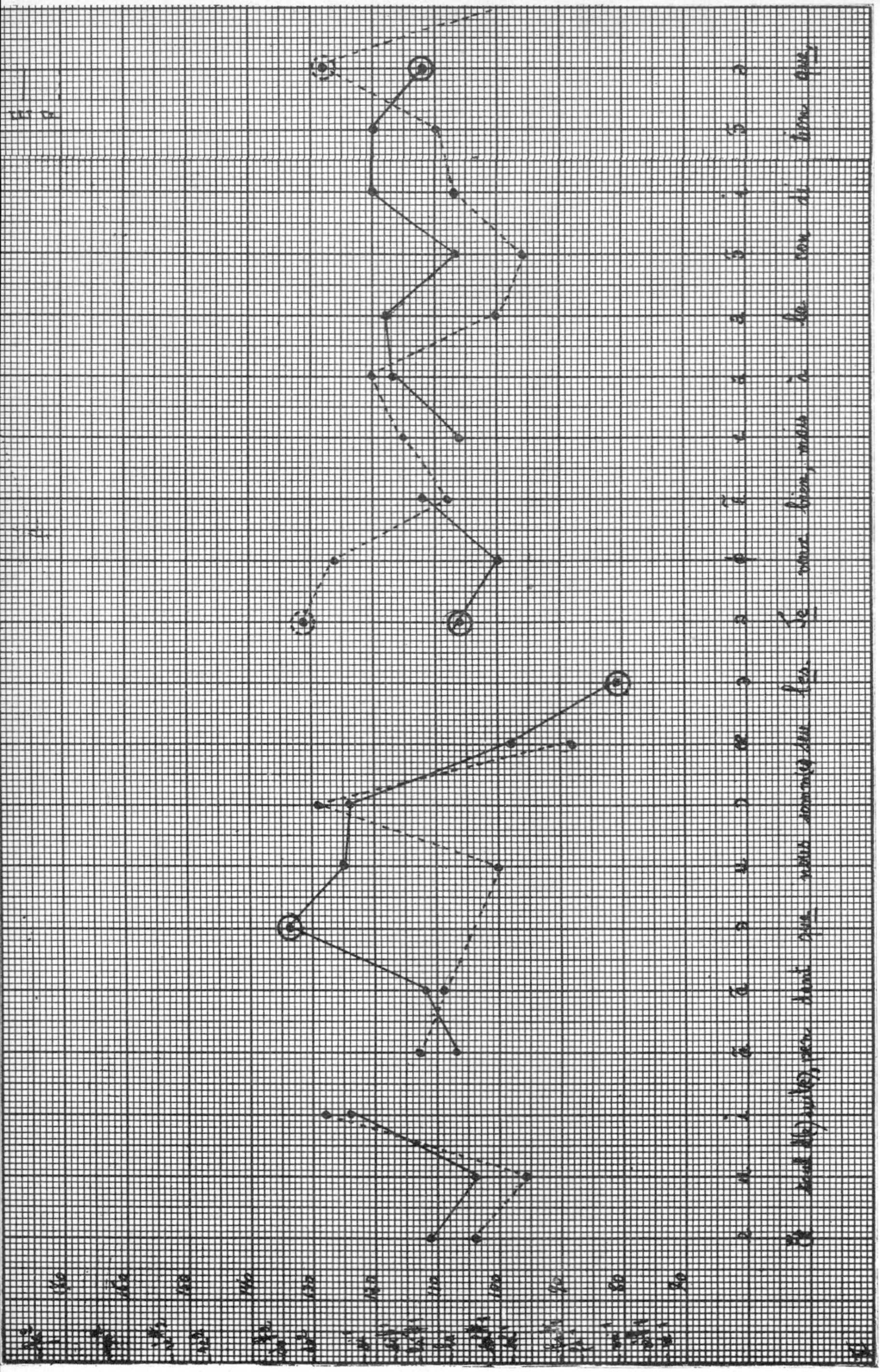

PLANCHE VI

E, F. — Texte A.

Hauteur musicale.

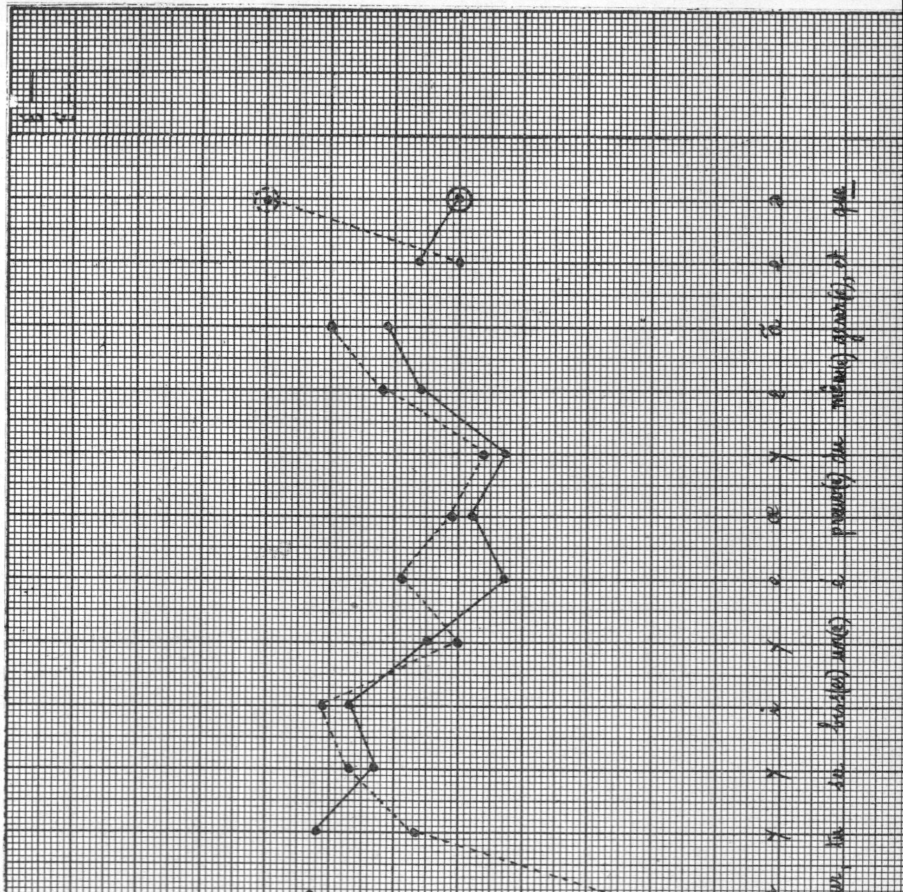

PLANCHE VII

E, F. — Texte A.

Hauteur musicale.

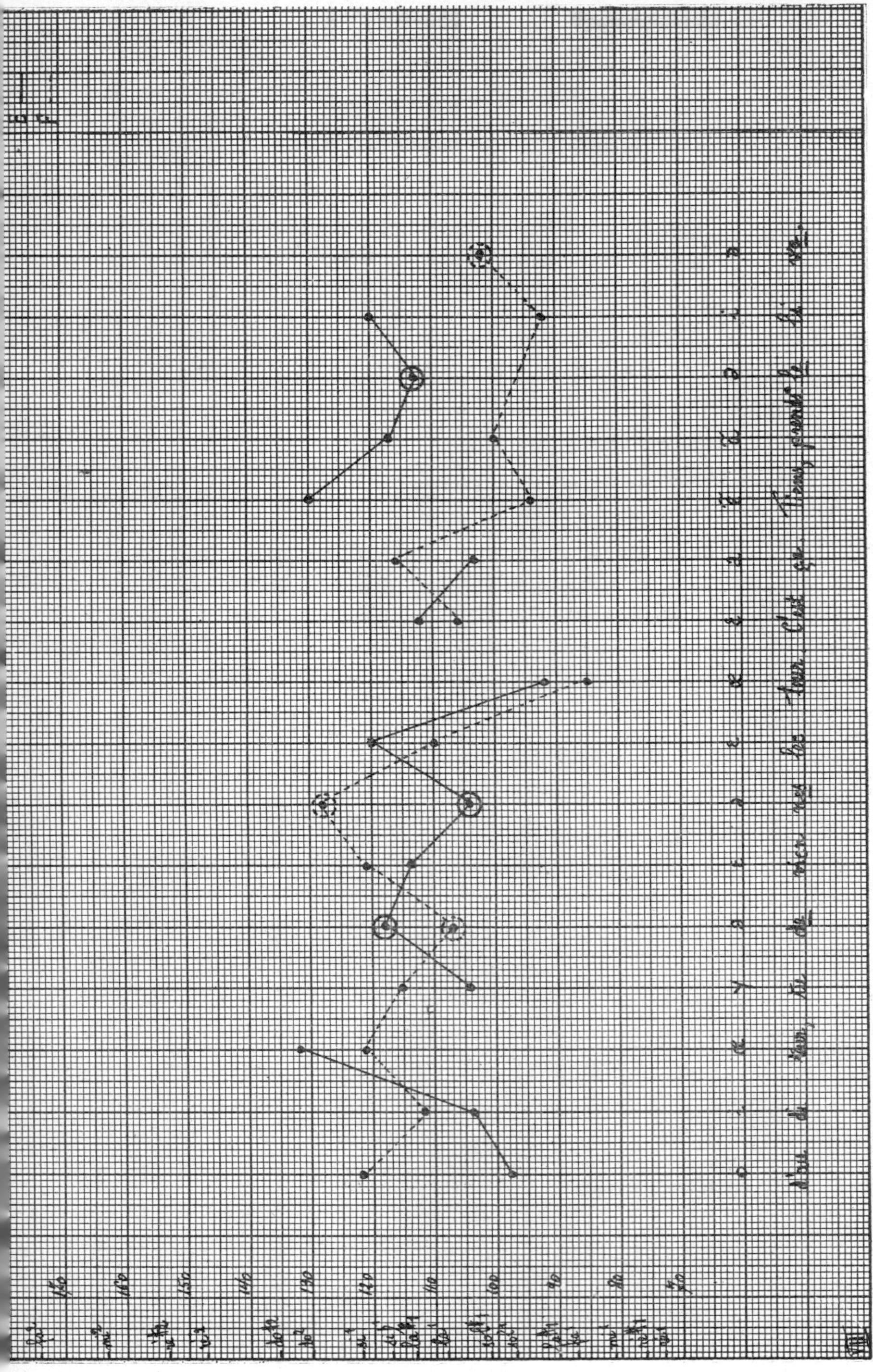

PLANCHE VIII

E, F. — Texte A.

Hauteur musicale.

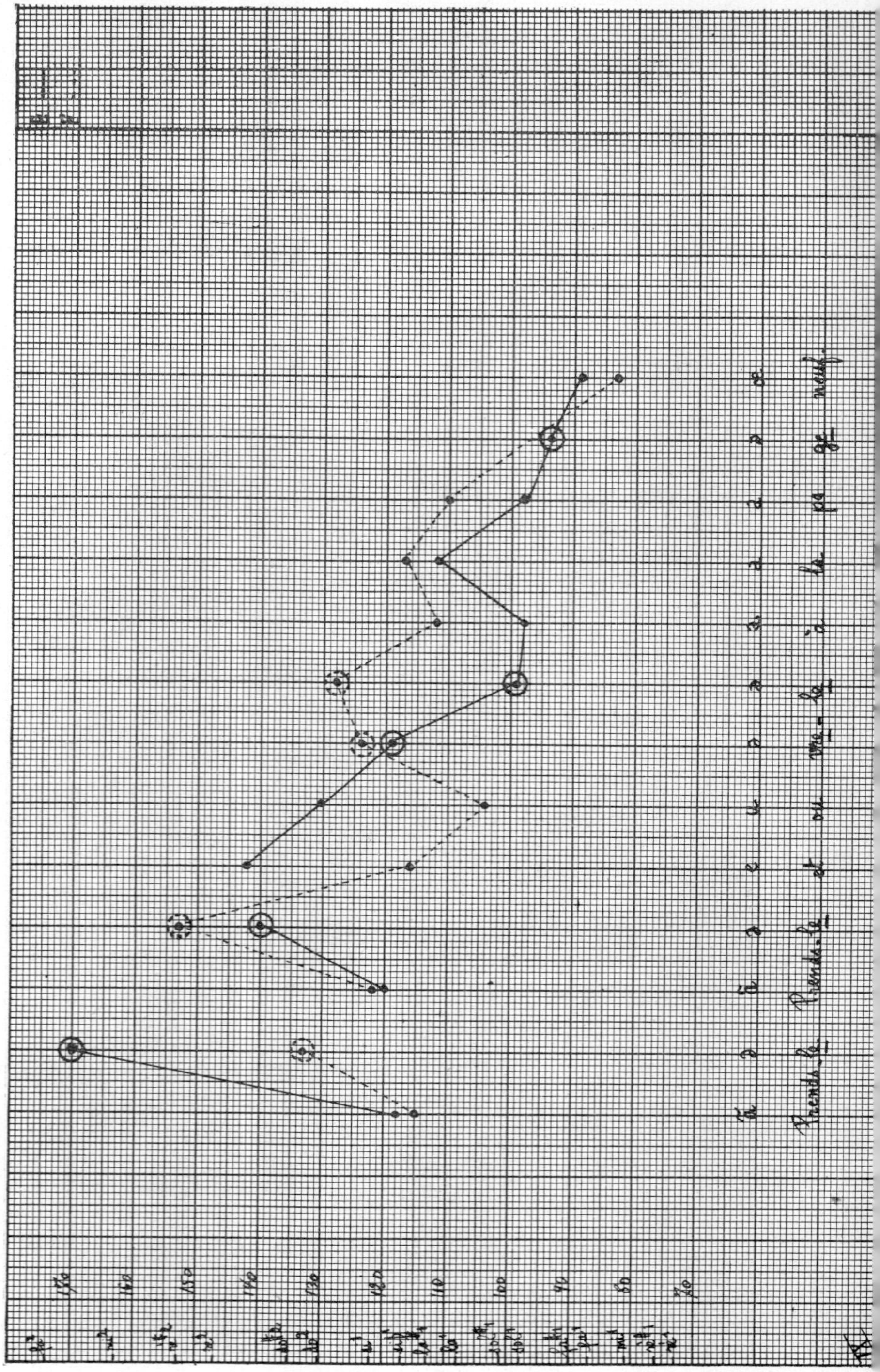

PLANCHE IX

E, F. — Texte A.

Hauteur musicale.

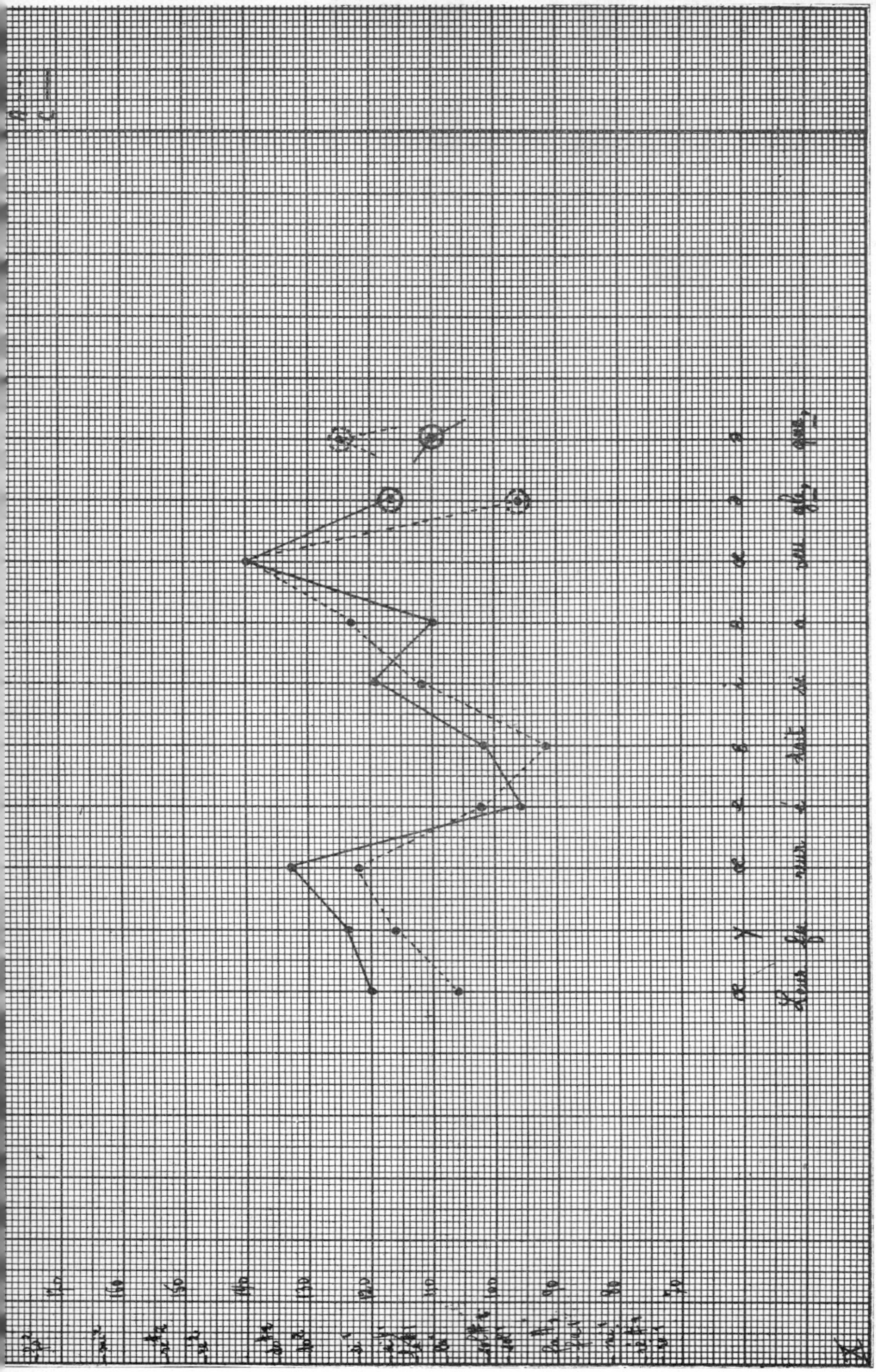

PLANCHE X

A, C. — TEXTE B.

Hauteur musicale.

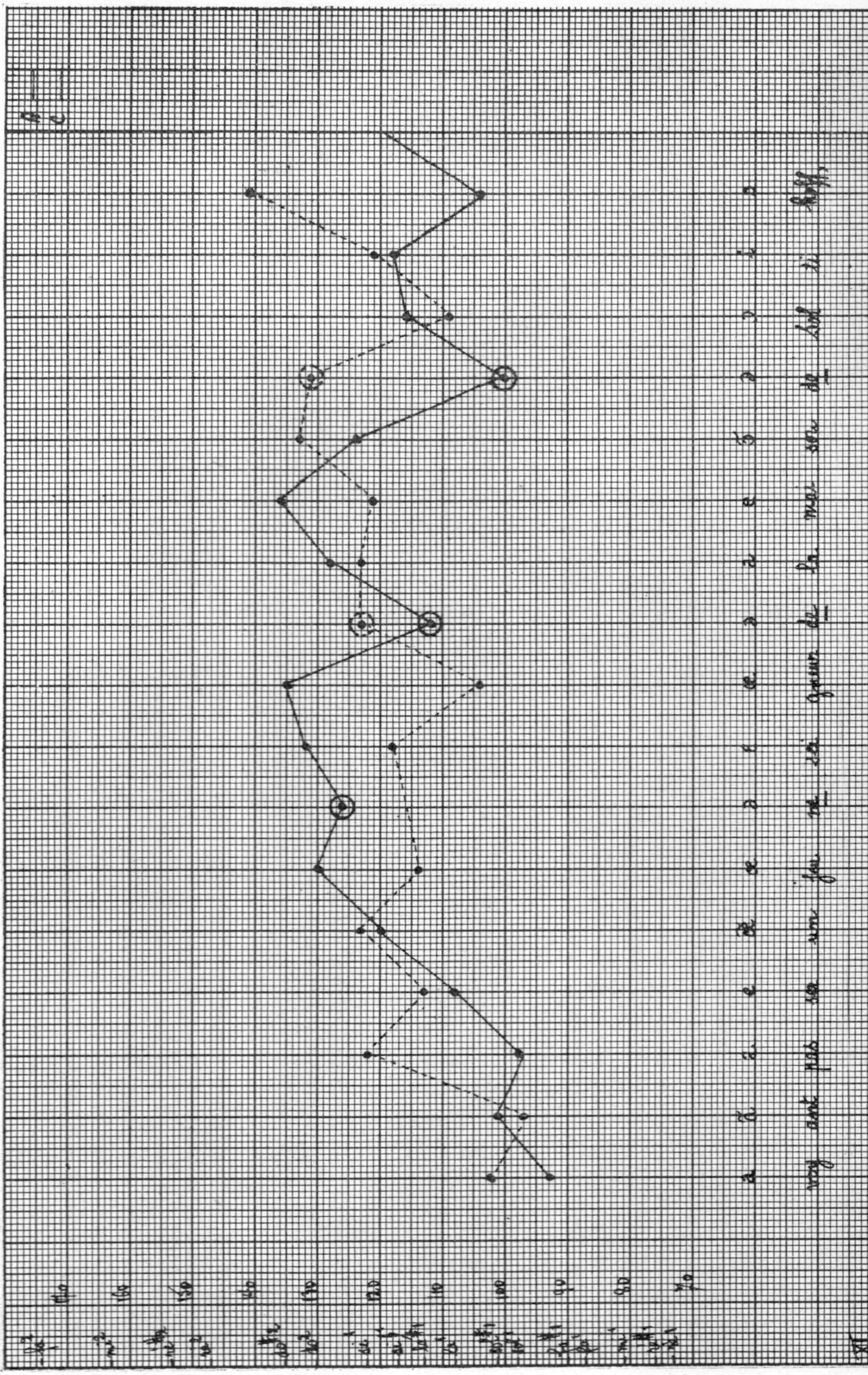

PLANCHE XI

A, C. — TEXTE B.

Hauteur musicale.

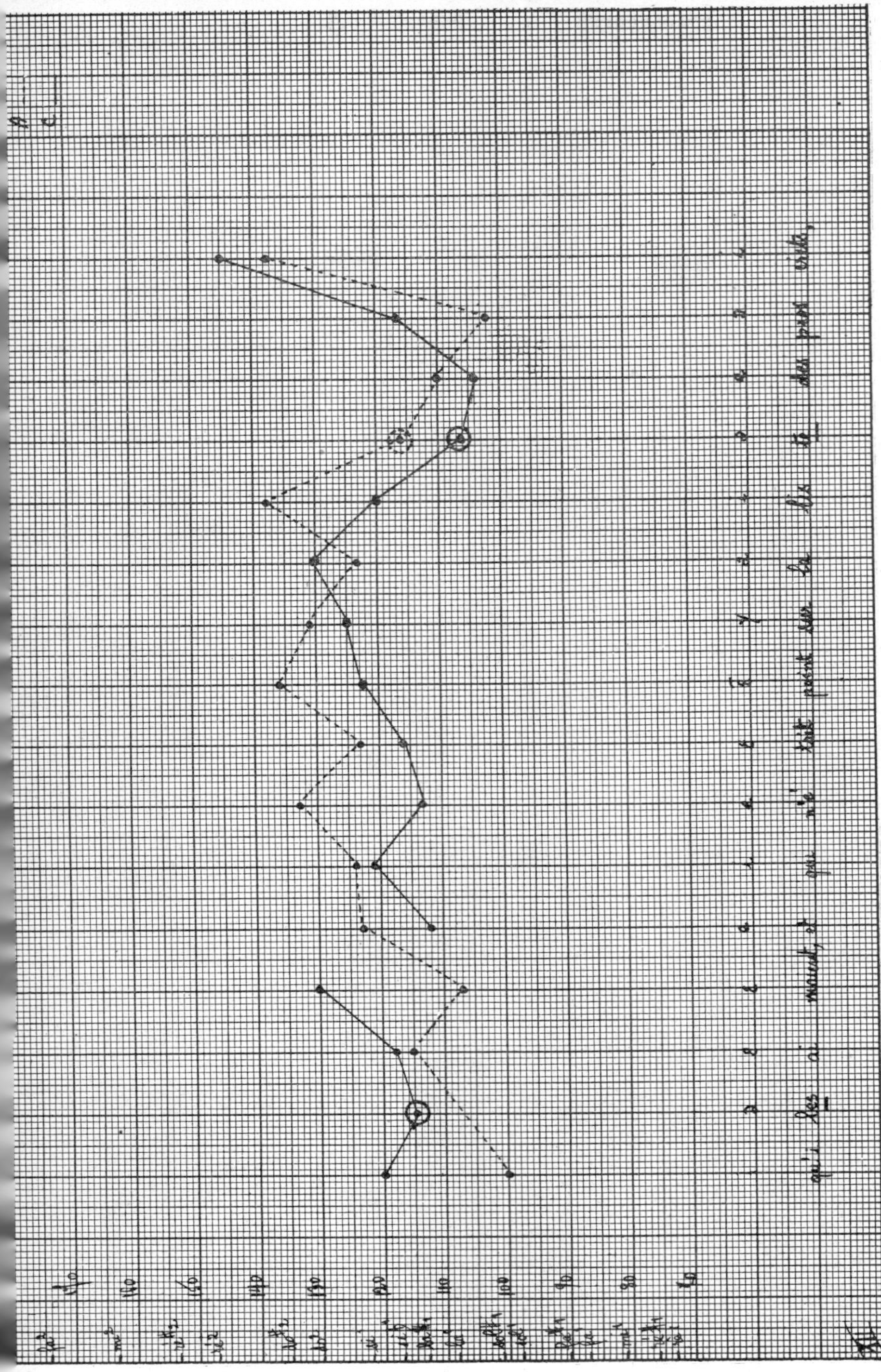

PLANCHE XII

A, C. — Texte B.

Hauteur musicale.

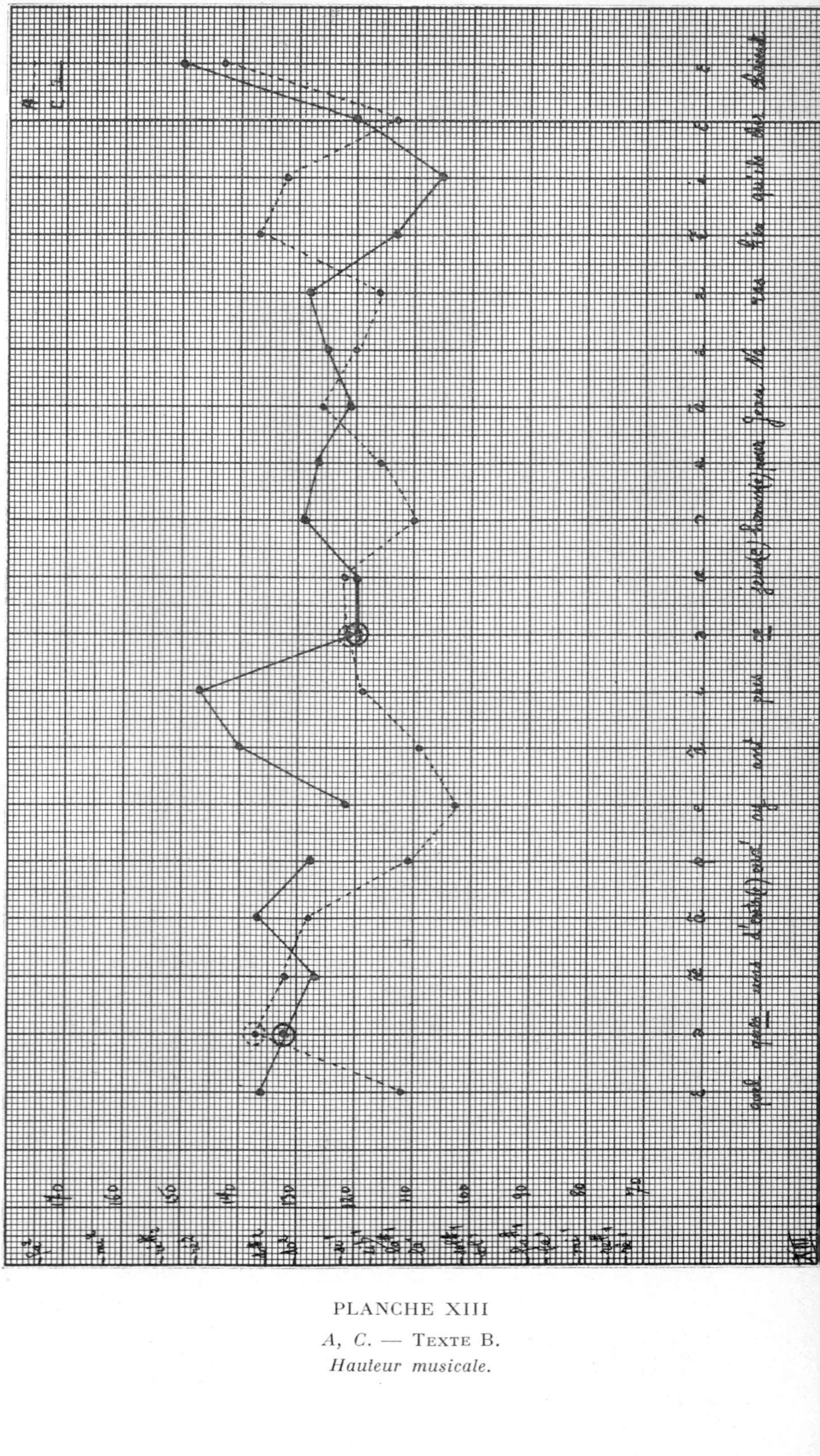

PLANCHE XIII

A, C. — Texte B.

Hauteur musicale.

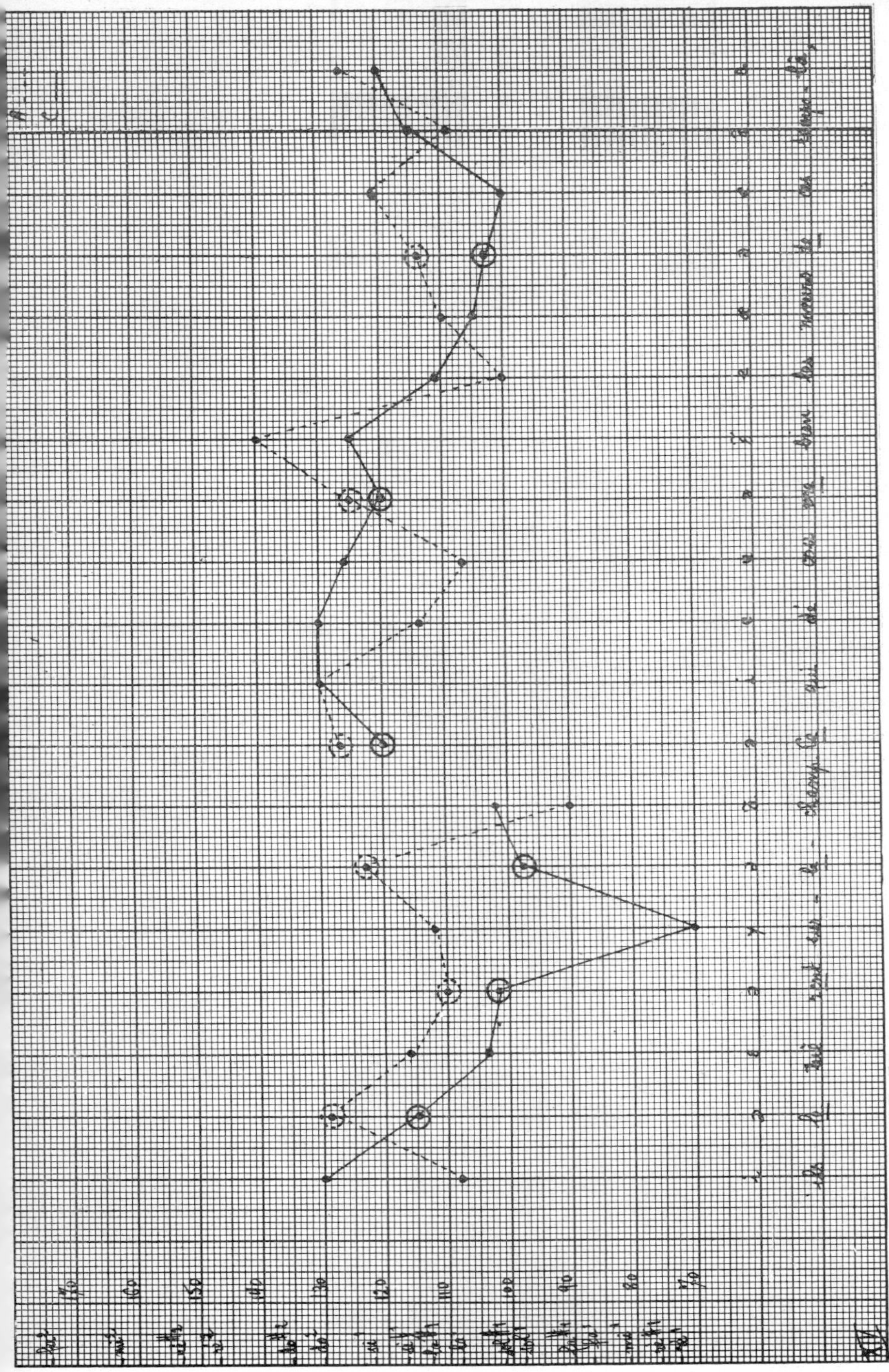

PLANCHE XIV

A, C. — Texte B.

Hauteur musicale.

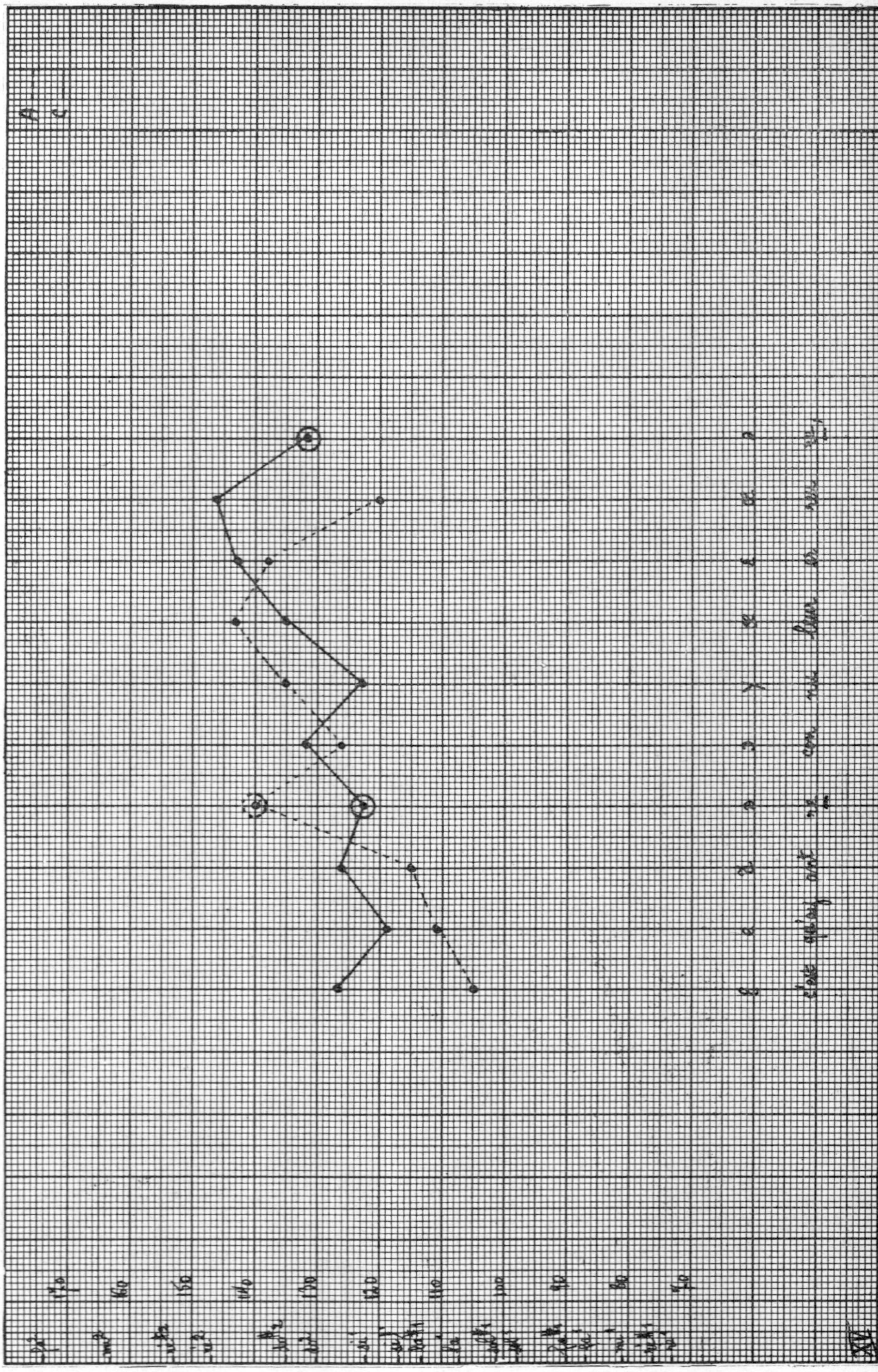

PLANCHE XV

A, C. — Texte B.

Hauteur musicale.

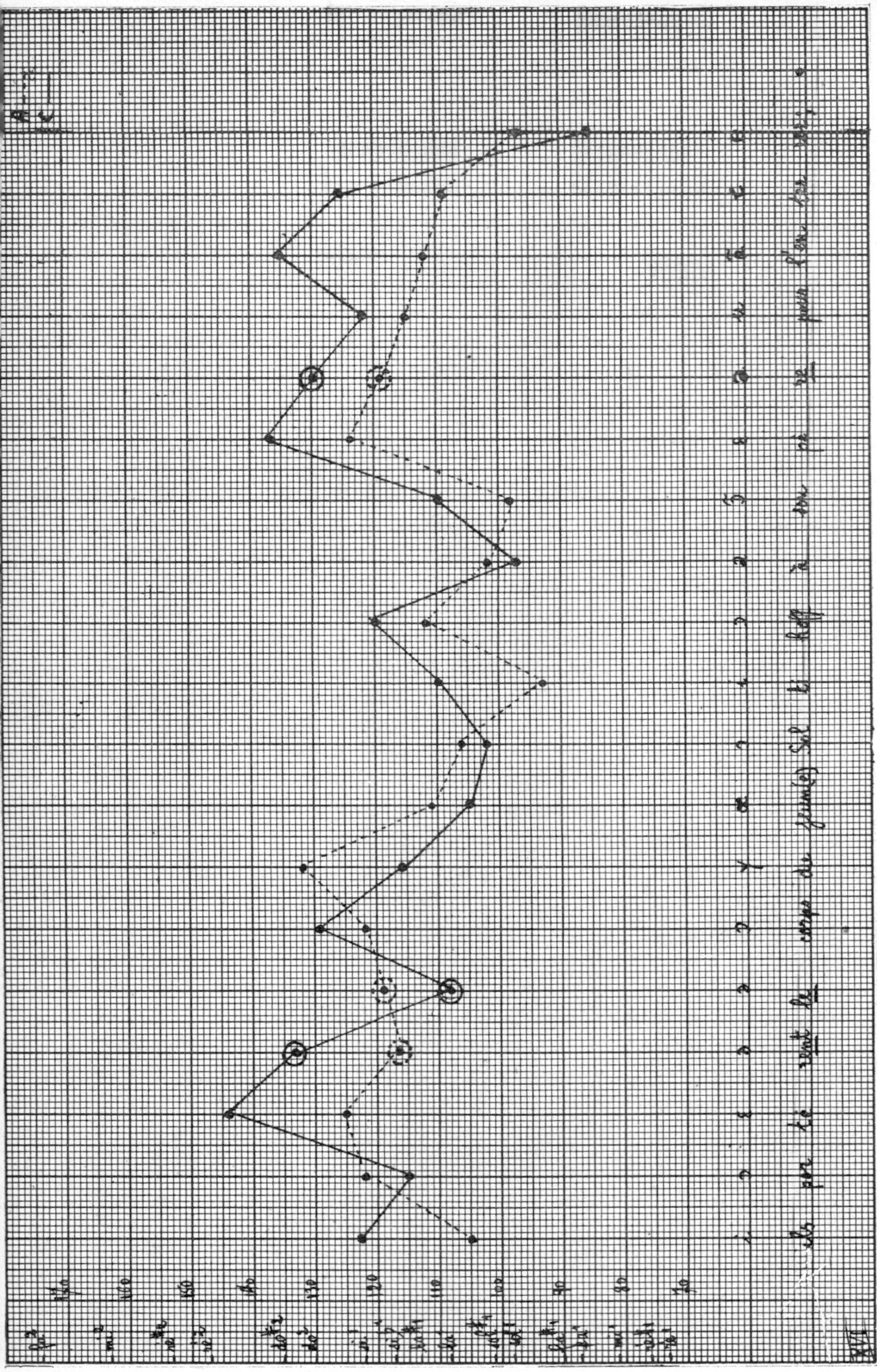

PLANCHE XVI

A, C. — TEXTE B.

Hauteur musicale.

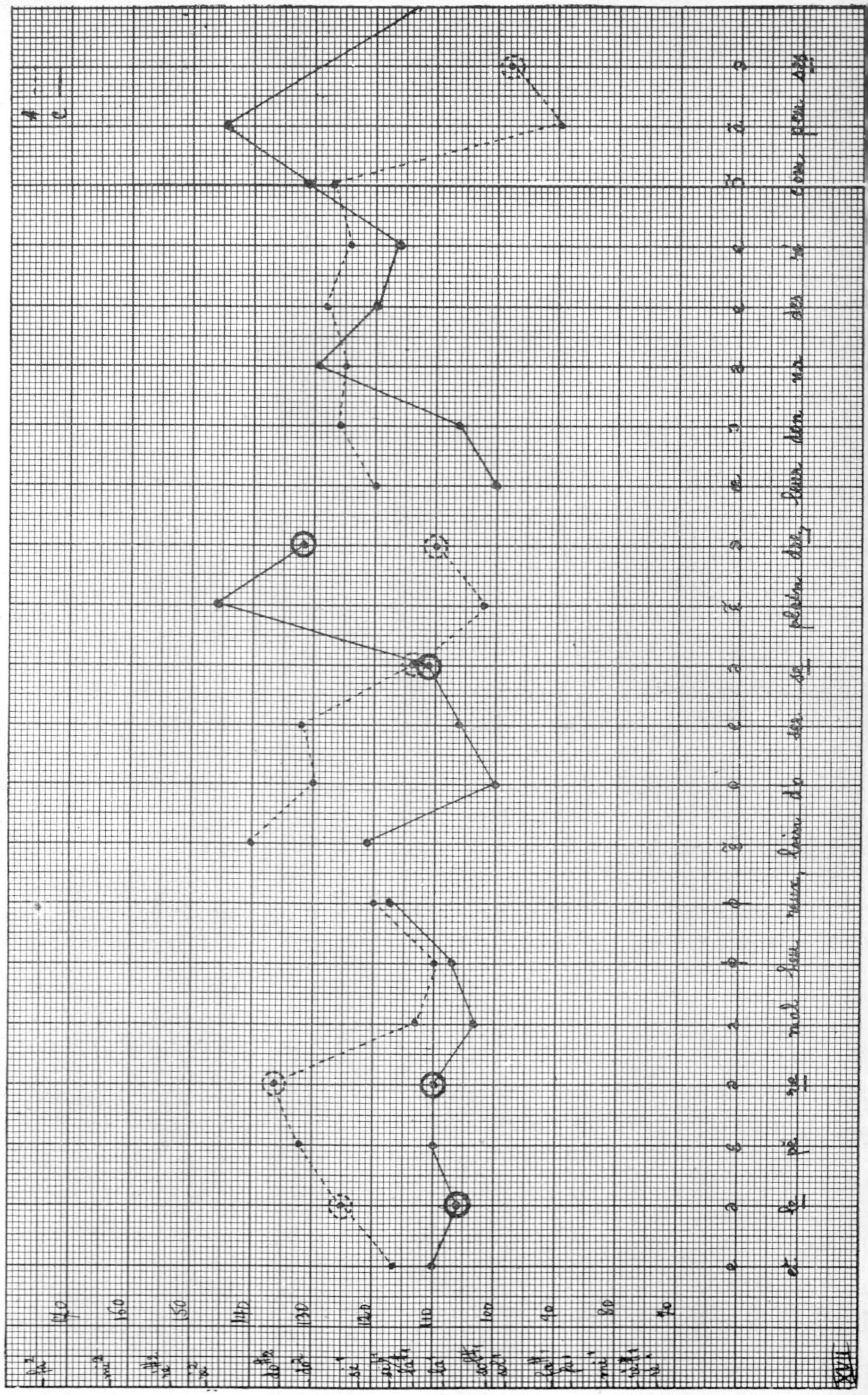

PLANCHE XVII

A, C. — TEXTE B.

Hauteur musicale.

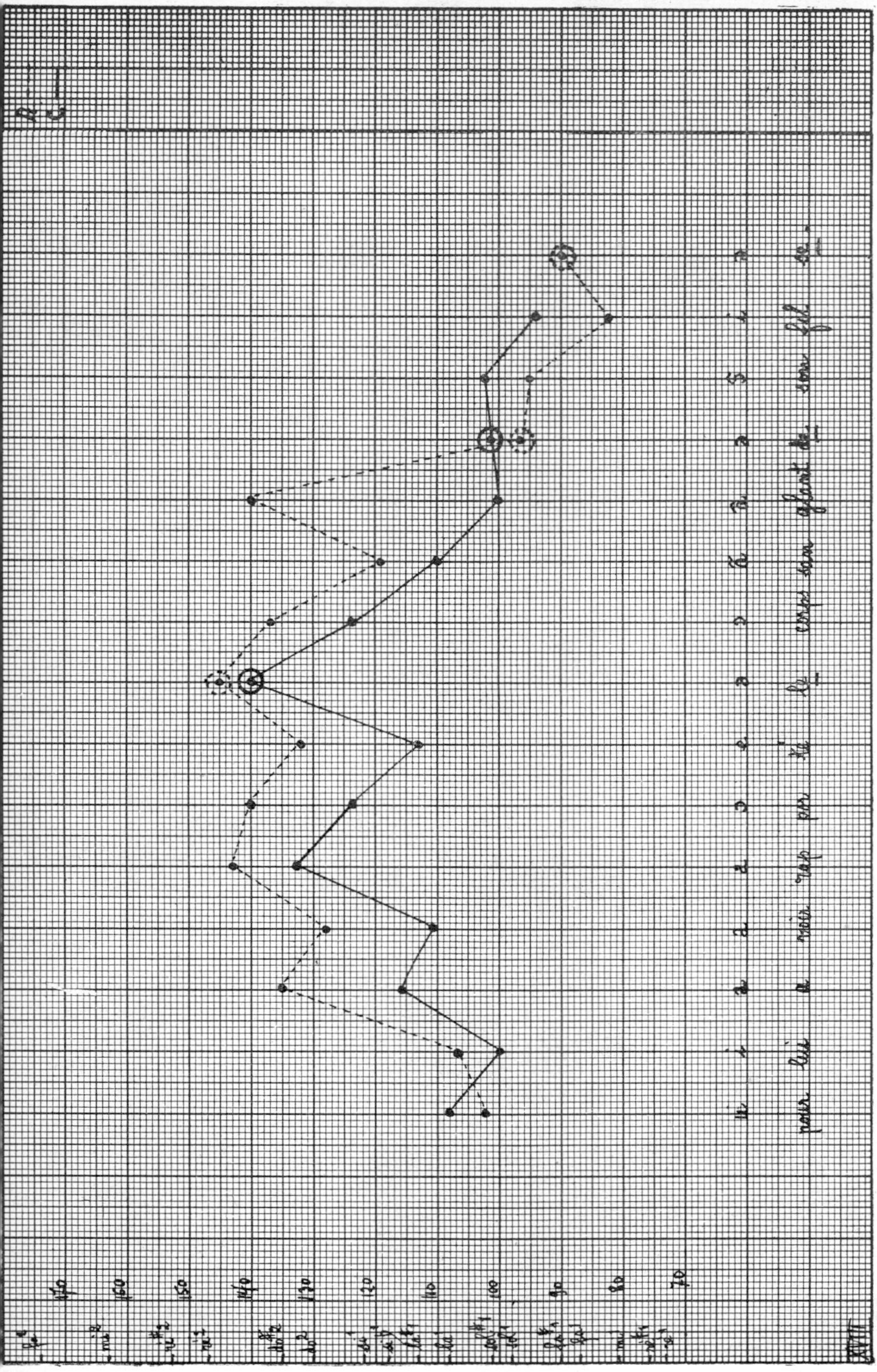

PLANCHE XVIII

A, C. — TEXTE B.

Hauteur musicale.

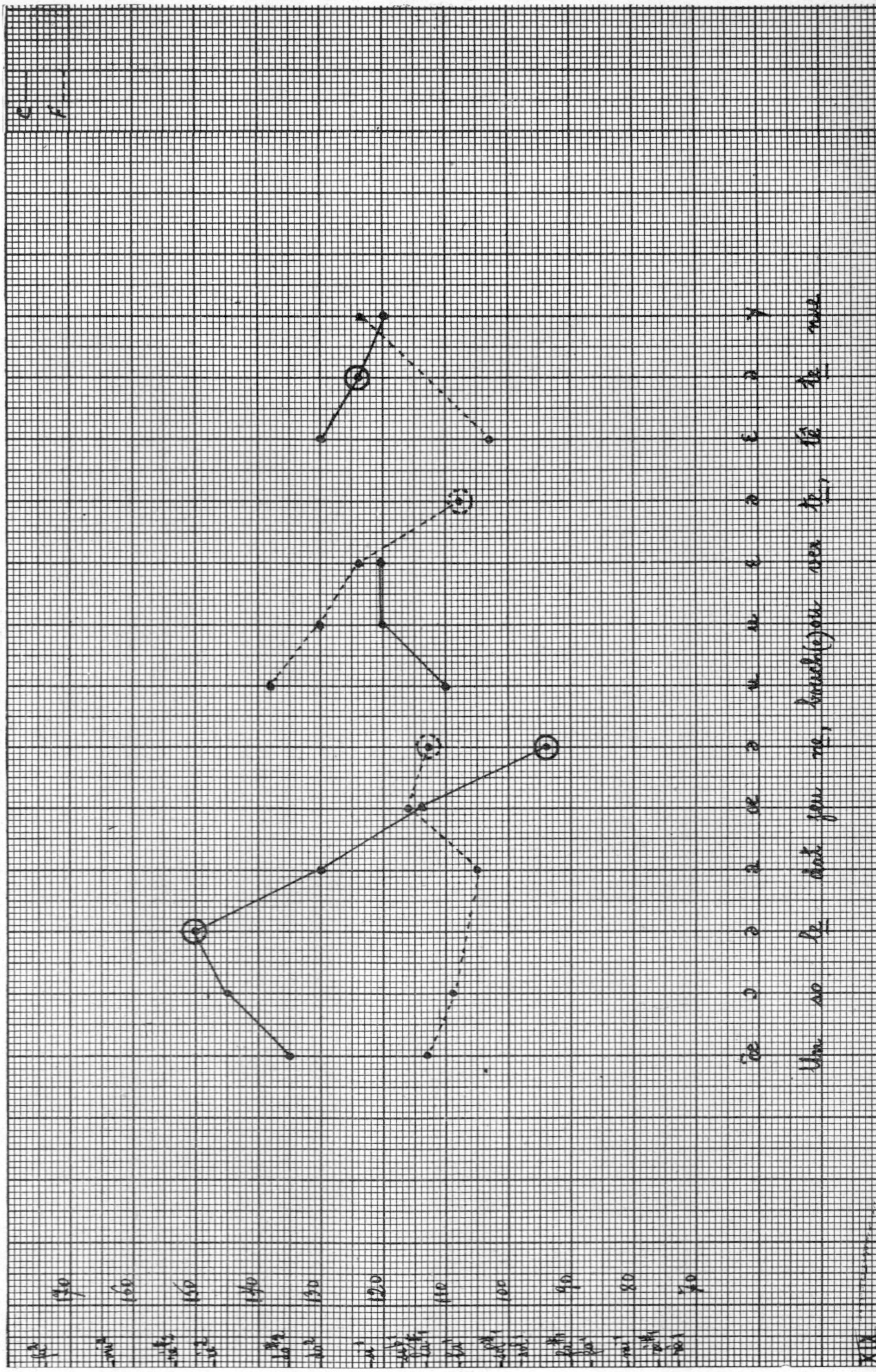

PLANCHE XIX

C, F. — Le dormeur du val.

Hauteur musicale.

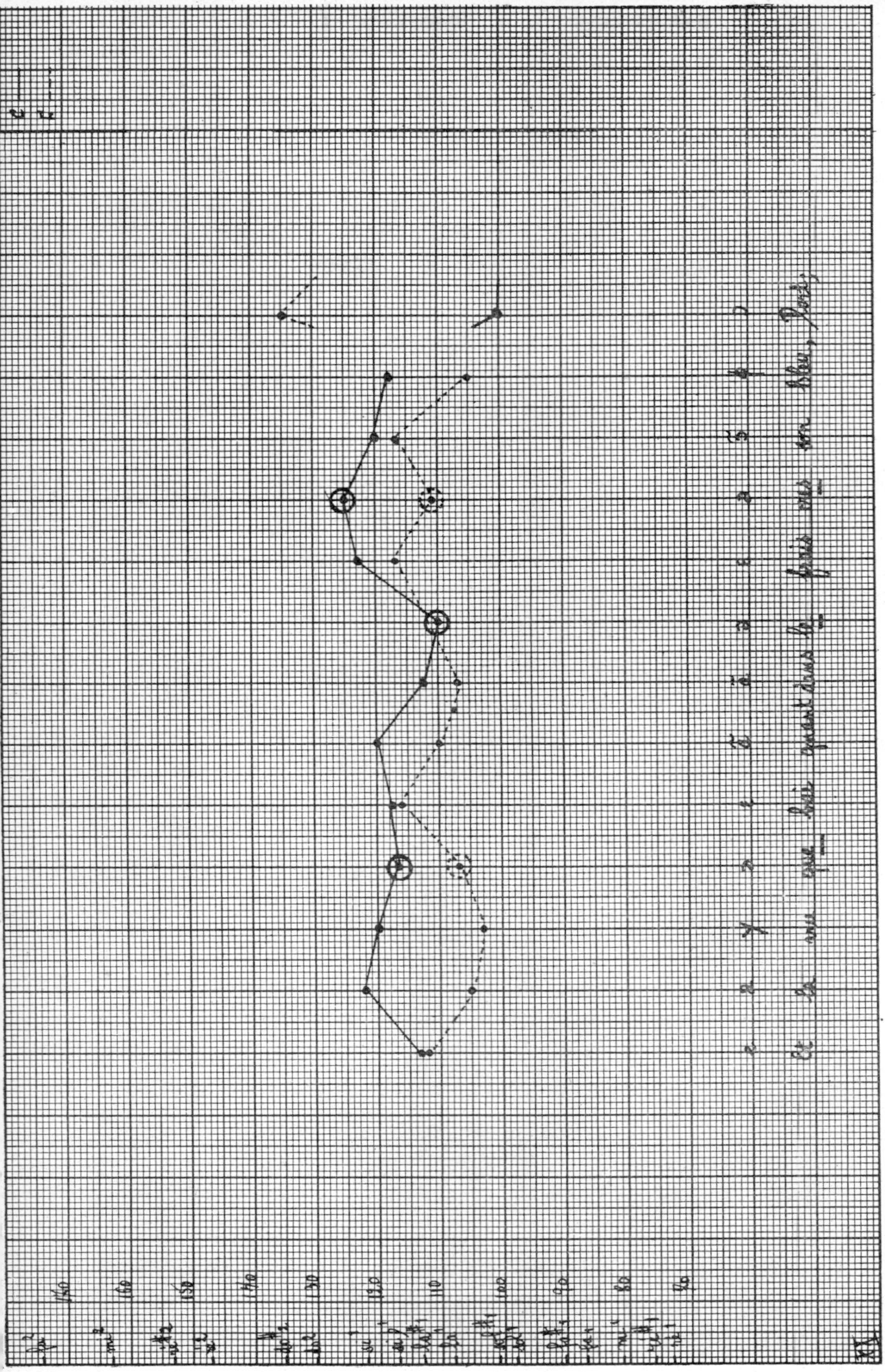

PLANCHE XX

C, F. — Le dormeur du val.

Hauteur musicale.

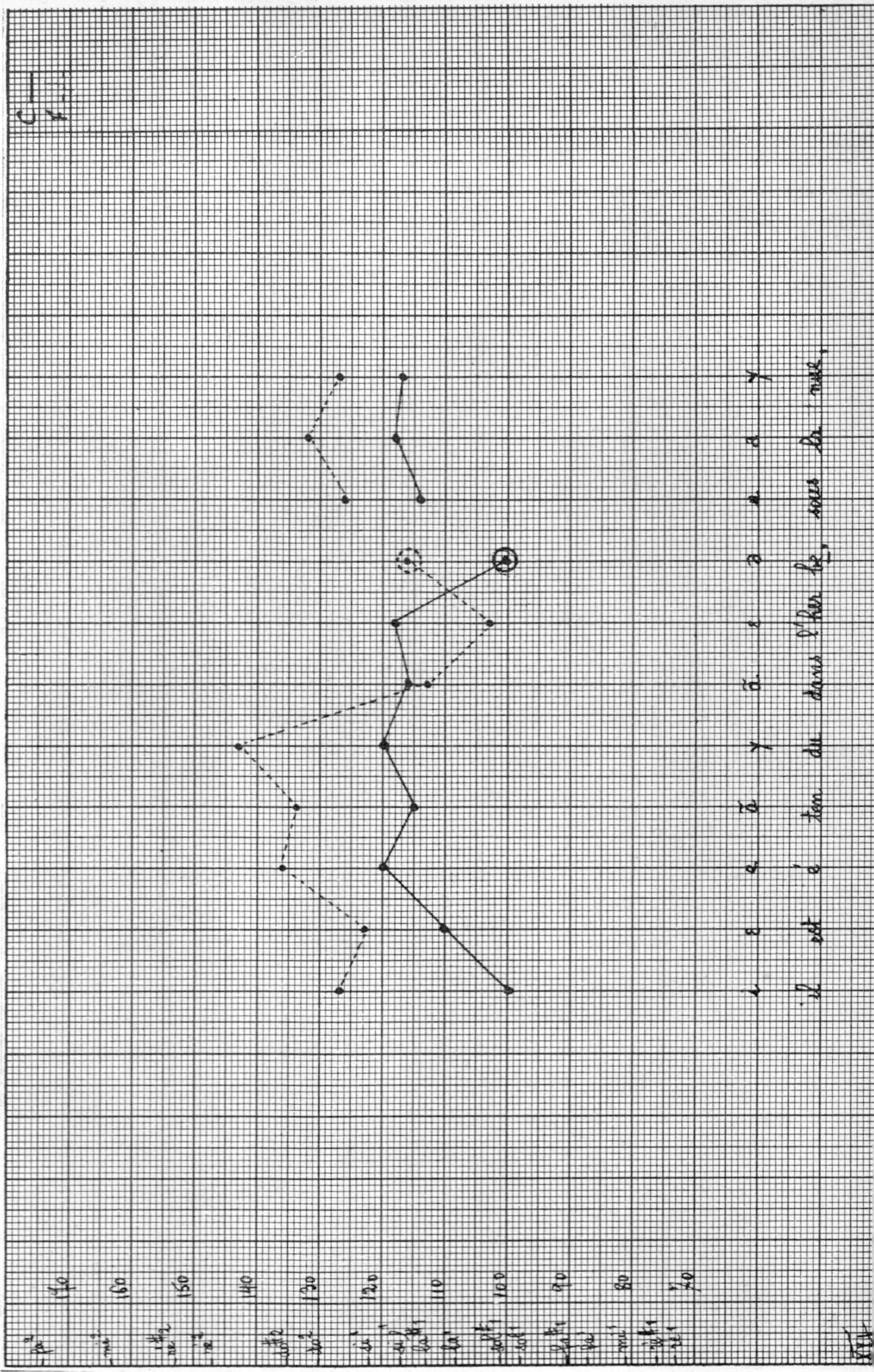

PLANCHE XXI

C, F. — Le dormeur du val.

Hauteur musicale.

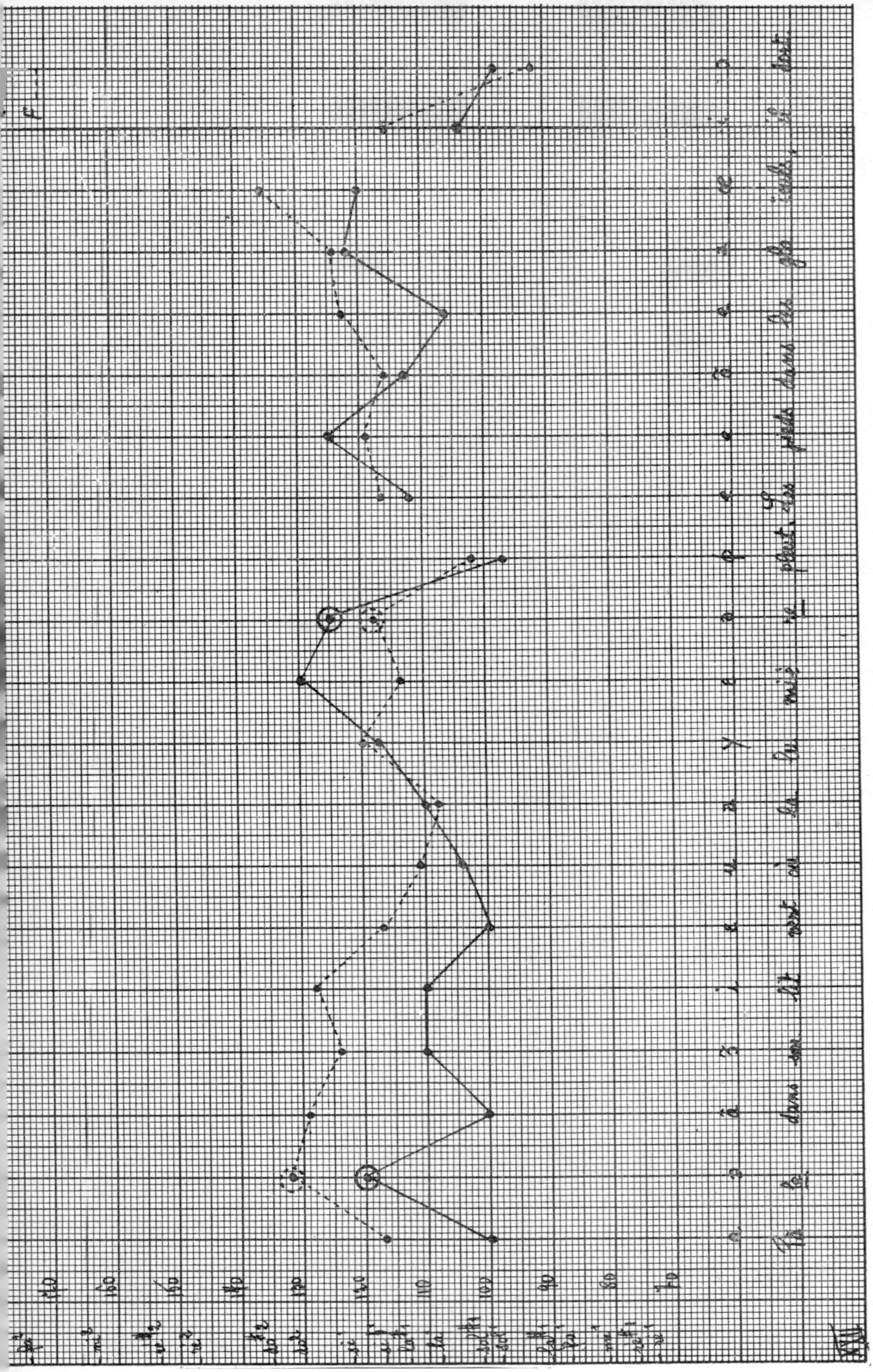

PLANCHE XXII

C, F. — Le dormeur du val.

Hauteur musicale.

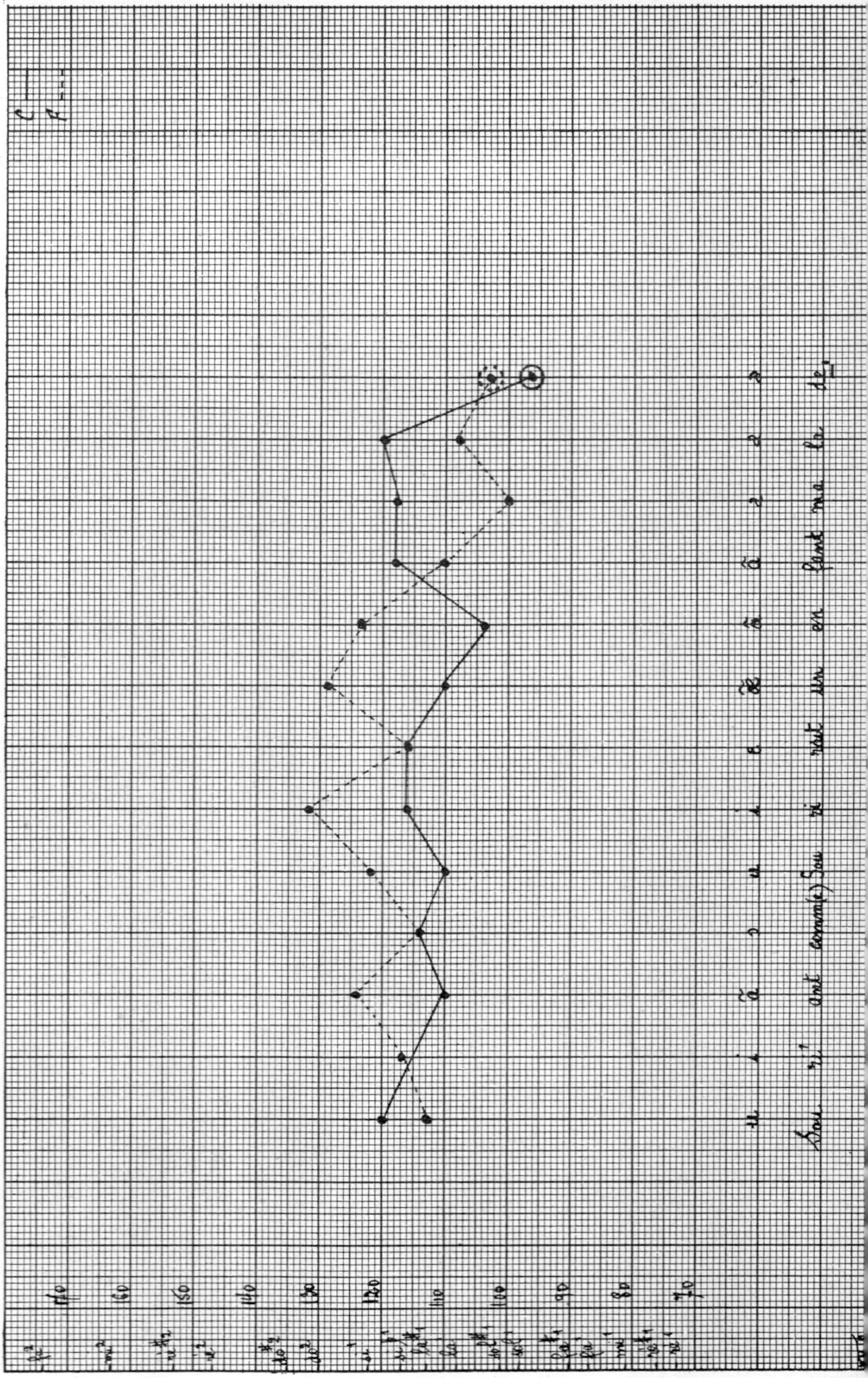

PLANCHE XXIII

C, F. — Le dormeur du val.

Hauteur musicale.

(1) *C* n'a pas observé la diérèse.

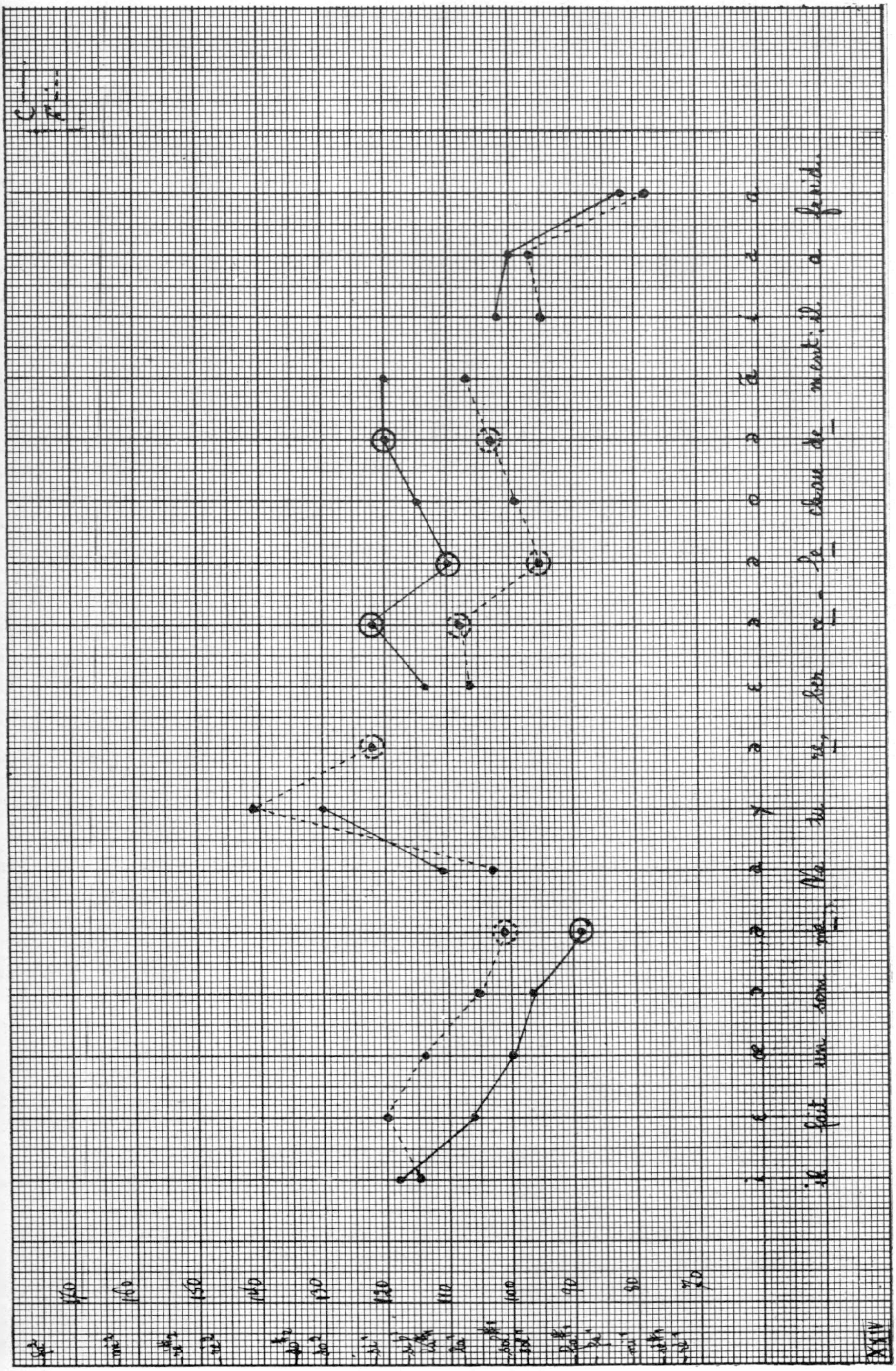

PLANCHE XXIV

C, F. — Le dormeur du val.

Hauteur musicale.

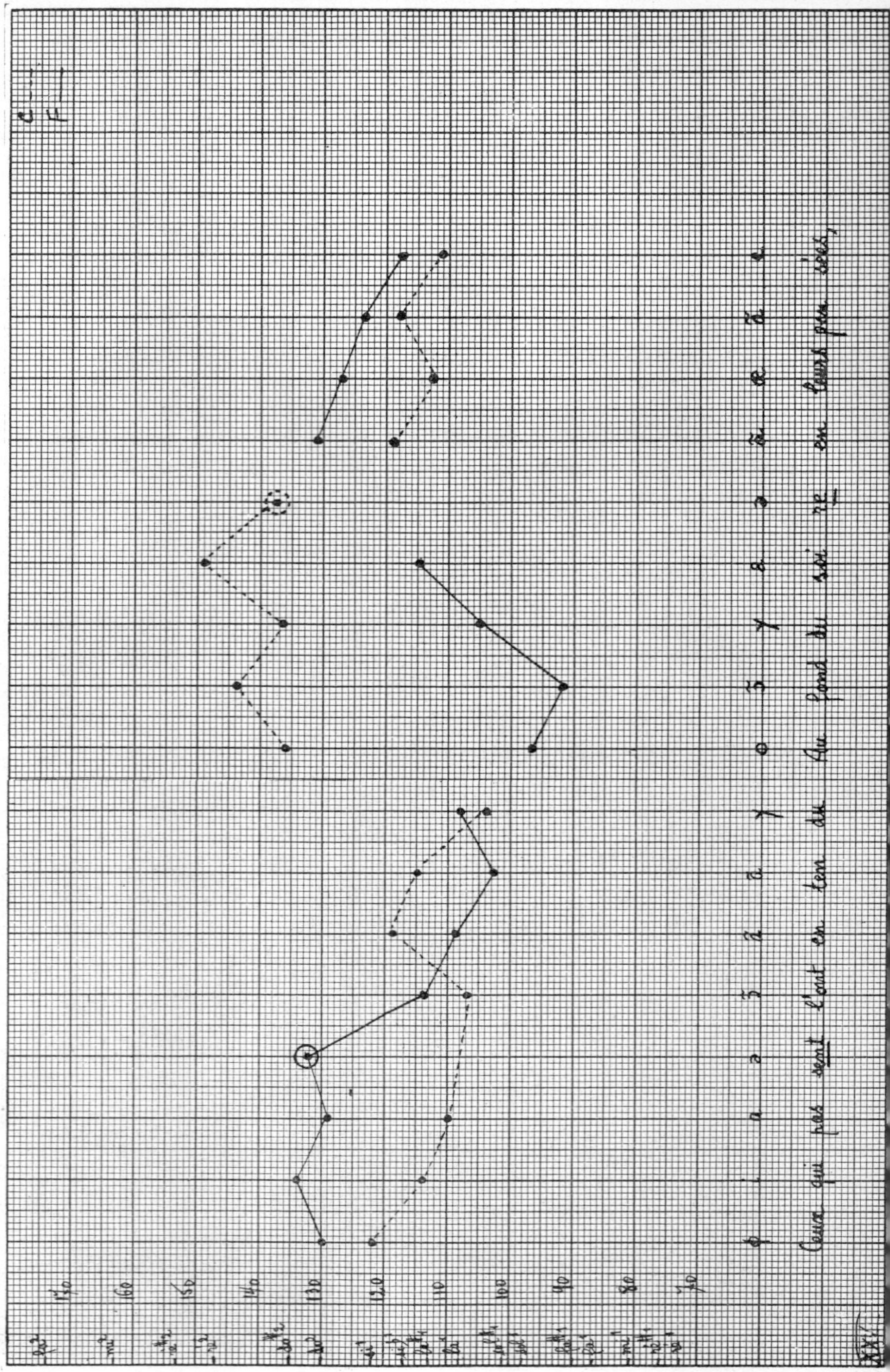

PLANCHE XXV

C, F. — ODELETTE.

Hauteur musicale.

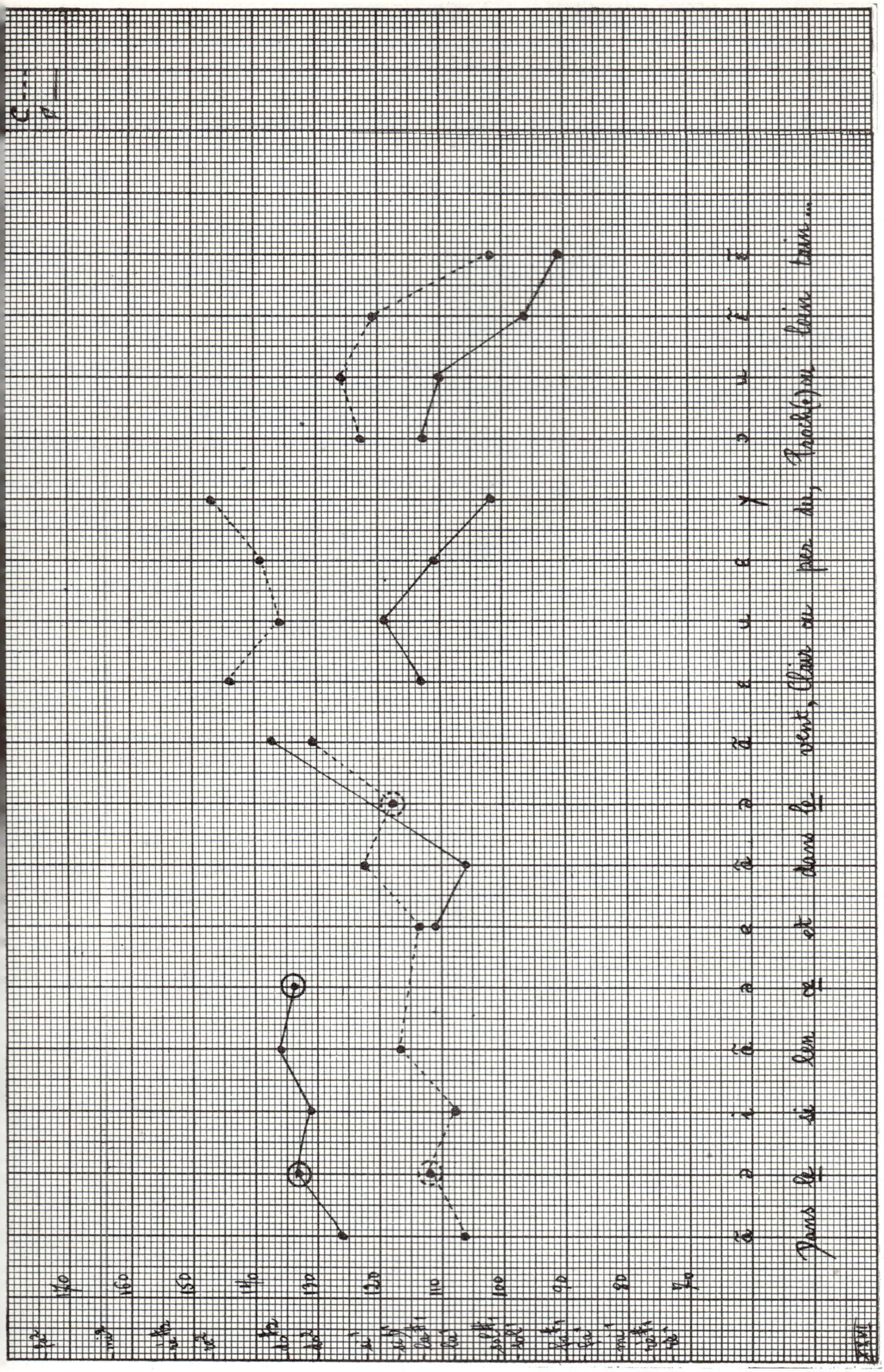

PLANCHE XXVI

C, F. — Odelette.

Hauteur musicale.

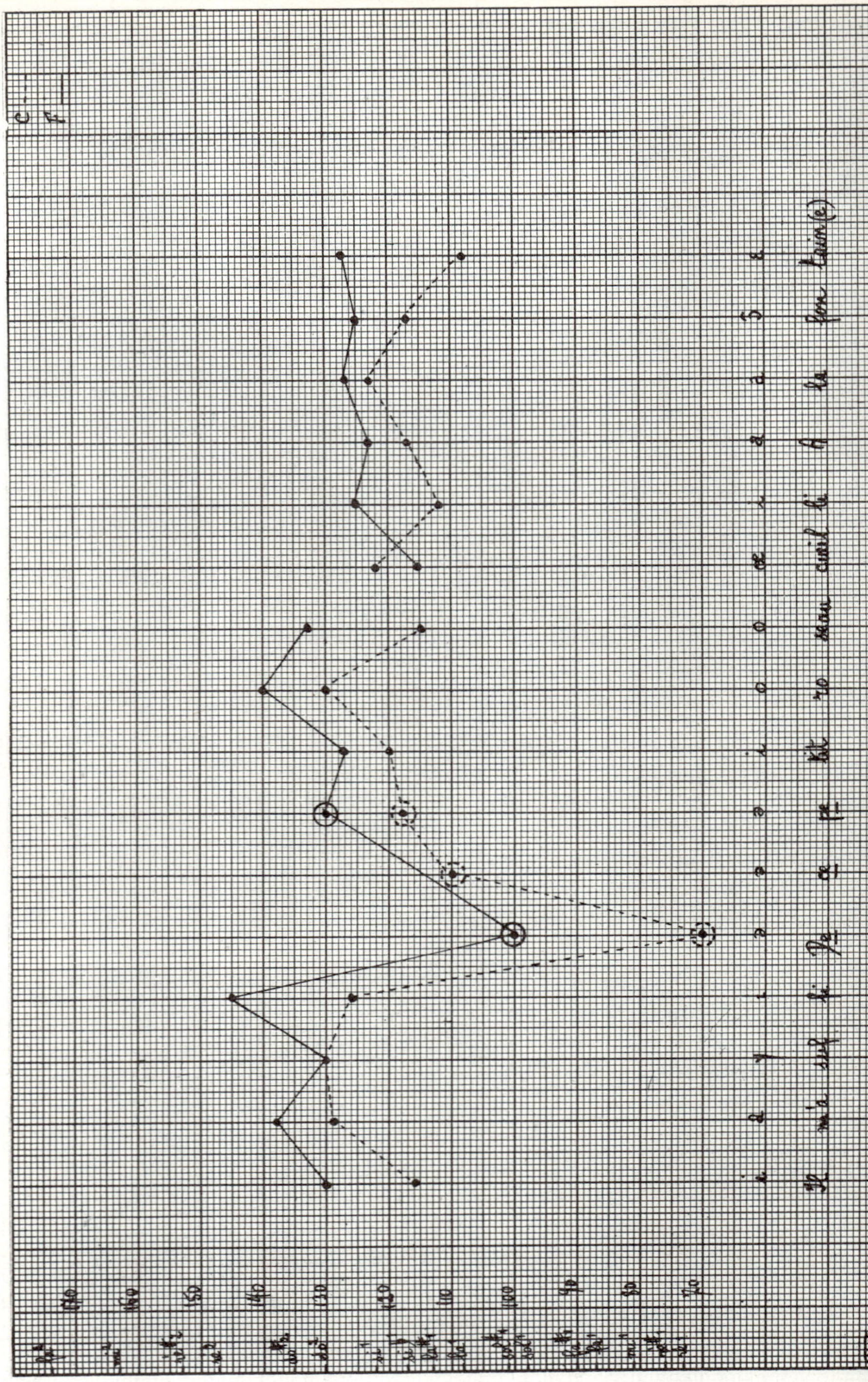

PLANCHE XXIX

C, F. — ODELETTE.

Hauteur musicale.

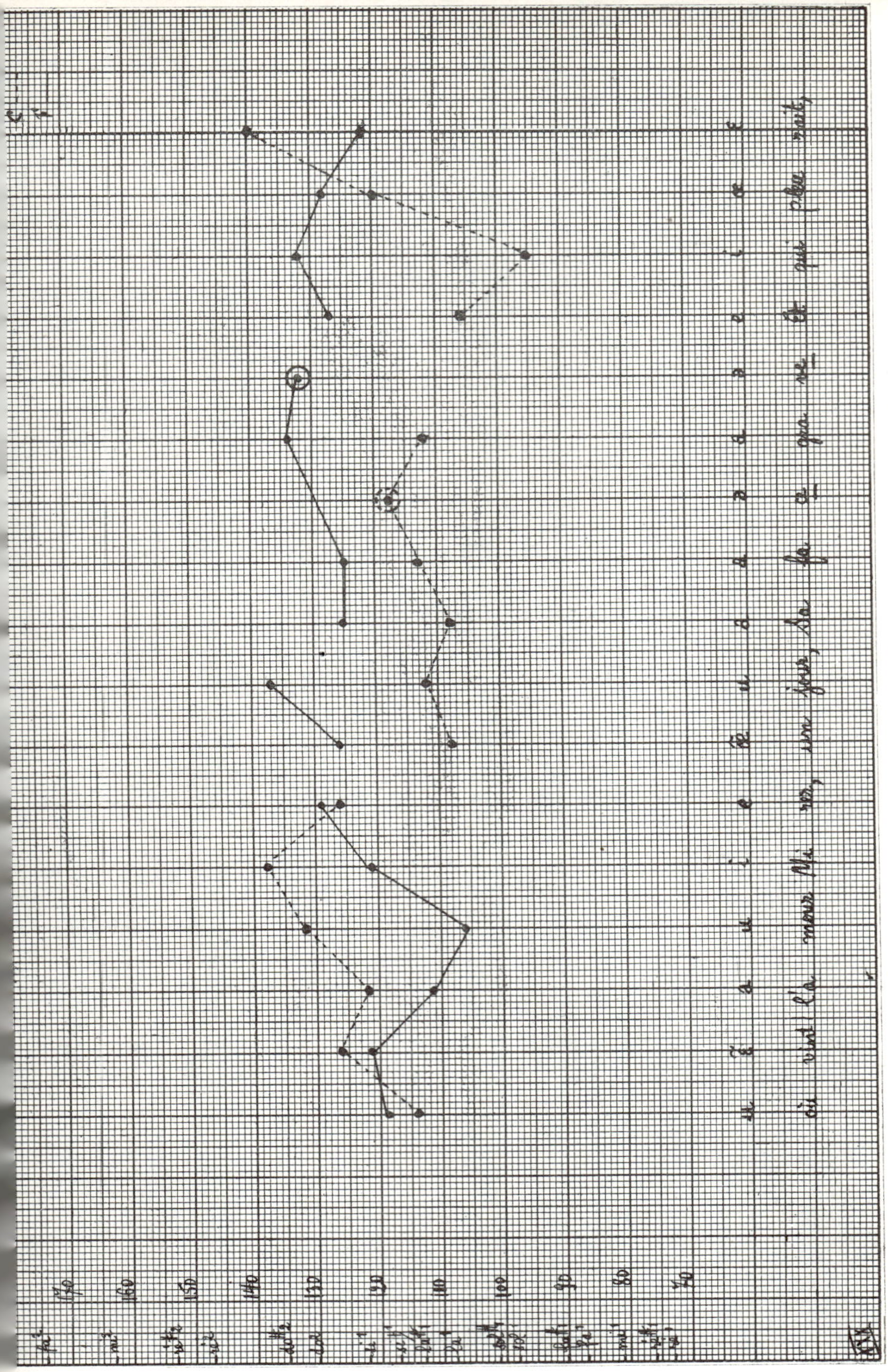

PLANCHE XXX

C, F. — ODELETTE.

Hauteur musicale.

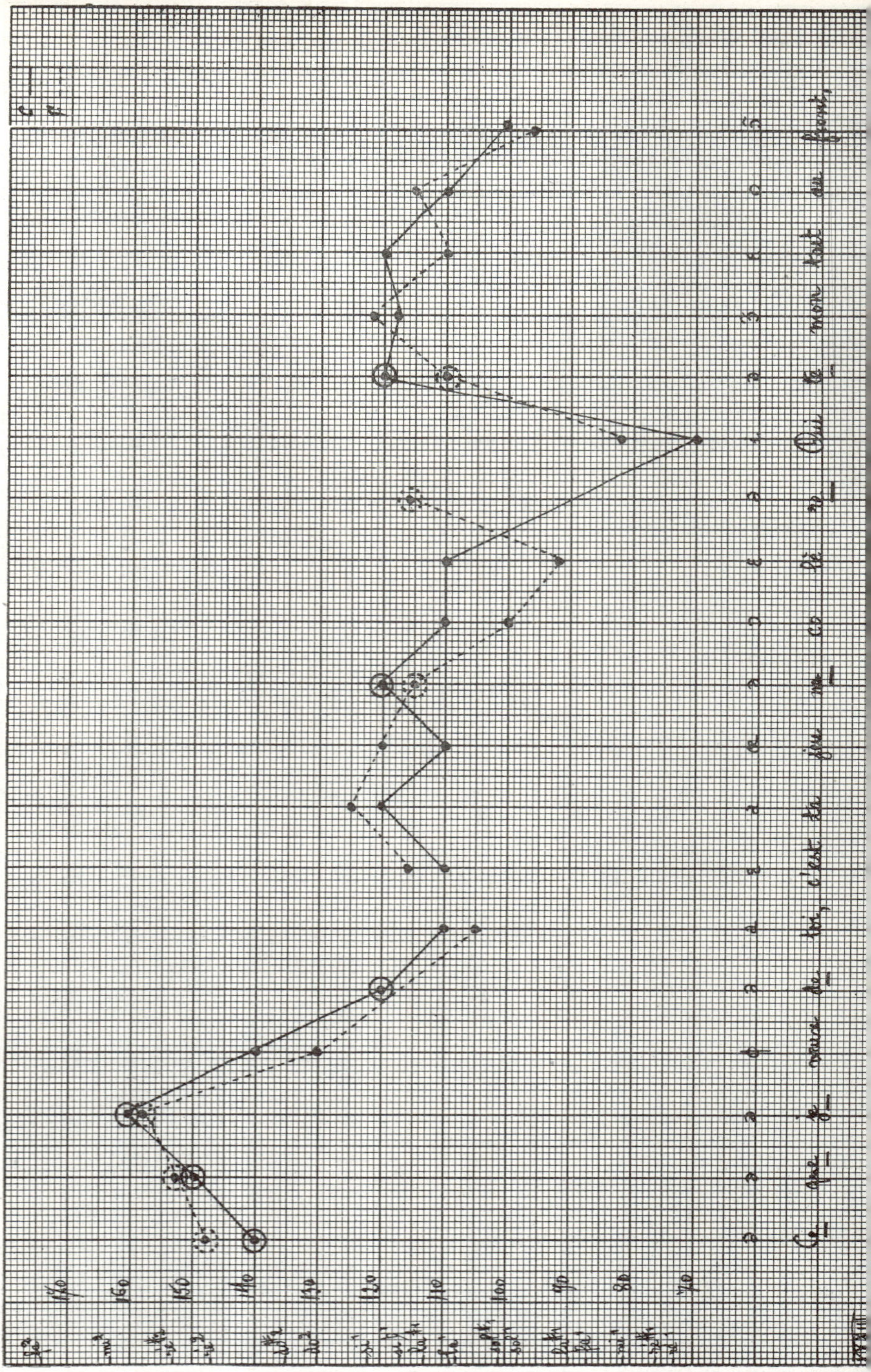

PLANCHE XXXIII

C, F. — ÉPILOGUE.

Hauteur musicale.

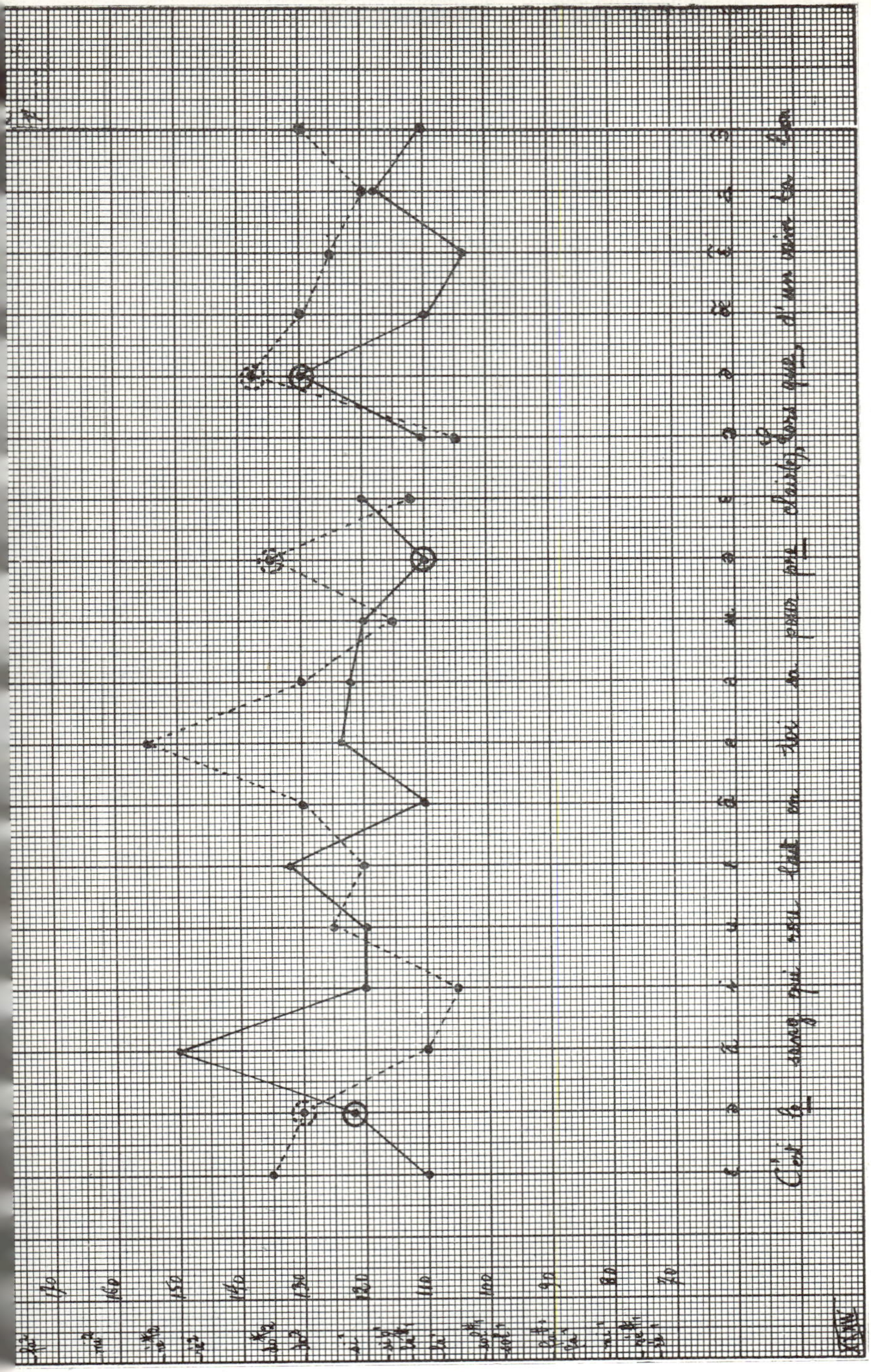

PLANCHE XXXIV

C, F. — ÉPILOGUE.

Hauteur musicale.

CONCLUSION

d) Si on ne remarque pas de mouvement lingual sensible vers l'antériorisation, on peut observer, par contre, une tendance dans le sens de la labialisation ; en fait, chez nos sujets, cette tendance se manifeste par une moyenne de 25 % à la tonique, de 11,5 % à l'atone.

Dans l'ensemble, il semblerait donc que, chez nos sujets du moins, les réalisations de l'*e* muet (timbre et articulation) ne se confondent pas encore avec celles de l'archiphonème *Œ*. *E* muet est bien, la plupart du temps, la « voyelle neutre du français[1] » ;

3° Si, seul de toutes les voyelles françaises, *e* muet peut disparaître dans certaines positions, son articulation, quand il se prononce, comporte, mécaniquement du moins, des variations de durée, d'intensité et de hauteur musicale analogues à celles des autres voyelles[2] :

a) S'il est bref de nature (pas plus, semble-t-il, que telle autre voyelle, *e* fermé par exemple[3]), il peut, cependant, en tonique avoir la durée d'une longue ;

b) E muet n'est pas faible de nature, ou plutôt il n'est pas plus faible, mécaniquement parlant, que la plupart des voyelles atones. De plus, il peut recevoir l'accent tonique et la syllabe où il se trouve, l'accent d'insistance plus souvent que ne le reconnaissent orthoépistes, phonologues et prosodistes. Il est alors, ainsi que le remarque Grammont « aussi solide[4] que n'importe quelle autre voyelle accentuée[5] ». L'articulation est plus énergique, le son plus défini, sans pour cela emprunter la « couleur » d'une autre voyelle ;

c) Tonique ou atone, *e* muet peut se prononcer sur une

(1) Cf. Passy, *op. cit.*, p. 85-86 : « La voyelle (ə) est celle dont la prononciation paraît la plus facile, la plus naturelle à des Français. Quand nous ouvrons la bouche sans intention bien marquée [par exemple quand nous sommes embarrassés pour répondre], c'est (ə) que nous prononçons... Le son (ə), c'est donc la *voyelle neutre* du Français. » — Cf. également Bourciez, *op. cit.*, p. 30 : « Comme il est le son dont la prononciation nous paraît la plus aisée et la plus naturelle, on l'a quelquefois appelé la « voyelle neutre » du français » ; Heffner, *op. cit.*, p. 109 ; Brunot et Bruneau, *op. cit.* (1933), p. 90, etc.

(2) Cf. Lote, *Alexandrin*, II, 562 : « Toute voyelle féminine prononcée l'est réellement et tient sa place aussi bien qu'une autre. »

(3) Cf. Fromant, *infra*, p. 260.

(4) Mécaniquement parlant, devrait-on ajouter.

(5) *Pron.*, p. 116.

note aussi aiguë ou aussi grave que pour n'importe quelle autre voyelle dans la même position[1] ;

d) Post-tonique, à la suspension de sens, son comportement est essentiellement libre ; il ne marque pas partout où il se trouve « une dépression musicale » ; à la terminaison de sens, bien que souvent plus grave que la tonique, il peut également être plus aigu que celle-ci ou que la prétonique ;

4° Des appellations les plus courantes données à la voyelle : « *e* sourd », « *e* féminin », « *e* muet », « *e dit* muet », « *e* caduc », « *e* instable », la première, quoique subjective, semblerait la plus heureuse puisque, seule, elle nous renseigne sur l'impression produite par le timbre ; plus heureuse que « *e* féminin », cette appellation n'indiquant, d'après Rosset et la plupart des théoriciens contemporains[2], qu'une des fonctions historiques de la voyelle ; plus heureuse que « *e* muet[3] », cette qualification ne convenant qu'aux cas où le phonème ne se prononce pas ; plus heureuse, aussi, que « caduc » et

(1) Le degré d'acuité ou de gravité d'un son n'est pas déterminé, nous tenons à le répéter, par le timbre qui le caractérise. Le sens du mot auquel il appartient, la place que celui-ci occupe dans l'ensemble de la phrase, la signification ou la nuance spéciale que le locuteur veut communiquer au mot, et surtout les habitudes d'intonation du sujet parlant conditionnent la hauteur musicale de toute voyelle quelle qu'elle soit.

(2) Tandis que pour nombre de grammairiens du XVIe, XVIIe et même du XVIIIe siècle, *féminin* décrit le caractère « débile » et « faible » de la voyelle opposé au caractère « plein » et « viril » de l'*e* dit masculin. Cf. Pierre Fabri, *Le grand et vrai art de pleine rhétorique*, p. 5 : pour lui, les termes « belle », « bonne », « église », « vierges, pucelles... se disent feminins, pource qu'ilz ne sonnent point si parfaictement leur sillabe comme font les masculins ». Cf. Theodoro Beza, *De francicae linguae recta pronuntiatione tractatus*, p. 13 : « Galli verò e fœminum propter imbecillem et vix sonoram vocem appellant ». Cf. également à la description (caractéristique à l'époque), de Sylvius, *Isagwge* : « *è* sonum habens exilem ut gratia *gracè* bona *bonè*. » (Cité par Charles Beaulieux, *Histoire de l'orthographe française*, I, 260. Beaulieux ajoute : « [Sylvius] emploie... l'accent grave pour noter *e* sourd »). Au XVIIIe siècle, l'édition de 1771 du *Dictionnaire de Trévoux* reconnaît encore cette signification au terme « féminin » (cf. III, 506, à l'article E) : « Cet *e* [*presque muet*, non final et dans les monosyllabes] aussi-bien que le précédent [*muet*, final « qui ne se prononce point du tout »] s'appellent *e* féminin, tant parce qu'ils sont trop foibles, que parce qu'ils servent à former les féminins des adjectifs ». Mais seize ans plus tôt, *L'Encyclopédie*, en 1755 (XI, 507), ignore la signification originelle et n'indique que la seconde : « L'*e* muet est appelé *féminin*, parce qu'il sert à former le féminin des adjectifs. »

(3) La dénomination d'*e* muet ne commence à s'introduire qu'au XVIIe siècle (cf. Charles Thurot, *Pron. franç.*, I, 38, n. 1 : « Le texte le plus ancien où j'ai rencontré le terme d'*e muet* est dans l'Anonyme de 1654. »)

POSTFACE

Quelles peuvent être les causes de ce timbre spécifique de l'*e* muet ? Est-il le résultat de l'affaiblissement articulatoire du parisien observé par Mlle Durand dans sa thèse de 1936 ? Ou est-il une survivance de la prononciation du XVIe siècle?

C'est ce que nous avons essayé de découvrir en relisant grammairiens et prosodistes des siècles précédents. Dans les pages qui suivent nous ferons un rapide historique des descriptions et définitions caractéristiques de l'*e* muet du XVIe siècle à nos jours et des conclusions qu'en ont tiré les principaux savants auxquels on se réfère constamment de nos jours : Thurot, Brunot, Rosset et l'Abbé Millet. Nous terminerons notre bref historique par des conclusions personnelles.

En 1904, dans son article « E féminin au XVIIe siècle », publié dans *Mélanges de philologie offerts à Ferdinand Brunot... par ses élèves...*, Rosset affirme que l'évolution *naturelle*[1] de cette voyelle tendait à en faire un *e* fermé ou ouvert, mais que cette évolution fut entravée par les grammairiens du XVIIe et du XVIIIe siècles : Billecoq (1712) et Dumas (1733) furent, d'après lui, « les premiers à reconnaître *définitivement*[1] la prononciation *eu* que *le* a conservée. N'eussent été les prescriptions répétées des grammairiens, *e* féminin tonique fût devenu en ce cas... *é* fermé ou *è* ouvert[2] ». « De lui-même, peu à peu, mais avec une logique sûre, *e* féminin allait sans doute à une double destinée : atone et inutile, il devenait silencieux ; soutenu par l'accent, ou exigé par les articulations consonnantiques, il passait à é[3] ; les grammairiens ont fixé d'une façon qu'ils ont cru définitive un moment de cette

(1) C'est nous qui soulignons.

(2) *E fém.*, p. 444.

(3) Cf. Thurot, *Pron. franç.*, I, 47 : « Cette prononciation [*parl' j' bien, tir' j' mal*, etc.] est tombée en désuétude, et tous les *e* toniques se sont prononcés fermés ou ouverts. » L'ouvrage de Thurot est le principal ouvrage de référence de Rosset que ce soit pour *E fém.* (cf. p. 433, n. 3) ou *Origines* (cf. p. 8-9).

tous deux leurs opinions contradictoires sur les mêmes textes des mêmes grammairiens.

Il y a là, évidemment, une question troublante qui demande à être examinée de nouveau.

Or, si l'on étudie de près les textes complets des grammairiens et des prosodistes du XVIIe et du XVIIIe siècle[1], on observe ce qui suit : en dépit des mutations évidentes de nombreux *e* féminins en *e* fermés ou ouverts ; en dépit des préférences des grammairiens pour telle ou telle réalisation de la voyelle (et le fait qu'ils préfèrent, ou conseillent, tel ou tel timbre plutôt que tel autre, les amène, quoiqu'ils en aient, à constater la co-existence d'une double ou triple prononciation pour l'*e* muet sinon dans toutes les positions du moins dans certaines) ; et en dépit du besoin d'encadrer l'*e* muet dans une famille de sons connus et qu'on commence à départager en brefs et longs, graves et aigus, fermés et ouverts, on rencontre, et sans interruption, chez la plupart des grammairiens du XVIIe siècle jusqu'à nos jours, des descriptions de la muette analogues à celles du XVIe siècle[2]. Or, à cette époque, celle-ci semble avoir été une voyelle centrale non labialisée.

Pour les grammairiens du XVIe siècle, l'*e* muet est « mol et flac », « débile », « indistinct », « comme imperceptible », « obscur », « très obscur », « pas plein », « pas plein ni fort », « bas », « sourd », « bref », « faible »[3]. Il reste « sourd », « bref », « faible », ou l'équivalent, pour la plupart des grammairiens du XVIIe siècle à nos jours, non pas à la finale où il disparaît et où l'on continue à le décrire comme « imperceptible », « indistinct », etc., mais dans les autres positions où il est prononcé. S'il est vrai que vers la fin du XVIIe siècle et au début du XVIIIe siècle, les grammairiens et les prosodistes tendent de plus en plus, ainsi que l'indique Rosset dans son second ouvrage, à rapprocher l'*e* muet de la voyelle *eu*, ils continuent, de même qu'au XVIe siècle, à en caractériser le timbre par les épithètes que nous venons d'indiquer. Lorsque, un peu plus tard, ils auront reconnu et établi une distinction entre deux *eu* (grave ou aigu, ouvert ou fermé), ils persévèreront dans l'emploi de l'un ou de l'autre de ces adjectifs, ou

(1) Soit dans les ouvrages de Thurot et de Millet, soit dans les œuvres originales elles-mêmes. Chaque fois que nous avons pu nous les procurer, nous avons consulté ces dernières.

(2) Et ceci non seulement en ce qui concerne l'*e* muet atone final de mot mais tout *e* muet, tonique aussi bien qu'atone.

(3) Cf. Thurot, *Pron. franç.*, I, *passim* ; Millet, *Grammairiens, passim.*

de leur équivalent, pour maintenir une différence entre [ə] et l'une ou l'autre des réalisations de l'archiphonème Œ.

C'est surtout à partir du XVIIe siècle que l'on cherche à caractériser l'*e* réellement prononcé et à le distinguer de celui qui ne l'est pas et qui, bientôt, sera appelé muet. Mais, de même qu'aujourd'hui, les auteurs sont loin d'être d'accord et on les sent souvent embarrassés.

Pour du Gardin (1620)[1], l'*e* féminin de la pénultième d'un dissyllabe est, devant une seule consonne, « plustost brieue que longue... *gemir*, *venu*, *petit*, etc.[2] ». Pour les monosyllabes, « *que* et *ce* » par exemple, ils sont « un peu plus furnis » que « la derniere en *cantique*... *face*[3] ».

Oudin (1633)[4] distingue entre l'*e* féminin « à demy » à la fin des syllabes et dans *crever* et celui « qui se tire » de *eu* ou *œ* allemand dans les monosyllabes[5].

Vingt-six ans plus tard, Chifflet (1659)[6] le critique sévèrement : « Je ne sçay quelle fantaisie avoit cet homme dans l'esprit, car on peut et on doit garder à ces mots leur son naturel sans le dépraver[7]. »

Par contre, Arnauld et Lancelot (1660)[8] ne décrivent qu'un *e* : « l'*e* muet ou féminin, qui n'est dans son origine qu'un son sourd[9] ». Ils n'établissent pas de rapport entre l'*e* muet et *eu* ou *é* (fermés ou ouverts). Pour eux, l'*e* muet est la voyelle pour laquelle le degré d'ouverture de la bouche est le plus petit : « on... pourroit distinguer jusques à dix [voyelles], ... *a*, *ê*, *é*, *i*, *o*, *ô*, *eu*, *ou*, *u*, *e* muet, où l'on peut remarquer que ces sons se prononcent de la plus grande ouverture de la bouche et de la plus petite[10] ».

(1) Originaire de Douai ?

(2) Cité dans Thurot, *Pron. franç.*, I, 121, n. Cf. à la remarque de du Val (*ibid.*, I, 46) : « l'*e* féminin se montre... comme sourdement prononcé dans la bouche ».

(3) *Ibid.*, p. 207.

(4) Né et élevé à Paris.

(5) Cité dans Millet, *Grammairiens*, p. 46. Cependant, il faut remarquer que Oudin ne décrit pas la voyelle *eu* et qu'il ne la compte pas dans le nombre des voyelles françaises qu'il reconnaît.

(6) Né à Besançon.

(7) Cité dans Thurot, *Pron. franç.*, I, 207.

(8) Nés et élevés à Paris.

(9) *Grammaire générale et raisonnée de Port-Royal*, p. 251.

(10) *Ibid.*, p. 252. — Nous sommes d'accord avec Millet (*Grammairiens*, p. 54) qui entend « ouverture » dans le sens d'aperture et non dans celui d'ouverture des lèvres.

de l'*e* muet de Lancelot que celui-ci avait donnée presque cent ans plus tôt[1].

L'année suivante, Du Marsais (1755)[2], à l'article *E* dans l'*Encyclopédie*[3], décrit l'*e* muet de la façon suivante : « L'*e* muet des monosyllabes *me*, *te*..., est un peu plus marqué [que le son « foible » qui se fait à peine sentir entre l'*m* et l'*n* de *mener*...] : mais il ne faut pas en faire un *e* ouvert comme font ceux qui disent amène-lè : l'*e* prend *plutôt*[4] alors le son de l'eu *foible*[4]. »

Pour Boulliette (1760)[5], l'*e* féminin « a un son un peu moins *foible*[4] » que l'*e* muet final. Il est « très *bref*[4], un peu *approchant*[4]... de la voyelle *eu*, quand il est à l'avant dernière syllabe d'un mot... *venir*, *devenir*. Il a le son *très bref*[4] de la voyelle *eu*, lorsqu'on est obligé d'appuyer fortement dessus. Ce qui arrive lorsqu'il forme une syllabe isolée, comme dans ces monosyllabes, *je*, *ne*, *me*, *se*..., ou lorsque dans un mot il est suivi de deux ou trois syllabes, comme dans... *devenir*, *demander*, *redemander*[6] ».

Fromant (1769) fait de l'*e* muet et de l'*e* fermé des *petites* voyelles qui ne sont susceptibles d'aucune des trois modifications qui peuvent caractériser les autres : quantité, gravité, acuité. Dans *les autres*, Fromant compte les deux *eu*[7].

La « nouvelle édition » du *Dictionnaire de Trévoux* (1771)[8] dit bien que « *je*... se prononce *presque*[4] comme *jeu* », mais non seulement l'auteur atténue-t-il la comparaison par *presque* mais il la fait précéder de la remarque : « J'appelle [l'*e* non final] *e presque muet*... sa prononciation approche *un peu*[4] du son de la diphtongue *eu*... entre deux consonnes, il a un son *obscur*[4], et comme *imperceptible*[4]. »

Millet a beau affirmer dans plusieurs passages de son ouvrage qu'au XVIIIe siècle « *e* muet quand il est prononcé, *est enfin défini*[4] et classé parmi les *eu*[9] », les exemples, définitions, classifications qu'il cite montrent cependant que non seulement un certain nombre de grammairiens continuent à l'appeler et à le décrire différemment, mais que, ainsi que nous

(1) Cf. *supra*, p. 257.
(2) Né et élevé à Marseille.
(3) XI, 506.
(4) C'est nous qui soulignons.
(5) Né en Bourgogne.
(6) Cité dans Thurot, *Pron. franç.*, I, 148.
(7) Cf. Millet, *Grammairiens*, p. 73.
(8) III, 506.
(9) *Grammairiens*, p. 79.

venons de l'indiquer, ceux-là même qui le classent parmi les *eu* atténuent leurs affirmations par des restrictions quant à sa véritable qualité acoustique, sa quantité, son intensité et son acuité.

Cette équivalence de *eu* et de *e* muet que signalent et acceptent comme un fait accompli Thurot, Rosset (*Origines*), Brunot (*Histoire*) et Millet et tous ceux qui se fondent sur leurs ouvrages, était loin d'être répandue, dans la parole du moins, si l'on s'en rapporte aux réflexions de d'Olivet et de Voltaire sur l'*e* muet prononcé *eu* dans le chant. En 1736, le premier remarque dans son *Traité de la prosodie*: « Est-il vrai que dans le chant on doive prononcer *gloi-reu*, *victoi-reu*, etc. Il s'agit, non du fait, mais du droit[1]. » Suit un développement qui l'amène à définir l'articulation de l'*e* muet telle que nous l'avons indiquée ci-dessus, et à condamner l'articulation par *eu* fermé de l'*e* muet dans le chant. Ceci le pousse à nous faire part de ses réflexions et recherches sur l'origine de cette prononciation : « et j'ai appris », dit-il, « qu'un Musicien qui écrivoit en 1668, se glorifie de l'avoir introduite dans le chant françois[2] ». D'Olivet cite alors l'observation suivante de ce dernier[3] : « Je ne vois rien de si général, que de mal prononcer l'*E* muet, à moins que d'observer soigneusement le remède *que je crois avoir trouvé*, qui est de prononcer *à peu près*[4] comme la voyelle composée *eu*. »

Dans une nouvelle édition de son *Traité de la prosodie*, d'Olivet incorpore la *Réponse de Monsieur de Voltaire à Monsieur l'Abbé d'Olivet, sur la nouvelle édition de la Prosodie* (Ferney, 5 janvier 1767) dont nous citerons le passage essentiel : « J'ai dit, il est vrai, dans le *Siècle de Louis XIV*, à l'article des *Musiciens*, que nos rimes féminines terminées toutes par un *e* muet font un effet très-désagréable dans la

(1) P. 38.

(2) *Traité de la prosodie*, p. 40-41 : « Quoiqu'il soit inutile, et peut-être ridicule, de chercher l'origine de cette prononciation... ailleurs que dans la bouche de nos villageois ; j'ai cependant eu la curiosité de savoir si nos vieux livres n'en disoient rien : et j'ai appris qu'un Musicien, qui écrivoit en 1668, se glorifie de l'avoir introduite dans le chant françois. On le croira, si l'on veut. Au moins est-il certain qu'au Théâtre ce n'est pas chose rare qu'un Acteur, et surtout une Actrice, dont les talens sont admirez, fasse adopter un mauvais accent, une prononciation irrégulière, d'où naissent insensiblement des traditions locales, qui se perpétuent, si personne n'est attentif à les combattre. »

(3) *Ibid.* D'Olivet indique le titre de l'ouvrage, les initiales de l'auteur et la page de la citation : « *Remarques curieuses sur l'art de bien chanter*, etc. Par B. D. B. Page 226. »

(4) C'est nous qui soulignons.

et qui semble avoir passé par les sons *o*, *eu*, *e*, dans l'ancien français[1] » garde, aujourd'hui encore, deux caractéristiques déjà attestées avant même le XVIe siècle et qui n'appartiennent à aucune autre voyelle française : 1° Elle est de timbre assourdi ; 2° Elle peut disparaître ou se maintenir[2].

D'où vient cette résistance à l'absorption par une autre voyelle, aussi forte que paraisse l'attraction ?

Il nous a semblé que cette indépendance pouvait être le résultat de l'ensemble des raisons suivantes :

1° L'orthographe qui joue si souvent un rôle conservateur et fait que, conscient de la graphie, le Français maintient la distinction entre l'archiphonème Œ et [ə][3] ;

2° Le rendement phonologique peut être moins faible qu'on ne le reconnaît généralement[4], ne serait-ce que la nécessité de distinguer dans bien des cas les monosyllabes contenant [ə] d'un autre monosyllabe contenant [ø] (au moins six sur huit : *de/deux*, *que/queue*, *se* ou *ce/ceux*, *ne/nœud*, *je/jeu*,

(1) Hatzfeld et Darmesteter, *Dictionnaire général de la langue française*, I, 129. — Cf. Bourciez, *Précis de phonétique française, passim*. — Brunot, *Histoire*, I, 486 et *passim*. — Pour l'origine de la muette, cf. Brunot et Bruneau, *Précis de grammaire historique*, p. 137 ; Rosset, *Origines, passim* ; C. Beaulieux, *Histoire de l'orthographe...*, I, 49.

(2) Non pas, d'ailleurs, de façon toujours rigoureuse selon des règles absolues et rigides fondées sur l'entourage phonétique et la place de la voyelle dans le groupe rythmique, mais souvent selon le ton, d'autres fois d'après le débit, ou encore selon la simple fantaisie. Elle échappe à toute coercion, elle ne se laisse ni cerner ni embrigader.

(3) Cf. Martinet, *Pron. cont.*, p. 37 : « Ce que M. Gougenheim aurait peut-être pu faire ressortir plus nettement, c'est que les seules forces qui fassent obstacle à la tendance sont, d'une part la graphie... ». — Cf. également, Buben, *Influence de l'orthographe...*, p. 36 : « ... la tendance à remplacer l'*e* féminin protonique par l'*e* fermé a été toujours très forte et... elle affecterait encore aujourd'hui beaucoup plus de mots de la langue littéraire, si elle n'était pas contrecarrée par la forme écrite qui impose [ə] partout ou l'*e* ne porte pas d'accent aigu ».

(4) Cf. Bertil Malmberg, « Observations sur le système vocalique du français », *AL*, II, fasc. 4, (1941), 233 : « la voyelle dite neutre ə, à laquelle on n'a pas l'air de vouloir attribuer un rôle phonologique propre ». L'article de Malmberg est une critique du livre de Gougenheim, *Éléments de phonologie française*. Cf. dans Martinet, *Pron. cont.*, p. 37, n. 1, la remarque de Josef Vachek : « Der ə-Vokal hat im Französischen keine phonologische Funktion. » Martinet ajoute : « Cela n'est exact qu'en gros. Du point de vue de la phonologie générale, qui est celui de M. Vachek, c'est l'existence d'une tendance qui est intéressante. Du point de vue de la phonologie du français, il est essentiel de voir jusqu'à quel point la tendance aboutit. »

le/leu[1]. On remarquera que le seul cas de confusion rencontré au cours de nos recherches a été avec *le* prononcé *leu*[2]. Or, *leu* n'existe que dans l'expression *à la queue leu leu* et *Saint-Leu* ;

3° Le fait, aussi, que cet [ə] n'est (non pas « normalement », mais souvent), « qu'un élément de certaines variantes combinatoires des phonèmes de réalisation très fermée qu'on appelle en pratique des consonnes[3] » et que cet élément se réalise assez naturellement par la position neutre. (Cette réalisation peut aussi bien représenter un *e* non graphique que graphique). Cet *e*, ce schéva, que nous entendons et prononçons bien souvent, qui existe en puissance dans toute consonne[4] et dont nous avons conscience[5], peut exercer une action freinante sur l'évolution du son vers des réalisations phonétiques autres.

Les expériences que nous avons décrites ainsi que les réflexions qui précèdent nous portent à trouver très pertinentes, en les modifiant légèrement, certaines suggestions de Martinet. « *A priori* », dit-il, « on pourrait estimer que si

(1) Il faut reconnaître que l'on n'a guère l'occasion d'avoir à distinguer entre *me/meus, meut, meuh !* Mais il peut arriver, plus souvent qu'on ne serait porté à le croire, que dans le ton familier, badin, de plaisanterie si courant parmi les Français même les plus cultivés et où les incorrections grammaticales intentionnelles sont innombrables, le timbre de la voyelle permette l'identification immédiate de *c'est eux* et *c'est le*.

(2) Cf. les résultats obtenus par Martinet, *Pron. cont.*, p. 66-69.

(3) *Ibid.*, p. 203.

(4) Cf. la plupart des grammairiens surtout depuis la *Grammaire de Port-Royal* (1660).

(5) Cf. d'Olivet, *Traité de la prosodie*, p. 33-41, mais surtout p. 33-34 : « Posons d'abord un principe, qui n'est pas contesté : Que dans aucune langue, ni vivante, ni morte, il n'est possible de prononcer une consonne sans le secours d'une voyelle, ou écrite, ou sous-entendue ; et qu'au défaut de toute autre voyelle, c'est ce que nous appellons l'*E* muet, écrit, ou non écrit, qui nous sert à prononcer une consonne, quand cette consonne est finale, comme dans *David*, ou immédiatement suivie d'une autre, comme dans *arbre*. On prononce nécessairement comme si l'orthographe de ces mots étoit *Davi-de*, et *a-re-be-re*. Une femme, il n'y a pas long temps, m'écrivoit que le Régiment de son fils alloit à *Seteraceboure*, pour dire, à *Strasbourg*. Où l'usage ne reconnoît que deux syllabes son oreille en trouvoit six, et la plume obéissoit à l'oreille. » Cf. également la définition des rimes telles qu'on doit les entendre aujourd'hui, Jean Hytier, *Les techniques modernes du vers français*, p. 22 : « ... pour l'oreille... les véritables rimes masculines sont celles qui terminent le vers par un son de voyelle, et féminines celles qui terminent le vers par un son de consonne. Ainsi des rimes comme *mur*, *Semur*, — *lac*, *hamac* — sont féminines au même titre que *laque*, *plaque*, *murmure*, *ramure*... Il en résulte qu'on peut faire rimer ensemble *mur* et *murmure*... ».

partie au pouvoir d'attraction de l'archiphonème Œ, en dépit d'une légère tendance à la labialisation. Il s'est organisé dans une région d'articulation bien à lui et a su conserver la *couleur* particulière de son timbre assourdi de voyelle centrale.

APPENDICES

TEXTES A et B[1]. 8 inscriptions par mot.

Précédé de 1 consonne (durée : de 3 à 9 cs.) :

spirante sourde	récompen*s*es.....	2
spirante sonore ou sonante	di*r*e............	1
	tuè*r*ent.........	2
	passa*g*e.........	2
	li*s*es............	2
	pa*g*e...........	3
	épreu*v*e.........	3
	portè*r*ent.......	3
	pè*r*e............	3
	pè*r*e............	3
nasale[2]	so*mm*es.........	0
	ho*mm*e.........	0
	mê*m*e..........	1
	jeu*n*e...........	1
	devie*nn*es.......	4

Précédé de 2 consonnes (durée : de 4 à 14 cs.) :

spirante+sonante	décou*vr*e........	6
	ou*vr*e...........	8
spirante+plosive sourde	li*st*e.............	6

(1) Cf. tableaux LX et LXI, p. 126.

(2) Nous faisons entrer *yod* dans la catégorie des sonantes (cf. Grammont, *Pron.* p. 60 et 205); pour les nasales, nous avons jugé bon de les grouper à part.

2. Suivi d'un arrêt

PHRASES INDÉPENDANTES[1]. 24 inscriptions par mot.

Précédé de 1 consonne (durée : de 3 à 17 cs.) :

spirante sourde	pen*s*es.........	5
spirante sonore ou sonante	étran*ge*........	15
	étran*ge*........	16
	cue*ille*s........	16
	ro*s*es..........	18
nasale	â*ne*...........	13
	mê*me*..........	15

Précédé de 2 consonnes (durée : de 4 à 14 cs.) :

plosive sourde +sonante	peu*ple*.........	11

TEXTES A et B[2]. 8 inscriptions par mot.

Précédé de 1 consonne (durée : de 4 à 8 cs.) :

plosive sourde	sui*t*e............	0
spirante sourde	récompen*s*es......	1
sonante	tout à l'heu*r*e....	1
	gen*r*e...........	3

Précédé de 2 consonnes (durée : de 2,5 à 10 cs.) :

plosive sonore +sonante	plain*dr*e........	5
	aveu*gl*e.........	5
spirante sonore +sonante	li*vr*e............	3

(1) Cf. tableau LXV, p. 132.
(2) Cf. tableaux LXVII et LXVIII, p. 134.

II

E ÉPENTHÉTIQUE

PROSE

Textes A et B[1]. 8 inscriptions par mot.

Précédé de 1 consonne (durée : de 3 à 8 cs.) :

spirante sourde	fil*s*	2
sonante	tou*r*	1
	d'abo*rd*	2
	auditeu*r*	2
	lecteu*r*	2
	erreu*r*	2
	seu*l*s	3

(1) Cf. tableau LXXXVI, p. 157.

POÉSIE

ODELETTE. ÉPILOGUE[1]. 8 inscriptions par mot.

1. Non graphique

Précédé de 1 consonne (durée : de 3 à 6 cs.) :

sonante	soi*r*	1
	Amou*r*	2
	jou*r*	2
	so*l*	2
	toujou*rs*	4
	jou*r*	4

2. Graphique : devant voyelle initiale du mot suivant[2]

Précédé de 1 consonne (durée : de 3 à 9 cs.) :

spirante sourde	bou*che*, un jour	2
	silen*ce* et dans	2
sonante	enco*re* à ta	3
nasale	fontai*ne* où	2
	fontai*ne*, ô gloire	4

Précédé de 2 consonnes (durée : de 4 à 7 cs.) :

sonante+plosive sonore	l'her*be* et frémir	3

(1) Cf. tableaux LXXXVIII et LXXXIX, p. 158-159.
(2) Lote (*Alexandrin*) a relevé 59 [ə] articulés dans cette position.

POÉSIE

Odelette. Épilogue[1]

1. Non graphique

6 inscriptions par sujet.

B	0
E, *G*, *H*	1
C	2
D, *F*	3
A	4

2. Graphique devant voyelle

6 inscriptions par sujet.

H	0
D, *E*	1
B, *C*	2
F, *G*	3
A	4

(1) Cf. tableaux LXXXVIII et LXXXIX, p. 158-159.

APPENDICE II

DURÉE RELATIVE DE [ə], [œ], [ø] A L'ATONE, PRÉCÉDÉS DE L, DANS UNE POSITION ANALOGUE

	A	B	C	D	E	F	G	H
et le père	7	—	9	—	—	6	7	—
rapporté le corps	6	—	6	6	5	—	—	—
ils le tuèrent	6	8	7	6	7	6	8	8
sur-le-champ	10	—	9	—	9	—	7	6
portèrent le corps	7	—	7,5	—	—	6	3	4,5
reconnu leur erreur	7	5	7	6	5,5	6	10	6
plaindre, leur donna	7	4	3,5	5	3,5	8	5	6
malheureux	7,5	7	9	8,5	6	7	6	8

TABLEAU CXV[1]

Durée relative, chez chaque sujet, de [ə], [œ], [ø], précédés de *l*, à l'atone et en position analogue. — PROSE et POÉSIE.
Les chiffres entourés d'un rectangle représentent les durées les plus longues, ceux qui sont entourés d'un cercle, les durées les plus brèves.

Nous avons pensé qu'il serait intéressant de grouper les exemples ci-dessus et de les comparer non seulement entre eux, mais aussi avec les expériences faites au spectrographe[2]

(1) Les durées indiquées ici sont tirées du tableau LI, p. 117.
(2) Cf. *supra*, p. 45-46.

Textes	Durée	Tableaux et pages	Intensité
	POST-TONIQUE sans pause		
Phrases ind.	Précédé de 1 consonne : de 3 à 7 cs. Précédé de 2 consonnes : de 4 à 13 cs.	LVI-LIX, 122-123	sensible
Textes A et B	Précédé de 1 consonne : de 2 à 8 cs. Précédé de 2 consonnes : de 4 à 14 cs.	LX-LXIV, 126-128	assez sensible
	POST-TONIQUE devant pause		
Phrases ind.	Précédé de 1 consonne : de 3 à 17 cs. Précédé de 2 consonnes : de 4 à 14 cs.	LXV-LXVI, 132-133	faible
Textes A et B	Précédé de 1 consonne : de 4 à 8 cs. Précédé de 2 consonnes : de 2,5 à 10 cs.	LXVII-LXX, 134-135	assez faible
Poésie	Précédé de 1 consonne : de 3 à 14 cs.	LXXXII-LXXXV, 149-150	faible

Tableau CXVII

Durée et intensité relatives de [ə] post-tonique, dans les différentes positions qu'il occupe : suivi ou non suivi d'un arrêt.

APPENDICE IV

RÉPARTITION GÉOGRAPHIQUE DES DIFFÉRENTES RÉALISATIONS DE L'E MUET D'APRÈS L'ENQUÊTE PHONOLOGIQUE DE MARTINET[1].

	[ø]	[œ]	diff.
Région parisienne......	53 %	20 %	26 %
Centre-Nord............	84 %	15 %	7 %
Bourgogne.............	87 %	0 %	12 %
Centre.................	61 %	19 %	23 %
Nord..................	63 %	0 %	36 %
Normandie.............	92 %	0 %	7 %
Ouest..................	43 %	12 %	43 %
Bretagne..............	68 %	15 %	21 %
Est....................	34 %	31 %	34 %
Sud-Est...............	15 %	53 %	30 %
Sud-Ouest.............	72 %	0 %	27 %

(1) Cf. Martinet, *Pron. cont.*, p. 68.

BIBLIOGRAPHIE

BIBLIOGRAPHIE

1° Textes enregistrés

MALLARMÉ (Stéphane). *Poésies*. Paris, Gallimard, 1937, p. 29.

RÉGNIER (Henri de). *Œuvres*, Paris, Mercure de France, V (1911) : La cité des eaux, p. 191 ; X (1911) : Les jeux rustiques et divins, p. 217-218.

RIMBAUD (Jean-Arthur). *Œuvres de Arthur Rimbaud — vers et prose*, Paris, Mercure de France, 1937, p. 30-31.

VERLAINE (Paul). *Œuvres poétiques complètes*, Paris, Bibliothèque de la Pléiade, 1938, p. 206.

VOLTAIRE. *Œuvres de Voltaire*, avec préfaces, avertissements, notes, etc., par M. Beuchot, Paris, Didot, XXV (1829) : Histoire de l'empire de Russie sous Pierre le Grand, p. 90.

2° Ouvrages consultés

Chaque fois qu'il y aura lieu, nous indiquerons à la suite des renseignements bibliographiques, la date de la première édition de l'ouvrage.

BARBARIN (Georges). *Je et moi ou le dédoublement spirituel*, Paris, Astra, 1948.

BEAULIEUX (Charles). *Histoire de l'orthographe française*, Paris, Champion, I : Formation de l'orthographe, des origines au milieu du XVIe siècle, 1927.

BEZA (Theodoro). *De francicae linguae recta pronuntiatione tractatus*, Genevae, Vignon, 1584.

BOURCIEZ (Édouard). *Précis historique de phonétique française*, Paris, Klincksieck, 6e éd., 1926 (1re éd. : 1889).

BRUNOT (Ferdinand). *Histoire de la langue française des origines à 1900*, Paris, Colin, I (1905), p. 486 ; II (1906), p. 244 et *sq.*, IV (1913), p. 190-196.

BRUNOT (Ferdinand) et BRUNEAU (Charles). *Précis de grammaire historique de la langue française*, Paris, Masson, nouvelle éd. entièrement refondue, 1933 ; 3e éd., 1949 (1re éd. : 1887).

BRUNEAU (Charles). *Manuel de phonétique*, Paris, Berger-Levrault, 1927.

BUBEN (Vladimir). *Influence de l'orthographe sur la prononciation du français moderne*, Travaux de la Faculté des Lettres de l'Université Komenský à Bratislava, nº XIX, 1935.

CLÉDAT (Léon), *Grammaire raisonnée de la langue française*, Paris, Le Soudier, 6e éd., 1896 (1re éd. : 1894).

COHEN (Marcel). *Histoire d'une langue : le français (des lointaines origines à nos jours)*, Paris, Les éditeurs français réunis, nouvelle éd., revue et mise à jour, 1950 (1re éd. : 1947).

COHEN (Marcel). « Récitation et chant », *Le Français moderne*, XVIII (juillet 1950), 189-202.

COHEN (Marcel). *Le français en 1700 d'après le témoignage de Gile Vaudelin*, Paris, Champion, 1946.

COUSTENOBLE (Hélène N.) et ARMSTRONG (Lilias E.), *Studies in French Intonation*, Cambridge, Heffer, 1934.

COUSTENOBLE (Hélène N.). *La phonétique du provençal moderne en terre d'Arles*, Hertford, Stephen Austin, 1945.

COWAN (Milton). *Pitch and Intensity Characteristics of Stage Speech*, Supplement to *Archives of Speech*, 1936.

DAMOURETTE (Jacques) et PICHON (Édouard). *Des mots à la pensée, essai de grammaire de la langue française*, Paris, d'Artrey, I, 1911-1927.

DAUZAT (Albert). *Les étapes de la langue française*, Collection « Que sais-je ? », Paris, Presses universitaires de France, 1948.

DELATTRE (Pierre). *Advanced Training in French Pronunciation*, Philadelphia, Delattre, 1949.

DELATTRE (Pierre). « Physiological Interpretation of Sound Spectrograms », *Publications of the Modern Language Association of America*, LXVI (September 1951), 864-875.

DELATTRE (Pierre). *Principes de phonétique française à l'usage des étudiants anglo-américains*, Middlebury, École française d'été Middlebury College, 2e éd., 1951.

DELATTRE (Pierre). « Un triangle acoustique des voyelles orales du français », *The French Review*, XXI (May 1948), 477-484.

Dictionnaire universel françois et latin vulgairement appelé Dictionnaire de Trévoux, Paris, Compagnie des Libraires associés, nouvelle éd. corrigée et considérablement augmentée, III, 1771 (1re éd. : 1704).

DUCLOS (Charles Pineau *dit*). *Remarques sur la grammaire générale et raisonnée [de Port-Royal]*, dans *Œuvres complètes de Duclos*, Paris, Belin, I, 1821 (1re éd. : 1754).

Dupuis (Mme Sophie). *Traité de prononciation, ou nouvelle prosodie française*, Paris, Hachette, 1836.

Durand (Marguerite). *Le genre grammatical en français parlé.* Paris, d'Artrey, 1936.

Durand (Marguerite). *Étude expérimentale sur la durée des consonnes parisiennes*, Paris, d'Artrey, 1936.

Encyclopédie ou Dictionnaire raisonné des sciences, des arts et des métiers par une Société de gens de lettres, Lausanne et Berne, Sociétés typographiques, édition exactement conforme à celle de Pellet, XI (1782), 506-507.

Fabri (Pierre). *Le grand et vrai art de pleine rhétorique*, publié avec introduction, notes et glossaire, par A. Héron, Rouen, Cagniard, II : Poétique, 1890 (1re éd. : 1521).

Fouché (Pierre). « La prononciation actuelle du français », dans *Où en sont les études du français ?* Manuel général de linguistique française moderne, publié sous la direction d'Albert Dauzat, Paris, Bibliothèque du « Français moderne », 1935. (Réimprimé en 1949).

Fouché (Pierre). *Phonétique historique du français. Introduction*, Paris, Klincksieck, 1952.

Foulet (L.). « Comment ont évolué les formes de l'interrogation », *Romania*, XLVII (1921), 243-348.

Génévrier (Paul). *Précis de phonétique comparée française et anglaise et manuel de prononciation française à l'usage des étudiants anglo-saxons*, Paris, Didier, 1927.

Gougenheim (Georges). *Éléments de phonologie française. Étude descriptive des sons du français au point de vue fonctionnel*, Strasbourg, Publications de la Faculté des Lettres de l'Université, 1935.

Grammaire Larousse du XXe siècle. Paris, Larousse, 1936.

Grammont (Maurice). *Le vers français. Ses moyens d'expression. Son harmonie*, Paris, Delagrave, 2e éd., 1947 (1re éd. : 1904).

Grammont (Maurice). *Traité de phonétique*, Paris, Delagrave, 1933.

Grammont (Maurice). *Traité pratique de prononciation française*, Paris, Delagrave, 1934 ; dernière éd., 1954 (1re éd. : *circa* 1914).

Grégoire (A.). « Variation de durée de la syllabe française suivant sa place dans les groupements phonétiques », *La Parole*, I (1899), 1-50.

Hatzfeld (Adolphe) et Darmesteter (Arsène) avec le concours de Thomas (Antoine). *Dictionnaire général de la langue française du commencement du XVIIe siècle jusqu'à nos jours, précédé d'un traité de la formation de la langue*, Paris, Delagrave, 9e éd., I, 1932 (1re éd. : 1890-1895).

HEFFNER (R.-M. S.). *General Phonetics*, Madison, The University of Wisconsin Press, 1949.

HYTIER (Jean). *Les techniques modernes du vers français*, Paris, Les Presses universitaires de France, 1923.

JAKOBSON (Roman) et LOTZ (John). « Notes on the French Phonemic Pattern », *Word*, V (August 1949), 151-158.

JAKOBSON (Roman). « On the Correct Presentation of Phonemic Problems », *Symposium*, V (November 1951), 328-335.

JONES (Daniel). *An Outline of English Phonetics*, New York, Dutton, 6e éd., 1940.

JOOS (Martin), *Acoustic Phonetics*, Language Monographs, Baltimore, Linguistic Society of America, XXIV, 1948.

LANCELOT (Claude) et ARNAULD (Antoine). *Grammaire générale et raisonnée de Port-Royal*, Paris, Perlet, 1803 (1re éd. : 1660).

LANDAIS (Napoléon). *Grammaire générale des grammaires françaises*, Paris, Didier, 5e éd. revue et corrigée, 1845 (1re éd. : 1836).

LEJEUNE (Michel). « Dans ma tabatière... », *Le Français moderne*, XVII (octobre 1949), 241-250.

LITTRÉ (Émile). *Dictionnaire de la langue française*, Paris, Hachette, II, 1874.

LOTE (Georges). *Études sur le vers français. L'alexandrin d'après la phonétique expérimentale*, Paris, La Phalange, 2e éd. considérablement augmentée, 1913-1914, 3 vol.

MALMBERG (Bertil). « Observations sur le système vocalique du français », *Acta linguistica*, Copenhague, Einar Munksgaard, II, fasc. 4 (1941), 232-246.

MARTINET (André). *La prononciation du français contemporain, témoignages recueillis en 1941 dans un camp d'officiers prisonniers*, Paris, Droz, 1945.

MARTINET (André). « Notes sur la phonologie du français vers 1700 », *Bulletin de la Société de linguistique de Paris*, Paris, Klincksieck, XLIII (1947), 13-23.

MARTINON (Philippe). *Comment on prononce le français*, Paris, Larousse, 1913.

MILLET (Adrien). *Les grammairiens et la phonétique ou l'enseignement des sons du français depuis le XVIe siècle jusqu'à nos jours*, Paris, Monnier, 1933.

MOURGUES (Le Père). *Traité de la poësie françoise*. Paris, Vincent, 1724 (1re éd.: 1685).

NYROP (Kristian). *Manuel phonétique du français parlé*, Paris, Picard, 3e éd., 1914.

OLIVET (Abbé d'). *Traité de la prosodie françoise*, Paris, Barbou, nouvelle éd., 1767 (1re éd.: 1736).

PAGET (Sir Richard). *Human Speech. Some Observations, Experiments, and Conclusions as to the Nature, Origin, Purpose and Possible Improvement of Human Speech*, London, Kegan Paul, Trench, Trubner and Co, 1930.

PARMENTER (Clarence E.) et BLANC (A. C.). « An Experimental Study of Accent in French and English », *Publications of the Modern Language Association of America*, XLVIII (1933), 598-607.

PASSY (Paul). *Les sons du français : leur formation, leur combinaison, leur représentation*, Paris, Didier, 11e éd., 1929 (1re éd. : 1887).

PERNOT (Hubert). *L'e muet*, Paris, Didier, 1929.

PERNOT (Hubert). « Les voyelles parisiennes », *Revue de phonétique*, V (1928-1929), 337-377.

PIKE (Kenneth). *Phonetics. A Critical Analysis of Phonetic Theory and a Technic for the Practical Description of Sounds*, Ann Arbor, University of Michigan Press, 1944.

PLEASANTS (Jeanne Varney). *Pronunciation of French*, Ann Arbor, Edwards, 1945.

POTTER (Ralph), KOPP (George A.), GREEN (Harriet). *Visible Speech*, New York, van Nostrand, 1947.

ROCHETTE (Auguste), *L'alexandrin chez Victor Hugo*, Paris, Vitte, 1911.

ROOT (Alfred R.). « Pitch-Patterns and Tonal Movement in Speech », *Psychological Monographs*, XL (1930), 109-159.

ROSSET (Théodore). « E féminin au XVIIe siècle », *Mélanges de philologie offerts à Ferdinand Brunot... par ses élèves français et étrangers*, Paris, Société nouvelle de librairie et d'édition, 1904, p. 433-450.

ROSSET (Théodore). *Exercices pratiques d'articulation et de diction*, Grenoble, Allier, 1923 (1re éd. : *circa* 1914).

ROSSET (Théodore). *Les origines de la prononciation moderne étudiées au XVIIe siècle*, Paris, Colin, 1911.

ROUDET (Léonce). *Éléments de phonétique générale*, Paris, Welter, 1910.

ROUDET (Léonce). « Méthode expérimentale pour l'étude de l'accent », *La Parole*, I (1899), 321-244.

ROUSSELOT (Abbé). « Études de prononciations parisiennes », extrait de *La Parole*, no 7, 1899.

ROUSSELOT (Abbé) et LACLOTTE (Fauste). *Précis de prononciation française*, Paris, Didier, 3e éd., 1927 (1re éd. : *circa* 1902).

ROUSSELOT (Abbé). *Principes de phonétique expérimentale*, Paris, Didier, 1924, 2 vol. (1re éd. : 1897-1908).

SOURIAU (Maurice). *L'évolution du vers français au XVIIe siècle*, Paris, Hachette, 1893.

SPIRE (André). *Plaisir poétique et plaisir musculaire. Essai sur l'évolution des techniques poétiques*, New-York, Vanni, 1949.

TARNEAUD (Jean). *Traité pratique de phonologie et de phoniatrie*, Paris, Maloine, 1941.

THUROT (Charles). *De la prononciation française depuis le commencement du XVIe siècle, d'après les témoignages des grammairiens*, Paris, Imprimerie Nationale, I, 1881.

TIFFIN (Joseph). « Phonophotograph Apparatus », *University of Iowa Studies in Psychology of Music*, I (1931), p. 118-133.

TIFFIN (Joseph). « Applications of Pitch and Intensity Measurements of Connected Speech », *Journal of the Acoustical Society of America*, V (April 1934), p. 225-234.

TOUCHARD (Pierre-Aimé). « La Comédie-Française et l'évolution de la mise en scène contemporaine », *Almanach du théâtre et du cinéma*, 1949, 33-37.

TROUBETZKOY (N. S.). *Principes de phonologie*, traduits par J. Cantineau, Paris, Librairie C. Klincksieck, 1949.

VALÉRY (Paul). *Regards sur le monde actuel*, Paris, Stock, 1931.

VAN DAËLE (H.). *Phonétique du français moderne*, Paris, Colin, 1927.

VENDRYES (Joseph). *Le langage. Introduction linguistique à l'histoire*, Paris, La Renaissance du Livre, 1921.

VOLTAIRE. « Réponse de M. de Voltaire à M. l'Abbé d'Olivet, sur la nouvelle édition de la Prosodie », dans *Remarques sur la langue françoise. Traité de la prosodie françoise*, de l'Abbé d'Olivet, Paris, Barbou, 1767.

VOLTAIRE. *Œuvres de Voltaire*, avec préfaces, avertissements, notes, etc., par M. Beuchot, Paris, Didot, XLVI (1832) : Préface et extraits des Souvenirs de Mme de Caylus, p. 365.

WAGNER (R.-L.). *Introduction à la linguistique française*, Genève, Droz, 1947.

INDEX

INDEX

TABLE DES ILLUSTRATIONS

FIGURES

Les figures 17-113 (cylindre enregistreur) indiquent la durée, l'intensité et la hauteur musicale du son étudié.

Figures 17-58 : à la tonique.

Pages

Les figures 114-152 (cylindre enregistreur) indiquent la durée du son étudié.

TABLEAUX

Tableaux I-IX : timbre.

Tableaux X-XLII : [ə], [œ], [ø], à la tonique.

PLANCHES

TABLE DES MATIÈRES

TABLE DES MATIÈRES